CIUG | 城市治理理论与实践丛书
总主编　姜斯宪

像绣花一样精细
城市治理的
嘉定实践

U0360014

陈高宏　吴建南　张录法◎主编

上海交通大学出版社
SHANGHAI JIAO TONG UNIVERSITY PRESS

内容提要

　　本书系"城市治理理论与实践丛书"之一。作为上海建设全球卓越城市和社会主义现代化国际大都市的重要承载区，嘉定区经过多年的探索和实践，逐渐形成了城市精细化治理的"嘉定模式"，成为上海城市治理的亮丽名片。本书由上海交通大学中国城市治理研究院与上海市嘉定区合作编写，以案例的形式展现了嘉定区在党建引领、新城建设、公共服务、社会治理、乡村振兴、智慧城市等方面的新实践和新探索，为中国超大城市的现代化治理贡献嘉定经验、嘉定智慧。本书适合城市治理相关领域的学者和实践者参考阅读。

图书在版编目（CIP）数据

　　像绣花一样精细：城市治理的嘉定实践/陈高宏，吴建南,张录法主编.—上海:上海交通大学出版社，2023.5

　　ISBN 978-7-313-28247-7

　　Ⅰ.①像… Ⅱ.①陈… ②吴… ③张… Ⅲ.①城市管理—研究—嘉定区 Ⅳ.①F299.251.3

　　中国国家版本馆CIP数据核字（2023）第004613号

像绣花一样精细：城市治理的嘉定实践

XIANG XIUHUA YIYANG JINGXI: CHENGSHI ZHILI DE JIADING SHIJIAN

主　　编：陈高宏　吴建南　张录法

出版发行：上海交通大学出版社　　　　　　地　　址：上海市番禺路951号
邮政编码：200030　　　　　　　　　　　　电　　话：021-64071208
印　　制：苏州市越洋印刷有限公司　　　　经　　销：全国新华书店
开　　本：710mm×1000mm　1/16　　　　印　　张：21.25
字　　数：290千字
版　　次：2023年5月第1版　　　　　　　　印　　次：2023年5月第1次印刷
书　　号：ISBN 978-7-313-28247-7
定　　价：89.00元

版权所有　侵权必究
告读者：如发现本书有印装质量问题请与印刷厂质量科联系
联系电话：0512-68180638

本书编委会

主 编

陈高宏　吴建南　张录法

编委会成员

（以姓氏笔画为序）

王奎明　邓玉玲　史宇璐　刘子扬　刘羽晞

许德娅　李春生　吴玲屹　吴嘉宝　张　波

林铭海　易承志　俞俊利　彭　勃　韩志明

"城市治理理论与实践丛书"序

　　城市是人类最伟大的创造之一，是人类文明发展的重要结晶。人类迄今为止的文明史，也是一部城市发展和进步的历史。体现人类文明发展水平的各种要素，大多都是在城市中兴起的，也是在城市中不断延续和发展的。从古希腊的城邦和中国龙山文化时期的城堡，到当今遍布世界各地的现代化大都市，以及连绵成片的巨大城市群，城市已经为人类文明的重要空间载体，也成为人类文明持续进步的主要引擎，承载着人们对于美好生活的向往。

　　21世纪是城市的世纪。联合国发布的《2018年版世界城镇化展望》报告显示，目前世界上有55%的人口居住在城市，到2050年，城市人口占比预计将达到68%。改革开放以来，中国的城镇化率持续稳步提升，2011年首次突破50%，2019年已经超过60%。越来越多的人享受到城市文明的红利。城市无可置疑地成为经济、政治、文化、社会等活动的中心，在国家和地区发展中具有举足轻重的地位，也成为国家治理的重要舞台。

　　城市，让生活更美好！美好的城市生活，离不开卓越的城市治理。城市化进程推动了人口和资源的聚集，形成了高度分工基础上的比较优势，发展出辉煌灿烂的物质文明和精神文明，但人口膨胀、环境污染、交通拥堵、资源紧张、安全缺失与贫富分化等问题也接踵而至，成为城市健康发展的瓶颈，困扰着广大的城市居民，考验着城市政府。无论是推进城市的可持续发展，还是化解迫在眉睫的"城市病"，都亟须全面提升城市治理能力，努力实现城市善治。

　　党的十八大以来，党和政府审时度势，高屋建瓴，先后召开了中央城镇化工作会议、中央城市工作会议等一系列重要会议，对城市工作做出了科学的安排和重大的部署。习近平总书记高度关注城市工作，多次就"城市治理"发表重要讲话，先后提出了"城市管理要像绣花一样精细""一流城市需要一流治理""人民城市人民建、人民城市为人民"等诸多重要论述，廓清了城市工作的思想迷雾，指出了城市管理的目标、方向和路径。

卓越的城市治理离不开必要的理论指导和智慧支持。2016年10月30日，在上海市人民政府的支持下，上海交通大学联合上海市人民政府发展研究中心创立了中国城市治理研究院，旨在建成国际一流新型智库、人才汇聚培养基地和国际交流合作平台。中国城市治理研究院自成立以来，依托上海交通大学文、理、医、工、农多学科优势，围绕城市工作中的重大理论和现实问题，积极开展有组织的系统研究，取得了丰硕的研究成果，形成了广泛的决策影响力和社会影响力。

系列研究著作是打造学术影响力的重要举措。上海交通大学中国城市治理研究院决定推出"城市治理理论与实践丛书"，旨在打造一套符合国际惯例，体现中国特色、中国风格、中国气派的书系。本套丛书将致力于全面梳理和总结城市治理的重要理论，以中国城镇化和城市治理的实践为基础，提出具有中国特色的本土性、原创性和指导性的理论体系；深度总结、积极推广上海和其他地区城市治理的先进经验，讲好城市治理的"中国故事"，唱响城市发展的"中国声音"，为全球城市治理贡献中国范本。

相信"城市治理理论与实践丛书"的推出，将有助于进一步推动城市治理的理论研究，打造中国特色的城市治理理论体系，也为深入解决城市治理中的难题和挑战、实现城市治理体系和治理能力现代化贡献更多的智慧！

上海交通大学党委书记
上海交通大学中国城市治理研究院院长
2018年1月

前　言

　　一流的城市要有一流的治理，超大的城市要有精细化的治理。2018年11月6日，习近平总书记在上海考察时强调，"城市治理是国家治理体系和治理能力现代化的重要内容"。"一流城市要有一流治理，要注重在科学化、精细化、智能化上下功夫。既要善于运用现代科技手段实现智能化，又要通过绣花般的细心、耐心、巧心，绣出城市的品质品牌。"中国超大城市和特大城市的数量在世界上首屈一指。我国将城区人口超过1 000万的城市定义为超大城市，将城区人口超过500万的城市定义为特大城市。截至2021年末，中国人口超过1 000万的超大城市已经有7个，城区人口在500万到1 000万的特大城市有14个。随着超大城市的数量越来越多，城市的人口越来越多，城市人员和要素的流动也越来越频繁，超大城市的经济社会体量已经达到了前所未有的高度。

　　超大城市集聚着来自四面八方的人口和资源，日益成为地区性、全国性乃至世界性的经济社会发展集散地。但超大城市不仅有繁华的中心城市和极具活力的新城新区，还有位置相对边缘、产业集群能力不足、经济社会发展相对落后、公共服务存在短板的城郊地区。城郊地区是城市与其他省区市的地理边界，是城市经济社会发展资源的流动枢纽，在城市的发展中发挥着重要的纽带作用。在中心城区、新城新区或开发区发展进入瓶颈或相对饱和的情况下，如何有效推动城郊地区发展，激活城郊地区经济社会活力，补齐超大城市发展的城郊短板，形成具有特色的、与中心城区优势互补的"中心—城郊"超大城市内循环发展格局，推动超大城市区域内部协同发展，已经成为推动超大城市治理体系与治理能力现代化的重要内容。

　　从发展状况来看，尽管全国多数超大城市城郊地区都具有一定的特色，在经济社会发展中取得了一定的成就。但普遍来看，相较于中心城区，超大城市的城郊地区在产业结构、公共服务、社会治理、社会保障和公共交通等方面，还存在一定的短板，成为超大城市全面发展的掣肘。在产业结构方面，超大城市城郊地区普遍面临着产业转型升级的压力；在社会治理方面，超大城市城郊地区面临的问题往往非常复杂，城乡治理边界模糊、人口流动频繁和人员结构复杂等问题带来了非常沉重的社会治理压力；在公共服务方面，相对于中心城区，城郊地区的基础公共服务需求与供给之间存在严重的不匹配，在教育、医疗、生活休闲、居住环境等方面，品质和数量都相对不足。而在公共交通、生态环境、文化休闲、人才服务和基层治理等方面，城郊地区均存在一定的不足。

在"十四五"开局之年，上海已经明确提出，要加快构建"中心辐射、两翼齐飞、新城发力、南北转型"的超大城市空间新格局，把嘉定、青浦、松江、奉贤和南汇五个新城，打造成独立的综合性节点城市。其中，嘉定区位于上海的西北部，与江苏省的太仓市和昆山市交界，是连接上海与苏州乃至江苏的枢纽，是典型的城郊地区。因此，推动嘉定新城的发展，实际上就是上海市补齐城郊地区短板，推动城郊地区发展的重要战略。2021年6月，为了解决城郊地区普遍面临的街镇服务半径过大、村居服务半径过小的问题，嘉定区积极打造了"15分钟社区综合服务圈"，以步行15分钟为标尺划定城市治理层级片区，充分应用数字化技术，打造"我嘉·邻里中心"，不断推动"三网融合"，形成了特色鲜明的城郊地区社会治理创新样板，也为全国其他超大城市城郊地区的社会治理创新实践，提供了一定的参考和借鉴。

近年来，嘉定区在党建引领示范、新城新区建设、公共服务供给、社会治理创新、乡村振兴发展和智慧城市转型等方面，涌现出了大量的创新实践，展现了嘉定区在推动城市精细化治理方面的努力，体现了嘉定对于推动超大城市城郊地区治理体系与治理能力现代化的独到见解。为了系统梳理嘉定区在城市精细化治理中的创新实践，提炼超大城市城郊精细化治理的经验，上海交通大学中国城市治理研究院与上海市嘉定区合作编写了《像绣花一样精细：城市治理的嘉定实践》一书。本书以案例的形式展现了嘉定区在城市精细化治理方面的探索实践，提炼了嘉定在超大城市城郊地区治理方面的典型经验。2022年1月，嘉定区启动了案例素材的搜集工作，初步推选了近百个案例。基于创新性、时效性、典型性和可复制性等因素,最终选出32个案例编入本书。上海交通大学中国城市治理研究院多次召集专家学者召开研讨会,并开展实地调研等,对案例素材进行了梳理、剖析和点评,特别是对案例的实践价值、可推广性和创新机制进行了深刻的点评。

　　本书包括绪论、党建引领、新城建设、公共服务、社会治理、乡村振兴、智慧城市七个部分。其中,绪论部分对嘉定区城市治理的历史演进进行了梳理,对嘉定城市精细化治理案例进行了总体介绍;其余各个部门以典型案例的形式,分析和点评了嘉定区精细化治理的实践创新及经验。

　　最后,衷心地感谢案例的写作和点评专家的辛勤付出。本书的主要案例素材来源于嘉定区相关职能部门,在此一并表示感谢。

目　录

PART 7　智慧城市篇

PART 1

绪　论

自20世纪70年代末开始改革开放至今,中国不仅创造了世界瞩目的经济发展奇迹,而且开创了大规模持续城镇化的历史奇迹,给人们的生产、生活都带来了翻天覆地的变化。经过40余年的发展,中国的城市化水平从1978年的17.9%上升到2021年的64.72%,近9亿中国人可以更好地享受城市文明带来的福利和繁荣。伴随大量农村人口迁移到城市中来,城市的人口规模不断扩大,城市的财富积累也越来越多,成为经济和社会舞台的中心。与此同时,城市的公共事务日益复杂,交通拥堵、环境污染、贫富差距以及公共服务短缺等城市问题日益突出,城市的复杂性、脆弱性以及不确定性不断提升,甚至极端情况也时常出现,对城市治理提出了更高的要求。

　　美好的城市生活离不开有效的治理。城市的规模越大,资源要素越发密集,需要治理的事务越多,治理的复杂性和难度也越大。进入新时代以来,面对人民群众对于美好生活的需要,党和国家高度重视城市工作,积极谋划、部署和推进城市治理现代化,提出了有关城市治理的重要论断,包括"一流城市要有一流治理","提高城市治理水平一定要在科学化、精细化、智能化上下功夫","城市管理应该像绣花针一样精细","完善网格化管理、精细化服务、信息化支撑的基层治理平台",等等。其中,精细化治理指的是"通过科学的手段和方法,精准而高效地提供公共服务,及时而有效地解决社会问题"①。这既是推进城市治理现代化的重要抓手,也是满足人民美好生活需要的基本路径。

　　上海是超大规模城市的重要代表,其城市治理走在全国的前列,也有着巨大的世界性影响。作为建设全球卓越城市和社会主义现代化国际大都市的重要承载区,上海嘉定区努力立足实际情况,坚持因地制宜,探索改

---

① 韩志明.从粗放式管理到精细化治理:迈向复杂社会的治理转型[J].云南大学学报(社会科学版),2019,18(1):107-114.

革创新,全力投身城市精细化管理工作,聚焦高质量发展、高品质生活和高效能治理问题,奋力谱写"人民城市"建设和发展的新篇章,探索了超大规模城市治理现代化的路径和方法。经过多年的探索实践,嘉定区逐渐形成了城市精细化治理的"嘉定模式"。嘉定区连续8年被评为上海市"平安城区",荣获"全国平安建设先进区"。嘉定精细化治理的案例及其经验,也成为上海城市治理的亮丽名片,引起了各方面的关注。

一、嘉定区城市治理演进的历史轨迹

嘉定区的前身为嘉定县,秦代属会稽郡娄县,隋唐时属苏州昆山县,唐代时设有疁城乡,故嘉定别称疁城或疁,最早置县于南宋嘉定十年,原隶属江苏省管辖。明清以来,嘉定境内文化活动比较繁荣。1958年,嘉定由江苏省划归为上海市。1992年,国务院批准撤销嘉定县,设立嘉定区。嘉定辖区位于上海市西北部,西与江苏省昆山市毗连,北依浏河,与江苏省太仓市为邻,总面积为463.16平方公里,下辖12个管辖区,共包括7个镇、3个街道、1个工业区以及1个新区。

嘉定交通便利,工业发展布局较早,拥有良好的工业基础。早在20世纪50年代,嘉定区就被命名为"上海科学卫星城"。经过数十年的发展,嘉定已成为上海市经济较为发达的工业化城区,是国家新型工业化产业示范基地、自主创新产业化示范区和科创中心的重要承载区,承担着打造现代先进智能制造核心区和建设成为全国汽车产业制高点的历史使命。2021年,嘉定区全年实现增加值2 705.6亿元,位列上海各区第四,其中第二产业实现增加值1 591.5亿元,第三产业实现增加值1 110.6亿元,三次产业结构比重为0.1∶58.8∶41.1;全区规模以上工业企业实现总产值5 454.3亿元,其中汽车产业制造业实现产值3 593.5亿元,约占全区规模以上工业总产值的65.9%。

嘉定区是上海人口导入较多的人口流入型地区。根据2020年抽样调查数据,嘉定区常住人口为183.4万人,其中户籍常住人口为79.7万人,外来常住人口为103.7万人,二者占总人口的比重分别为43.5%、56.5%,外来人口占全区总人口的近六成。与2010年的人口数据相比，嘉定区外来常住人口、户籍常住人口和常住总人口年均增长率基本都处于2.2%左右。这是因为虽然嘉定人口自然出生率偏低，但是嘉定不仅是外来人口主要流入区，而且也是市区户籍人口导入区[①]。由于外来人口导入的稀释效应，区内人口结构相对年轻，65岁以上老人占比为12.1%。相对于老龄化率超过30%甚至40%的城区，这在一定程度上减轻了嘉定区民生服务等方面的负担。

20世纪90年代以来，嘉定区工业化快速发展，城市建设持续加速，走的是城市郊区化发展的道路，相应的区域空间结构、产业经济和社会结构等发生了重要的转变。1992年，嘉定区人口城镇化率不到28%；2000年，全区人口城镇化率达到42.87%[②]；到2020年底，全区居住在城镇的常住人口为155.0万人，人口城镇化率达到了84.5%，但总体仍然低于上海市总体城市化水平（89.3%）。2008年，全区有110个社区居委会。截至2021年末，全区已建成231个社区居委会。虽然城市化水平持续提升，但嘉定区很多镇域既有城市社区，又有农村社区，具有城乡接合部的特点，各种城乡要素密集聚合，城乡之间的差距还较为明显。此外，大量本地居民住宅需要出租，租户主要为来沪人员，流动性较大，社区价值认同度低，给传统的"熟人社会"城市治理模式带来严峻的挑战。

嘉定区的城乡治理起步较早。早在1982年，嘉定县积极开展"政社分设"试点，曹王人民公社成为沪郊第一家试点单位。1982年，嘉定县在全国范围内率先举办了全民文明礼貌月活动，以此改善社会治安、实现安全文明治理。1983年4月，曹王乡人民政府正式挂牌成立，正式开启了嘉定城乡建设管理改革的序幕。城区的特性决定了城市治理的特性。由于嘉定区的城市化水平一直相对较低，与静安、杨浦和徐汇等中心城区的差距

① 徐晓菁.社区共营的顶层制度设计与实操个案研究：基于上海市嘉定区的考察[J].复旦城市治理评论，2019（1）：46-62.
② 吴文钰，邱永明.大城市郊区快速城市化中的人力资源开发研究：以上海市嘉定区为例[J].上海综合经济，2004（4）：15-19.

较大,不少地方依然延续着乡村管理的形态,管理的理念、内容和方式都与城市管理有所不同。急剧加速的城市化进程把嘉定带向快速发展的轨道,尤其是大量外来人口进入后,社会管理的任务日益加重,原先乡村管理的模式已经明显不适应城市发展的需要。在1992年撤县建区后,嘉定区委区政府于2000年成立嘉定区地区管理办公室,主抓全区的社区建设和管理工作,这标志着嘉定开始从以经济建设为主的郊区农村大区开始向经济建设和社会治理并重的现代城市治理结构转型[①],开启了嘉定区探索城市管理的历史新进程。

由于城市管理的经验比较滞后,2000年以来,嘉定区城市治理主要以夯实基础、理顺机制以及建构框架为主要任务,重点是补齐城市治理的短板。在理顺工作职权及机制的基础上,嘉定建立了区、街镇和社区三级城市管理结构,成立社区建设工作领导小组及其办公室,明确相应的职权责任。在社区配套设施建设上,按照《上海市城市居住地区和居住区公共服务设施设置标准》,嘉定区对新建住宅小区配置居委会、文化活动室、老年康体活动室、服务站和治安联防站等用房,不断完善公共服务设施;专门对基层治理队伍进行培训,提高队伍的能力和水平,加强和落实经费保障措施,比如提出社区办公经费每年不低于20万元,社区工作者薪酬不低于上年度区域职工的平均工资水平,等等。

2007年以来,嘉定城市管理开始逐步升级,摸索城市专业化和法治化管理的道路。2007年12月,嘉定区城市网格化管理工作正式启动,分别在区建设和交通委员会以及区绿化和市容管理局下设置了区城市管理监督受理中心和区城市管理指挥中心,负责城市网格化管理的具体工作。区域网格化覆盖范围包括嘉定镇街道、新成路街道、嘉定工业区、菊园新区4个街镇,面积约为16.52平方公里,共划分为2 765个网格,之后又将2 765个网格合并为45个责任区。对5大类88种城市部件(约20万个城市管理部

---

① 徐晓菁.社区共营的顶层制度设计与实操个案研究:基于上海市嘉定区的考察[J].复旦城市治理评论,2019(1):46-62.

件）实现了统一编码，将5大类32种城市管理事件纳入城市网格化管理范畴，管理范围涵盖公共设施、道路交通、环卫环保、园林绿化、街面秩序等。在包括公共事业、市政管理、物业管理、道路管理、交通管理等23家市、区城市管理单位下属的33家处置单位设置了处置终端。

作为现代城市管理的基本工具，网格化管理通过对城市要素进行划格管理，将城市辖区内的相关要素都纳入单元网格管理，做到分门别类、分片分块、联合成网，具有权责明确、发现迅速、处置及时和流程准确等优势。明确而清晰的网格单元，提供了城市治理的抓手和切入点，也解决了城市治理落地的问题。根据"应发现尽发现，应处置尽处置"的原则，城市管理者在网格范围内进行巡查，积极履行工作职责，做到了不留空隙、不留死角，也逐步实现了主动的、定量的和程序化的管理，提高了基层管理的效率和能力。但由于网格化管理是由区建交委和区绿化市容局主导的，固有的条块工作模式使得网格在调动其他条线资源方面存在困难，经常需要借助人情面子来解决问题。而且，城市网格化管理主要是覆盖在城市区域，农村区域则没有铺展开来。

2010年，在迎办世博会的过程中，嘉定真新街道创新了"大联勤"的城市管理新模式。真新街道首先成立城市综合管理委员会，下设办公室、联勤指挥中心和监督考核队。联勤队由公安巡警、城管队员、社区保安队员和城管协管员等共160人混合编组，成立真新地区城市综合管理联勤大队。联勤大队将辖区一分为四，组建4支联勤分队，以三班转模式实行24小时流动巡查。工商所、食药监分所、市容保洁公司、车辆停放管理公司、小广告整治公司、绿化养护公司等相关职能部门和社会化服务企业，也成立了各自的联勤应急分队，根据需要随时派队员参与联勤大队的巡逻处置[①]。这就把不同条线的执法力量在块上进行了整合，实现了多部门执法的常态化、联动化和长效化。街道还邀请专业公司开发出城市管理数字信息系统。这既是联勤中心的指挥调度平台，也是城市管理信息传递和共享

---

① 曹任何，王晓燕.嘉定"大联勤"城管新模式［J］.决策，2010（12）：58-59.

的平台，提高了城市管理的实效性。

在真新街道取得成功后，嘉定区开始在全区范围内推广"大联勤"，把全区划分成70个网格，包括30个城镇网格、26个农村网格及14个城乡混合区域网格，每个街镇划分的网格数量也从3个到14个不等。各镇街道联勤网格都推进了"定人、定岗、定责"的工作，每个网格内均设置了2～3个由民警、城管队员、联防队员、城管协管员组成的巡逻班组，这些班组通过"2班24小时""3班2运转"或"4班3运转"等工作模式，对网格区域进行不间断巡逻，对区域内发生的治安消防、市容环境等违规行为进行劝阻。联勤队伍固定片区全天候巡防，提高了管理的持续性和有效性，不少社会治安问题也在第一时间得到发现和化解，逐步实现了城市管理从"事后管理"向"前端管理"的转变。"大联勤"管理开始向农村以及城乡混合区覆盖，提升了这些地区的城市治理水平。

由此，大联勤城市网格管理与原有的区城市管理监督受理中心和区城市管理指挥中心形成两个系统。2014年，嘉定区开始整合两个网格管理系统，成立区联勤和城市网格化综合管理中心。中心把区内的"12345"市民服务热线、联勤、城市网格化综合管理等相关资源统一整合至一个平台。原有的城市"网格化"120项管理内容被纳入"联勤"工作范围，城市"网格化"精细管理的范围也从原有的城区逐步向新建区域不断拓展，这样就彻底打通了大联勤和城市网格化管理两个平台，实现了资源共享，优势互补，城乡联通。2018年，嘉定区又进一步探索"全科网格"精细化管理模式，在街镇综治联勤指挥平台的基础上，将街镇主要领导、分管领导、基层社区书记设置为三级网格长，安排公安、城管、联勤、市场监管、综治等专职"网格员"，把分散在各个部门的执法力量整合起来，实现了跨部门力量融合，把"硬指头"攥成"硬拳头"，实现了高效的协同治理。

2019年，嘉定区城市运行综合管理中心正式启用，这标志着城市精细化治理正式迈入数字化和智能化的新时代。区城运中心负责本区城市综合运行管理，通过集成化、智能化和开放化的运作，为城市综合管理和指挥协调提供枢纽平台。中心对接两大体系，推动全勤网格体系和应急管理体系无缝衔接，常态下做实做精城市管理、综合治理"一张网"体系，注重线上与线下相结合，线上打造智能化的指挥枢纽，通过片区网格这一载体，以智慧化、数字化为突破口，强化系统整合和数据汇聚，在全区构建形成了区、街镇、片区、村居、楼组五级联动的管理体系，线下推进全勤网格线下的实战化应用，依托341个全勤网格，将条块力量在基层有效整合了起来，做到了统一指挥、统一调度、统一管理、联勤联动，实现了各方面资源和力量的联动、融合。

2020年，在数字化转型的大趋势下，嘉定紧紧抓住城市数字化转型的契机，积极应用信息技术，以"数治"激活城市"神经元"，构建经济治理、社会治理、城市治理"三大治理"统筹推进和有机衔接的治理体系，打造经济、生活、管理三大领域"三网融合"的综合管理场景。各部门、各街镇完善"一网统管"城市生命体征场景建设，做优线上、线下联合治理机制，实现"一屏指挥、一体部署、一口上下"，实现了多方位、全过程的优化和升级。城市治理以全勤网格为基础，以"一网通办"和"一网统管"平台为抓手，以信息技术为内核，一张看不见的"网"自上而下地慢慢延伸开来，覆盖城市社区和农村社区，打造了30多个治理领域重点应用场景，线下与线上环环相扣，有机联动，系统整合，社会治理流程全面优化和创新，支撑起科学化、精细化和智能化的数治新模式，打造了数字驱动城市治理的新样板。

全面推进数字化转型是面向未来塑造城市核心竞争力的关键之举。2021年，嘉定区出台了《嘉定区城市数字化转型行动方案（2021—2023年）》，着眼于巩固和提升嘉定城市能级和核心竞争力，构筑嘉定未来发展的战略优势，确定了"1+2+3+N"的建设方案，全面部署和推进城市数字化转型。在上海市"一网通办"和"一网统管"的总体框架下，嘉定高标准打造嘉定区级节点和配套平台，向上连通城市大脑，横向打通区各职能部门，向下连通12个街镇节点和156个居村节点，建构了从区到街镇到居村的"三级架构"，汇聚了大量感知数据、政府数据和社会数据，进而探索智能化数字应用系统，通过模块应用、图像系统、模型应用以及移动应用等方法①,为城市治理提供了可视化和可操作的数据支撑,不断拓展数据应用的场景,改善智能治理的体验和效能,让城市变得更加"智慧",也提升了城市软实力。

早在2016年,嘉定新城白银社区邻里中心和希望社区邻里中心先后揭牌启用,居民可就近享受"一站式"生活便利和办事服务等,推动了"家门口"功能复合型社区服务综合体的建设。2021年,南翔镇东社区"我嘉·邻里中心"正式启用,吹响了全区邻里中心升级改造的号角。"我嘉·邻里中心"是以步行15分钟为标尺划定的一个新的城市治理层级片区,旨在打造"15分钟社区综合服务圈"。除了生活服务外,邻里中心还以党建为引领,强化系统整合和数据汇集,打造集城市治理、经济生活、企业服务于一体的综合信息管理平台,可实现党群服务与社区服务项目双向开放、资源共享,涵盖党群服务、生活服务、养老服务、医疗服务、文体服务等8类16项服务事项。

邻里中心可分为单体型、主辅型、多点型、乡村型四种。不同类型的邻里中心基础设施条件有所不同,管理和服务的内涵也有所差异。相比于其他城区的邻里中心,嘉定邻里中心充分发挥各项设施服务社区、服务企业、服务党员、服务群众的综合社会效益,打造了集"管、办、服"于一体的"一网优服"体系示范样板,扩大服务半径和辐射范围,把服务站点延伸到组、到户,把优质服务送到"家门口""客堂间"。"十四五"期间,嘉定全区总共规划建设66个"我嘉·邻里中心",重点打造一批与未来城市特质相匹配、与产城融合发展相统一、与市民公共服务需求相呼应的"我嘉·邻里中心",实现"我嘉·邻里中心"应建尽建、全面建成、充分覆盖的目标。区级财政将会同地区办,结合嘉定区实际情况,联合制定相关管理办法,明确建设奖补资金的补贴范围和标准,细化项目和资金管理要求,配套监督管理措施,精准推进项目建设。

---

① 刘天航,辛子皓.数据警务视阈下城市治理数字化转型的路径探索:以上海市嘉定区为例[J].上海公安学院学报,2021,31(6):19-25.

二、嘉定区城市精细化治理的典型案例

城市是人口高度密集的社会空间,也是高度复杂的有机系统,具有特殊的管理和运行规律,是人民休戚与共的共同体。人是城市系统中最具活力的关键性要素,在城市的发展和进步中扮演着重要的角色。城市的发展和进步也要回应人民的需求和期待,满足人民对于美好生活的需要。"城市,让生活更美好",这是2010年上海世博会的宣传语,代表了人民对于城市的期许和想象,也应该是城市发展的终极目标。"人民城市人民建,人民城市为人民",社会主义的城市治理必须落实人民城市的理念,紧扣人民群众对于美好生活的需要,把最好的资源留给人民,用优质的供给服务人民,同时也要发挥广大人民的主体性作用,着眼于为人民创造更加美好的生活,让人民有更多的获得感、幸福感和归属感。

2011年,中国城市化率首次突破50%,城镇化迈入新的历史阶段,城市的建设、运行和治理也都出现了翻天覆地的变化。由于强大的经济引擎带动,上海的城市化水平走在全国前列,嘉定、奉贤、金山等城郊地区的城市化速度尤为快,也是人口导入比较多的地区,还是城市治理问题比较集中的地区。其中最为典型的表现就是外来人口的急剧增加,人口规模的快速扩张,各种城市问题的集中爆发,交通拥堵、治安混乱、住房紧张、教育资源不足、医疗拥挤、环境污染、资源耗竭等问题密集出现,给城市治理体系和治理能力带来了严峻的挑战。嘉定区作为工业企业密集的区域,中小企业密集,外来就业人口多,人口流动相对频繁,外来人口在给经济社会发展增添活力的同时,也给社会管理带来诸多压力,诸如违法搭建、违法居住、违法经营以及群租现象的出现等,还有来沪人员归属感不强、参与意识较低和获得感比较弱等,都构成了社会治理的显著问题。

特别值得注意的是,作为城市化的重要体现,城市要素的集聚,既催生了速度、效率和创新,推动了社会生产力的发展,也由于资源要素的差异性及其交相互动,带来了各种各样的拥堵、摩擦和冲突。其中不仅是经济活动中的权益边界或分割纠纷,比如产权矛盾和劳资纠纷问题等,也包含了

大量日常生活中的摩擦矛盾，比如物业纠纷和邻里矛盾等。其中，不同个体之间的利益冲突以及个人利益与公共利益的冲突，涉及情理法之间的冲突与协调，给利益相关方都造成了严重的困扰。此外，由于个人的生活偏好和需求不同，个人的理性往往可能带来集体的非理性结果，抑或是相互之间的针锋相对，比如各种违法搭建、破坏住宅的承重结构、居改非等违法违规行为，还有把小区绿地变成私家菜园的，既影响了他人的利益，也损害了整体的利益。

城市是政治、经济、科技和文化的中心。城市治理是国家治理的重要组成部分，也引领和代表了国家治理的发展方向。面对快速城市化带来的各方面问题，进入新时代以来，党和政府围绕城市治理进行了系统安排和部署，也从各个方面提出了新的目标和要求。2013年，党的十八届三中全会提出，全面深化改革的总目标，就是完善和发展中国特色社会主义制度，推进国家治理体系和治理能力现代化。2013年，中央城镇化工作会议召开，明确提出了推进城镇化的指导思想、主要目标和基本原则，部署了城镇化发展的六大重点任务。2015年，中央专门召开中央城市工作会议，分析了城市发展面临的形势，制定了做好城市工作的指导思想、总体思路和重点任务，提出了城市治理的明确要求，比如精细化管理、数字化转型、市域治理现代化、社会治理体系现代化和基层治理现代化等。

作为世界性节点城市，上海不断对标国际大都市，在城市治理方面进行了艰辛的探索，在人口管理、社会管理、基层党建和社区治理等方面，都形成大量典型的案例。自从1996年在全国率先提出"两级政府、三级管理"的城市管理体制改革以来，上海在城市治理方面的创新就没有停止过。2014年，上海出台了创新社会治理加强基层建设的"1+6"文件，系统谋划和部署基层治理，推动了城市治理尤其是基层治理向纵深迈进，也为近年来基层管理和服务的完善提供了基本框架。2015年以来，城市管理的精细化概念写入中央文件。2017年，习近平总书记提出"城市管理应该像绣花一样精细"，各地都加快出台了城市精细化管理的指导意见和行动方案，精细化管理成为城市治理转型的战略抓手。上海在城市精细化管理方面也进行了积极的探索,前后出台了两轮(2018—2020年和2021—2023年)精细化管理三年行动方案,在体制机制、环境治理和补齐短板等方面,都取得了显著的成绩。

在国家和上海大力推动城市治理转型升级的背景下,嘉定区也与时俱进,改革创新,转型升级,提升效能。"十三五"期间,嘉定坚持高起点规划、高品质建设、高内涵发展的框架,不断提升城市功能、整体面貌、公共服务和人居环境,基本实现了"出好形象"的阶段性目标。在面对城市管理中的痛点和难点问题的过程中,城管等相关部门在网格化管理的基础上,将"城管社区工作室"和"村居综治联勤工作站"融合起来,推进"定人、定责"的管理,使问题最大限度地在单元网格内解决,实现了响应及时和覆盖全面的精细化治理。根据上海市五大新城建设的战略规划及定位,嘉定出台了嘉定新城"十四五"规划建设行动方案,其中包含了规划建设、数字治理、智慧城市、韧性城市、公共服务、社区治理等丰富的内容,致力于全面提升城市能级和核心竞争力,建成长三角独立的综合性节点城市和上海超大城市副中心。

城市治理系统是国家治理的重要子系统,城市治理的能力和绩效决定着国家治理能力和水平,引领着国家治理体系和治理能力的发展[1]。精细化治理是超大规模城市转型升级的必由之路,包含了价值理念和实践操作等方面的重要规范[2]。现代城市治理尤其需要以人为中心,以服务为导向,以精细为准则,以效能为目标。经历20多年的实践探索,嘉定区在推进城市精细化治理进程中涌现出了很多具有地区特色的创新性做法,引起了理论研究者的兴趣,也激发了实务工作者的思考。本书基于真实性、创新性、实效性、典型性、可持续性和广泛可复制性等原则,重点选取了嘉定区相关职能部门和街镇等在党建引领、新城建设、公共服务、社会治理、乡村振兴以

---

① 陈水生.我国城市精细化治理的运行逻辑及其实现策略[J].电子政务,2019(10):99-107.

② 王郁,李凌冰,魏程瑞.超大城市精细化管理的概念内涵与实现路径:以上海为例[J].上海交通大学学报(哲学社会科学版),2019,27(2):41-49,96.

及智慧城市这六个方面的探索实践，以呈现嘉定在城市治理转型升级进程中的特殊轨迹。

（一）党建引领打造协同治理新格局

中国共产党的领导是中国特色社会主义事业的本质特征。党建引领是驱动城市治理改革和创新的发动机，是确保城市治理正确方向的政治保证，还是提升城市治理效能的根本途径。这个部分选取了5个案例，分别是：① 区委组织部坚持把加强党的建设作为长三角一体化发展规划对接、战略协同、专题合作的引领力量，着力深化"一体化"机制创新，促进资源、政策和利益共享，把党的政治优势转化为推动区域深层次合作共赢的发展优势；② 区体育局把体育治理深刻嵌入党建引领，增加市民体育健身活动场地、提升基础设施质量、举办多姿多彩的活动满足市民多元化的体育健身需求，并以信息化建设赋能体育治理，打造"党建+体育"的"市民体育生活圈"；③ 安亭镇陆巷社区"蔷薇巷"自治项目，以党建为引领，以蔷薇为媒介，通过社区参与和协商手段，从源头上根治毁绿种菜的社区顽疾，实现社区公共服务的共同生产，为宜居家园添了一抹亮色；④ 江桥镇通过区域化党建、发挥社区党员先锋作用、打造党建品牌，创新建立小区综合治理机制，形成管执联动的闭环治理方式，不断夯实基层社会治理的基础，把好前端管理关口，夯实执法严管基础；⑤ 区委宣传部以"美丽系列"示范点创建为抓手，打造8个美丽示范项目，通过品牌化的创城方式，提高城市的文明指数和美丽指数，打造具有记忆的城市空间。

（二）新城建设助力实现跨越式发展

五大新城建设是上海市"十四五"时期实现转型升级的发展战略，嘉定新城建设是嘉定实现跨越式发展的重要历史契机。本部分选取了5个案例，分别是：① 新成路街道以创建园林街镇为抓手，坚持不懈优化生态环境和市容市貌，提升辖区绿色生态环境，致力打造宜居宜业宜人的"美丽新城"；② 新城公司以白银路作为全要素智慧道路的样板，以安全、活力、智慧、人文为建设目标，通过互联网和智能网联汽车的交互，形成智能交通网络，提高交通效率，规避安全风险，实现城市交通的畅通与高效、安全与绿色；③马陆镇将共建共治理念与全勤网格化相结合，围绕"绘好一张图、编织一张网、建立一机制、拧成一股劲"的主线，按照"发现上报、网格分理、处置反馈、任务核查、评价归档"五步闭环式工作流程，探索打造符合白银超大社区特点的新模式——"'银'响力"全网通社区治理3.0版本，不断提高社区治理的能力和水平；④区规资局在顺应上海对工业遗存更新改造政策的同时，实现自我有机更新，加快大型城市公园建设，提升真新街道"南四块"多重功能，形成富有活力的滨河公共开放空间，助力高质量发展和高品质生活；⑤区建管委在广泛调研的基础上，开发建筑工地智慧管理平台，致力于通过高科技、智慧化的手段来有效提高辖区内建筑工地的监管水平。

（三）公共服务满足群众需要

公共服务是城市治理的手段，也是城市治理的目标，更是衡量城市治理现代化的标尺。说到底，治理就是服务，服务也是治理，两者都是城市治理的一体两面。本部分选取了7个案例，分别是：①区地区办打造全区首家党群服务中心·我嘉邻里中心，构筑了优质便捷的15分钟社区综合服务圈，解决了街镇服务半径过大和村居服务半径过小等问题，成为社区群众追求美好生活的枢纽和载体，为邻里中心建设树立了新标杆；②菊园新区管委会通过适老产品分层供给、增加智能化产品品类、优化智慧医保服务，构建面向老年人的全要素链条，并引入智慧化产品及技术作为保障，为老人提供全程化、规范化的健康管理；③区房管局统筹协调，探索行之有效的工作机制，加快老旧小区加装电梯工作，推动城市更新的进程，增强人民生活的获得感和幸福感；④区民政局通过项目化运作，推进"中央厨房+分餐点"模式，因地制宜地建设社区长者食堂，做深做实老年人助餐工作，精准满足老年人的餐饮需要；⑤区人才服务中心围绕嘉定经济和社会发展的核心目标，着力完善"四位一体"的优秀人才住房政策体系，为人才解决住房上的后顾之忧，打造人才友好型城市；⑥区医保局以高龄老人医疗护理计划为起点，推进长护险试点工作，明确长护险的功能定位，完善相关机制，提高服务水平；⑦区图书馆通过标准化管理和改造，建立馆际借阅网络,开展特色化的主题文化活动,将"我嘉书房"打造成满足群众精神文化需求的城市阅读空间,提升人们的精神文化水平。

(四) 社会治理创新破解治理难题

社会治理是解决社会问题和维护社会秩序的过程。社会情况快速变化,社会问题错综复杂,提出了变革和创新的要求。实际上,这也是城市治理中最活跃的板块。这部分选取了6个案例,分别是:① 区市场监管局将违法违规经营发现机制融入城运全勤网格平台,促进及早发现、及时治理违法违规经营行为,提高了快速响应的能力;② 区市场监管局严厉整顿存在计量上作弊的经营单位,打造了一批具有示范性、代表性和引领性的诚信计量示范集贸市场,有效提高了嘉定区的诚信计量管理水平;③ 区城管执法局积极调整工作重点,聚焦住宅小区环境治理,探索住宅物业履职评价机制,不断完善物业城管"管执联动"机制,着力打造安全有序、整洁优美的人居环境;④ 区生态环境局通过环保设施和城市污水垃圾处理设施向社会开放等措施,推动全民环境教育,提高全民环境意识,塑造现代环境文明意识;⑤ 真新街道面对"插花地带"的治理难题,横向建立联勤协作机制,变"两难管"为"两联管",解决堵点和痛点问题,提高了跨区域的执法效率;⑥ 嘉定镇街道在社区治理中首创"发现问题—形成共识—制定标准—推广实施"的标准化治理新模式,借助标准化手段,细化、量化以及固化工作职责、措施流程和工作要求,运用规范化文本载体,为社区治理提供解决问题的标尺。

(五) 乡村振兴推动城乡协调发展

乡村是嘉定区的特色,也是嘉定区的优势。贯彻落实乡村振兴战略,走出一条超大规模城郊地区乡村振兴的特色道路,实现乡村地区与城市地区的协同高质量发展,对于嘉定的未来发展具有重大的意义。本部分选取了5个案例,分别是:① 外冈镇坚持以质量兴农、绿色兴农为导向,以促进粮食生产转型升级和农民持续增收为目标,承担了万亩规模数字化无人农场的实践重任,建立了上海首个"数字化无人农场",引领上海现代农业高质量发展;② 华亭镇盘活农用地、宅基地和建设用地"三块地",通过政府与市场力量的联合,打造"乡悦华亭"农民集中居住管理模式,实现乡村整体面貌的大变样,推动乡村的可持续发展;③ 区农业农村委从小处着眼,以"四小微"(微权力、微课堂、微更新、微心愿)为抓手,不断拉长板和补短板,夯实乡村治理的基础,努力探索一条实用、管用、好用的农村社会治理新路径,推动乡村治理再上新台阶;④ 马陆镇北管村以"四个百管"为抓手,围绕"四个百园"建设目标,通过盘活集体资金、资产、资源,激发集体经济活力,将村级资产率先打造成为优质载体,优化营商环境,全面提升村级经济能级;⑤ 徐行镇大力推广"客堂汇"治理,发展和激活乡村社会的熟人网络,利用村民日常聚集的客堂间,通过村民茶余饭后的交流对话,积极参与讨论邻里关系、家庭和睦、乡村建设、乡风文明等各类话题,激发了村民参与自治共治的热情。

(六)数据赋能推动智慧城市建设

随着数字化转型的加快,智慧城市建设已经是大势所趋,展现出勃勃的生机。嘉定拥有良好的数字化产业基础,在数字化转型上有良好的条件。智慧城市建设也是嘉定新城建设规划中的重要板块,具有基础性、引领性和关键性的含义。本部分选取了4个案例,分别是:① 南翔镇东社区以"我嘉·邻里中心"为载体,打造"一网通办""一网统管""一网优服"三网融合的社区服务综合体;② 区城运中心运用数字孪生、物联感知、结构化分析等新理念、新技术,解决城乡接合复合型村庄的数字治理难题,积极发挥数字化转型的治理价值;③ 区交发集团依托智能信息化系统,整合既有的交通数据资源,在着力控本增效的基础上,提升公共交通服务质量,拓展公共交通发展新业态,延伸公共交通发展产业链;④ 区融媒体中心开发的"上海嘉定"App,以"新闻+政务+服务"为定位,深度融合广播电视、报刊、新媒体等资源,更好地引导群众、服务群众,让群众获得更多便利和喜闻乐见的资讯。

三、城市精细化治理的嘉定特色及内蕴

精细化治理是城市治理转型升级的必由之路。由于不同地区的实际

情况不同，城市精细化治理实践既具有普遍性元素，体现了超大规模城市治理的基本要求，也具有特殊性的意义，展现出不同的样态。在20多年持续的探索和积累中，嘉定区适应城乡接合的区情现实，形成了具有地方特色的精细化治理样本，其内涵主要表现在如下多个方面。

（一）党建引领城市治理

党政军民学，东西南北中，党是领导一切的。党的领导是做好城市各项工作的政治保障。作为基层党组织推进城市治理的重要形态，党建引领是推进城市精细化治理的重要政治优势，具有统筹、协调和整合等方面的功能，在解决城市治理问题过程中发挥着显著的治理效能。嘉定区在城市治理中充分利用党组织的政治优势，广泛动员社会各方资源和力量，运用信息化和智能化等先进技术手段，切实提升城市治理的效率。区级层面坚持组织引领和规划引领，成立城市管理精细化工作推进领导小组，制定《关于加强本区城市管理精细化工作的三年行动计划（2018—2020年）》和《嘉定区城市管理精细化"十四五"规划》，为精细化治理指明了方向。街镇层面党建引领的安排和部署更加主动，成效也更加显著，比如菊园新区发挥党组织的引领作用，主动细化"15分钟党群服务圈"的操作框架，完成4个党群服务中心、37个党群服务站以及"我嘉书房"等服务点建设，为资源下沉、功能拓展和服务拓展打下扎实的基础，在功能、机制和品牌等多个维度上，都取得了显著的治理成效。

（二）治理价值的人性化

城市是人的城市，城市进步和发展最终都是为了人，人的价值是至高无上的，也是不容置疑的。在过去的城市治理中，管理者往往囿于传统的管理思维，将管理的便利、效率作为主要价值，而忽视人民群众的意愿、利益和诉求。嘉定区始终坚持"人民城市人民建，人民城市为人民"重要理念，打破层级和部门之间的壁垒，打破条块之间的隔膜，始终把人放在城市治理的中心地位，坚持问题导向和需求导向，把人民的需求作为城市治理的出发点和落脚点，围绕人的意愿和需要来设计管理和服务，充分考虑人民的差异化需求，始终做到问需于民、问计于民、问效于民，比如在养老服务、加装电梯、人才居住等老百姓真正关心的问题上进行的创新,都充分体现了"人民城市"的理念,致力于让人民都过上更加幸福的生活;坚持人人参与的理念,发挥社区居民的能动性,让居民成为城市治理创新的主体,比如嘉定区开展的红领巾社区小当"嘉"行动,在引导社区青少年积极投身于社区治理与建设的同时,通过"小手拉大手"带动了广大家长加入社区志愿者队伍,既提升了社区的治理活力,也改善了社区居民的体验感。

(三) 治理态度的精益化

精细化治理既是治理结果的最终呈现,也是治理主体不断追求"精""准""细""严"的精益求精的过程①。城市治理只有进行时,没有完成时。精细化治理必须要坚持从实际出发,贯彻和落实精益求精的精神,坚持品质优先和服务导向,不断解决问题,不断提升治理能力,持续优化治理效果。从嘉定城市治理的案例来看,首先,嘉定立足于城乡要素共存的现实,着力抓好城市治理和乡村振兴两大板块,积极探索治理创新实践,比如"蔷薇巷"项目就从"种蔷薇"入手,细致入微地解决了毁绿种地的难题。其次,以人民的需求和现实的问题为导向,积极引入现代科学技术手段,探索大联勤等城市管理的新机制,完善技术驱动治理创新的新路径和新方法,体现和落实精益求精的治理精神。最后,通过对短期效益与长期效益的整体性考虑,不以短期利益换取长期利益,不以牺牲环境和资源代价换取短期政绩利益,比如清河路文创中心推出了上海首家开在垃圾场里的环保时尚文创中心——"拾尚创新嘉+",打造出一个新潮的垃圾中转站Icon,变废为宝,获得良好的生态效益。

(四) 治理领域的细分化

分化是专业化的前提,细分是精细化的基础,精细化管理的水平是与专业细分的程度成正比的。城市是生命有机体,是非常复杂且庞大的系统,要使城市系统有序运行,既要把握城市的整体和全局,更要关注城市的

---

① 陈水生,卢弥.超大城市精细化治理:一个整体性的构建路径[J].城市问题,2021(9):17—27.

局部和细节,切实管理和服务好最小的社会单元。因为系统的问题往往就是从细节开始的,而细节的完善决定了城市治理的水平,所以精细化治理往往就是细分治理项目,形成治理方案,从细节上下功夫,把细节做好,体现出强大而精准的规划设计能力、运筹操作能力和一丝不苟的精神。这些细节或者是在加装电梯的过程中做好相关居民的思想工作,充分考虑每一户的利益诉求;或者是对邻里中心的空间进行精心的安排,以给人们提供更好的办事体验;或者是优化和完善智慧治理项目,更为细致地划分治理场景,实现治理事项的全覆盖、无死角和零遗漏。实际上,正是通过细分治理领域及其事项,城市治理可以触及更多具体的事实或情形,从而能够分门别类,进行更富针对性和准确性的应对与处置。

（五）治理供需的精准化

治理的过程也是需求和供给相互适配的过程,需要根据治理需求,精准匹配治理资源。面对多元化和复杂化的社会,精细化治理需要精准识别治理对象的需求,对有限的治理资源进行精准配置,用优质的公共服务满足社会的需求。这也需要避免一刀切、平均化和大水漫灌等粗放式做法,防止资源错配、供需失衡。从嘉定城市治理的案例来看,治理的供需匹配显现出精准化的趋势:首先是运用大数据技术以及智能化手段进行识别,精准计算和预测居民的需求,比如嘉定区智慧菜场利用客流量统计仪、溯源电子秤和信息显示设备等电子设备,进行市场数据的采集和公示,做到市场全过程数据化管理,实现菜场产销的精准对接以及农产品的精准溯源。其次是运用民主参与技术,深入实地了解和掌握不同区域及人群的服务需求,准确判断需求内容及其变化趋势,比如菊园新区在民生需求专项调研走访过程中,精准研判出菊园东部建设中居民对于优质学校、公园绿地、社区餐厅以及家政服务等方面的需求。最后是科学测算服务半径,合理确定辐射范围,探索优化“我嘉·邻里中心”的布局,真正让邻里中心成为广大居民触手可及的地方,扎实提升基层治理的软实力。

（六）治理流程的精密化

城市治理是操作化的过程,依赖于连贯而稳定的流程。一个个流程联结起来,就构成了治理的全过程。当前城市治理的流程往往存在三个方面的问题:首先是治理环节烦琐,事件处置流程过多,审批作业流程过繁;其次是跨层级、跨部门和跨地域情境下的流程差异、割裂和错位,带来各种各样的推诿扯皮问题;最后是环节和程序缺失,出现治理真空和盲区,以至于无从治理。精细化治理不仅要求进行治理流程的系统性再造,推进城市治理的制度化、规范化和程序化,也要求提升治理流程的精密化程度,建构更加精细、便捷的流程,其中的核心就是以问题或事项为中心,细致梳理和深入细分治理动作,建立健全相关的管理流程、运行机制和操作办法,从而提高治理效率。比如区城市管理行政执法局在充分调查研究的基础上,推出了承重结构闭环管理机制,把查处损坏房屋承重结构的违法行为划分为立案调查、整改修复、结案处置3个阶段,细化为7个环节26个处置步骤,明确案件处置的标准和要求,编制损坏承重结构违法行为的处置流程图,将各阶段的细项和步骤都清晰地标注在图上,极大地提高了治理流程的精密化程度。

(七)治理标准的规范化

标准是简单易行的管理工具,是管理科学化、理性化和专业化的重要体现。精细化治理的发展是与治理标准的建设紧密联系在一起的。通过建立和应用明确的、清晰的和可测量的标准,城市治理逐渐变得有标准可依,根据标准来操作,"不靠感觉靠'标准'"[1],才能更加精准细致,避免随意性和不确定性。治理标准的规范化就是坚持规则先行、制度先行,推动治理标准的制度化和规范化,围绕特定的治理场景及事项,建立具体而明确的管理和服务标准,相同的情况给予相同的对待,不同的情况给予不同的处置。这既能提高城市治理的精细化水平,也能提升治理过程的公平性程度。标准化的治理不仅包括管理和服务的内容及形式的标准化,也包括管理和服务环节、流程和方法的标准化。嘉定区自2013年起全面启动城

---

[1] 冉涛.城市管理:不靠感觉靠"标准"[EB/OL].(2018-07-25)[2022-07-01].http://www.jiading.gov.cn/xinwen/ztbda/content_515300.

市综合管理标准化建设,该项目成为上海市社会管理和公共服务标准化试点项目。2015年,嘉定区又成功申报了国家级社会管理和公共服务综合标准化试点城区。近年来,嘉定区高度重视城市治理的标准化建设,不仅在"大联勤"城市综合管理过程中引入标准化管理,建立服务通用基础标准体系、服务保障标注体系、服务提供标准体系等3个子体系28个核心标准,建立了"四个统一"的标准工作体系,引领全区联勤网格化工作[①]。

（八）治理技术的智能化

信息技术是实现精细化治理的重要支撑,具有广泛而深入的赋能效应,在城市治理转型升级的过程中扮演着关键的角色。伴随着信息技术的发展及应用,城市政府及其职能部门积极将互联网技术、大数据技术、智能技术等,应用到城市治理的各环节中去,已经构成推进城市精细化治理的基本内容,带来了智能化治理的广阔前景。智能化技术的应用主要包括智能感知、智能管理和智能服务三个方面[②]。其中,智能感知就是通过对个人和企业的全生命周期管理,实现相关数据采集、整合、开发和利用的智能化,随时随地实时掌握城市运行的状况,快速地感知和识别城市治理中的问题,为城市智能化治理打下坚实的基础;智能管理是通过资源开放、协同管理、社会信用体系及城市大数据管理决策体系建设,实现城市治理的合理化、透明化和协同化,形成多元参与和协同共治的治理模式;智能服务通过"互联网+政务"的模式及方法,极大地延展了公共服务的空间和时间,打造了高度智能化的公共服务体系,为市民提供便捷和高效的公共服务,提升公共服务的体验感。

（九）治理主体的多元化

城市是个大舞台,包含了多样化的行动者,城市治理离不开各方面的参与,不应该是政府的独角戏。区别于政府单中心的管理过程,精细化治理是社会多元主体共同参与的过程,最终形成的是政府、市场、社会等多方

---

① 严琳."大联勤"背后的城市综合管理创新[J].质量与标准化,2018（6）：44-45.
② 王郁、李凌冰、魏程瑞.超大城市精细化管理的概念内涵与实现路径：以上海为例[J].
上海交通大学学报（哲学社会科学版）,2019,27（2）：41-49,96.

力量共同参与的多中心治理模式。只有打通其他社会主体参与城市治理的渠道，激发其他社会主体参与的主动性和积极性，充分发挥其他社会主体的优势，推动多元主体之间的协同合作，协调好多元主体之间的关系，才能实现城市治理的共建共治共享，细致入微地识别和解决具体的问题。在"蔷薇巷"自治项目中，安亭镇陆巷社区积极运用区级层面带动的"三导四微四学"培训机制，带领广大居民参与社区营造和愿景规划等进阶工作坊，组织开展微沙龙及社区陪伴进阶课程培训，以"百千万"行动训练营形成"核心团队—骨干成员—参与居民—全民参与"的治理梯队，从过去的"骨一代"发展到现在的"骨三代"，包括60多名自治骨干、600多名积极参与者和6 000多人的行动者队伍。治理主体的多元化，归根结底是参与的问题，这就需要落实"人民城市"理念，真正让多元力量参与进来，发挥作用，形成合力，同时也需要协调多元主体之间的矛盾纠纷，建构良性互动的关系。

（十）治理部门的协同化

长期以来，各地城市治理始终都面临着职权不清、条块分割以及边界模糊等问题，带来了多头管理、政出多门、分散管理甚至无人管理等难题。这些问题使得城市治理往往相互割裂、缺乏衔接、错漏百出，降低了城市治理的整体效能。因此，城市治理中的复杂问题往往牵涉不同性质的职权，需要不同部门之间的协同合作，解决空白地带或混乱区域的问题。其中，不同层级协同治理要求构建上下融通与无缝对接的跨层级管理机制，尤其是注意推动权力的下放与资源的下沉，赋予基层更多灵活处置的权力，让基层自己解决相关的问题；而在不同的部门之间，精细化治理强调打破政府部门的边界，在不同部门职能进行合理划分的基础上，精细化治理强调多部门协同参与管理，推行以具体问题为导向的管理体制，特别是强调跨部门之间的数据共享和联合行动等。比如嘉定区在直面城市管理体制面临的难题，在大联勤工作模式中，将公安巡警、城管队员、社区保安队员和城管协管员等多支队伍进行重组混编，重新定位为城市基层联勤队员，形成了集资源共享、目标共促、活动共办、组织共建于一体的跨区域亲密"朋友圈"、共同"服务带"、联合"行动链"。

总之，历经20多年的实践探索，嘉定区已经初步形成了具有区域特色的城市精细化治理样本，也打造了具有地方特色的城市治理优秀实践案例。精细化治理作为信息化时代城市管理的新模式，不仅强调细致化、精准化、智慧化、效能化和协同化等，更强调"精益求精"的治理精神和治理追求，努力"以人民为中心"，强调局部和细节，做好管理和服务工作。这些案例包含的价值既有助于从整体上把握城市治理及其发展趋势，也可以持续推动城市治理细节的改进和完善。

虽然嘉定区城市治理精细化取得了显著的成效，但面对高度变化性、流动性和不确定性的时代，尤其是在现代信息技术发展及其应用不断迭代的背景下，精细化治理极大地推动了城市治理的转型和升级，拉高了城市治理各个领域的水平，但仍然还有许多亟须解决的问题。比如管理体制方面还存在协同能力不足的问题，各部门工作职责及其重点不清，各条线各层级之间统筹协调能力有待加强，解决人民多元化需求方面还有待加强等。这些都需要在精细化治理的过程中不断完善，以精益求精的态度谋求和落实城市"善治"之道。

当前上海城市治理的数字化转型如火如荼，带来了城市治理的系统性变革。嘉定区正处于五大新城发展的关键阶段，在落实人民城市理念、探索全过程人民民主、推进乡村振兴和实现超大规模城市治理现代化等方面，都承担着重要的使命和艰巨的任务。因此需要立足于嘉定区全域的特点，进一步提炼先进的城市治理理念，全力聚焦广大人民群众关心关切的实际问题，坚持党建引领、多元参与和协同共治，大力探索新的治理技术和方法，卓有成效地破解城市治理的难题，更好地为超大规模城市的治理现代化转型提供嘉定案例、嘉定经验和嘉定方案。

PART 2
党建引领篇

引　言

　　党的二十大报告指出："加强城市社区党建工作，推进以党建引领基层治理。"基层治理是治理水平的集中考验与治理成效的生动落脚点。基层治理的具体实践，既要适应于全局发展之"大"，也要关切于人民生活方方面面之"小"；既要提升城市"外"貌之美，也要优化社区"内"部运行之效。在过往的实践中，嘉定区形成了贴近群众、积极探索、善于创新的基层治理风格，在切实增进民生福祉、提升治理水平上，取得了一定的实效。随着城市化进程的不断加速，无论是协作治理、城市建设、公共服务、社区治理都需要更精细、更优化的治理方式。嘉定区基层治理也适应性地从基础整合、探索构建向高质量、精细化、长效化的阶段跨越发展。在治理观念与治理能力的迭代更新中，党建以其重要的引领作用带动基层治理实现聚能升级。通过党的政治、思想、组织、制度等建设路径，提高统筹能力，明晰治理脉络，整合治理力量，带动举措落实，使治理实效深入基层的细枝末节，延展到治理体系的最末端。发挥党建强引领作用，充分产生"正外部性"，使基层治理共识更凝聚，合力更充分，机制更优化，体系更完备，带动基层治理整体水平提质增效。在嘉定区基层治理的具体实践中，党建引领在跨城协作治理、市民公共服务、基层群众共治、综合治理成效、优化城市建设等方面都发挥了最重要的功能。

"同圈党建"："嘉苏温"协同写好融合大文章

一、背景·缘起

2018年11月，长三角一体化发展上升为国家战略以后，中共上海市委发布了《关于以组织体系建设为重点推进新时代基层党建高质量创新发展的意见》，提出"在长三角更高质量一体化发展中充分发挥党组织作用，发挥上海龙头带动的作用，进一步探索实践以党建联建引领跨省联动发展的'毗邻党建'模式，搭建区域党组织联动合作平台"。嘉定区一直以来重视长三角一体化建设，曾先后与江苏省苏州市、浙江省温州市签订战略合作协议，推进各重点领域的交流合作。嘉定区位于上海西北部，西与江苏省昆山市（县级市，由苏州市代管，太仓市同）毗连，北依浏河，与江苏省太仓市为邻，这使得嘉定区、昆山市和太仓市三地拥有得天独厚的毗邻区位，人文底蕴相近，发展理念契合，资源禀赋互补。为进一步发挥党建引领"嘉苏温""嘉昆太"业缘与地缘融合协同的发展优势，由嘉定、苏州、温州三地党委中心组牵头，在联组学习、深入调研、反复协商的基础上，三地提出共同打造"嘉昆太协同创新核心圈"，建设更高质量一体化发展深度融合示范区的愿景，以发挥嘉定先进制造业发达、苏州产业实力雄厚、温州民营经济活跃的区域比较优势，推动形成优势互补、各具特色的协同发展格局。在此基础上，围绕"同城同圈"发展战略，嘉定、温州、昆山、太仓"三地四城"不断探索实践"同圈党建"模式，以党建联建共建为引领，充分发挥党组织协调各方的组织优势，在科创互促、产业共进、交通互联、民生互惠、生态互治等领域，为推进长三角更高质量一体化发展探索了有益经验。

嘉定、苏州、温州三地创新毗邻党建工作模式，构建区域化、功能化、系统化的党建共同体；进一步推动"同圈党建"工作机制、经验做法、载体建设等得到新提升；努力打造集资源共享、目标共促、活动共办、事务共商、组织共建、阵地共用等于一体的区域化党建亲密"朋友圈"、共同"服务带"、联合"行动链"。

二、举措·机制

嘉定区坚持把加强党的建设作为长三角一体化发展规划对接、战略协同、专题合作的引领力量。面向"十四五",紧扣"一体化"和"高质量"两大关键词,以党建为突破口积极打破行政壁垒、利益格局和制度障碍,促进资源、政策、利益共享,把党的政治优势转化为推动区域深层次合作共赢的发展优势,打造新时代"同圈党建"模式,写好融合大文章。

(一)积极融合红色资源与阵地资源

"同圈党建"充分发挥各地优势,圈好红色资源,打造红色品牌。长三角各地红色资源丰富,但开发整合程度不一,"同圈党建"为统筹协调区域内的红色资源提供了平台。嘉定联合温州、昆山、太仓推出一批红色资源名录,为"三地四城"党员教育提供绿色通道;制定并发布"嘉昆太"三地党史学习教育共享实境线路、特色课程,组织区内广大党员广泛开展沉浸式党史学习教育。围绕革命战争、改革开放、乡村振兴、新时代文明实践等主题,嘉定区推出"红色文化地图",主动对接温州博物馆、昆山乡村振兴讲习所、太仓规划展示馆等教学点位,将其纳入《走在必由之路上——嘉定区"四史"学习教育学习路图》,以"路图"的形式,串联起"三地四城"的学习资源。

"同圈党建"积极挖掘毗邻阵地资源,积极推动联动共建。"同圈党建"积极利用各地的学习、阵地资源,开展集体学习、党建共建等活动,加强区域间组织互动交流和互学互促。比如,"嘉昆太"积极推进中心组联组学习活动,采取实地调研、现场观摩、学习讲坛、专家辅导、交流研讨等形式,推进各单位由"关门独家学习"向"开门共同学习"转变。"三地四城"充分发挥地缘相近、人脉交融的优势,以区、街镇党群服务中心结对为重点,带动村居、宅舍党群服务站(点)和党校、实训基地等各类党群阵地资源互通,落实了一系列项目共建、服务共享、阵地共用、清单共推的举措。

（二）顶层设计统筹区域协同发展

加强顶层设计，以党建为引领促进"三地四城"产业共建。2019年，《嘉定区关于进一步深化园区党的建设工作的实施意见》出台，明确要立足产业布局和生产要素流动，推动区内园区之间、与区外先进园区、与嘉苏温"三地四城"园区开展多维度、项目化、产业型共建。2021年，"嘉昆太"签约合作，提出通过"同圈党建"推动产业协作，聚焦产业布局和生产要素流动，依托长三角汽车产业创新联盟、长三角党群建设创新发展研修院等平台，吸引长三角区域相关企业加入，扩大园区党建联盟"朋友圈"。"三地四城"通过"同圈党建"建立沟通合作机制，签订区域战略合作协议加强顶层设计，充当资源链接的纽带和产业合作的润滑剂。通过了解企业需求，为企业寻求可利用的资源，"嘉苏温"着眼于共同利益、共同目标，实现优势互补，优化产业整体布局。

瞄准战略目标，打造区域协同发展示范项目。"同圈党建"依托长三角党建联盟，针对企业需求牵线搭桥，充当资源纽带，瞄准关键目标，打造示范项目。嘉定工业区与温州市联合编制《上海嘉定工业区温州园发展规划》，在嘉定工业区温州园一期项目的基础上，签订《嘉定工业区温州园二期项目合作框架协议》，加快推进园区建设，力争到2021年实现工业企业基本投产运营，到2023年初步成长为长三角先进制造业深度融合示范区。嘉定区还与苏州市相城区签订区域协作框架协议，结合嘉定区和相城区产业导向，聚焦汽车产业，借助两地先发优势，共同打造具有国际竞争力的智能网联汽车产业示范基地。"嘉苏温"同圈党建聚焦协同发展，通过关键战略目标构建，形成项目示范效应，为区域发展树立可参考的标杆。

打造科创高地，加快区域产研融合，为发展赋智。"嘉苏温"三地高度重视创新驱动产研融合方面的深度合作，并通过建立健全区域间党建联建和文明创建联动等机制，进一步加大干部交流力度，为跨区域科创圈建设提供有力保障。嘉定区与温州市合作提升"科创飞地"能级，积极打造温州（嘉定）科创园二期、嘉定工业区温州园；积极推进产学研合作，着力形成长三角区域重点峰会品牌。2021年，嘉定区、苏州市等两区六市达成共建环太湖科技创新圈战略合作框架协议,打破行政区域界线,充分发挥各地的科创优势,打造具有国际影响力的创新策源高地。

(三) 发挥政治优势形成社会治理合力

跨区域协同治理,需要充分发挥党组织的协同力和组织力。由于受到行政区隔和政策差异的影响,毗邻问题一直是区域发展过程中面临的棘手问题。"同圈党建"模式借助党建引领,促进区域联动,建立区域共治长效协调机制,建立区域合作共治党员队伍,以党建促共建,共同推动区域治理能力的提升。其中,"嘉昆太"三城通过打造8个乡村共治项目,推动毗邻地区16个村居党组织围绕美丽乡村、平安建设、河道治理、边界治理、特色农业、一体化发展等方面开展党建联建。以嘉定区外冈镇葛隆村党总支与太仓市城厢镇新农村党委联合创办的"一河一园"项目为例,通过两地党委多次召开联动协商会,确定了对沪太跨界河道长泾河的合作整治方案,通过绿化种植和健身步道的修建,明显优化了河道环境,达到了协同共治的目的。

疫情防控同舟共济,联防联控生成合力。新冠疫情发生后,嘉定与昆山、太仓展开精诚合作,并肩作战,迅速形成联防联控安全圈。嘉定区相关党组织迅速行动,与昆山、太仓相关党组织积极协作,建立复工复产协同互助机制,及时处理跨区域问题,推动跨省市疫情防控合作和复工复产。各省界相邻镇村党组织依托"同圈党建"工作机制和区域党建联建协同基础,充分发挥战斗堡垒作用,推动嘉定与昆山、太仓形成紧密的联防联控安全网。华亭镇毛桥村与太仓市浏河镇浏南村党组织通过沟通协商,安排人员24小时配合坚守,打造联防联控安全圈,充分发挥党组织强大的组织力,协调各方,攻坚克难,形成跨区域的强大合力。

(四) 创新工作机制促进组织共育

在支部建设方面,树立区域标杆,强化组织结对示范效应。嘉定分别与温州、昆山、太仓联合推荐形成了包含44个基层党组织的"首批优秀党支部结对名单",通过示范党支部标准共议、经验信息共享、难点问题共解、服务项目共推等方式,共同推进基层党支部标准化、规范化建设。嘉定区与苏州相城区下辖板块开展板块结对交流合作，加强党政干部互学，推动要素自由流动、信息互通共享。嘉定区与温州市推动形成区市联块、镇镇结对、村村牵手的共建格局，有效提升基层党组织的日常建设活力。

在干部培养方面，创新工作机制，深化干部共育工作模式。一是建立常态化交流挂职机制，构建"班长工程""育林工程""基石工程"共学共育工作模式，促进区域间干部相互了解、相互学习。2021年，嘉定区与太仓市互派24名村（社区）挂职人员，增进两地村居事务和基层服务互联互通。二是深化"双报到"工作载体。针对双城工作和生活的在职党员，探索跨区域单位和社区党组织联合教育管理模式，鼓励党员"双城亮身份""双重强素养""双向展作为"。三是推进教育共促与干部共育。以主题论坛、联合办班、师资共享、学员互动等形式，推进基层党组织书记集中培训和互派轮训。2021年村居党组织集中换届后，分四期开展初任村居党组织书记"班长工程"周周训，每期邀请6名昆山、太仓村居书记一同参训，先后有24名村居书记参训。

（五）"党建+"模式提升惠民服务能力

"党建+政务"，提升服务一体化水平。"同圈党建"深化了"党建+"理念，通过党建引领，推动政务服务实现无缝对接与一体化发展。依托浙江"最多跑一次"、江苏"不见面审批"、上海"一网通办"、安徽"皖事通办"等平台建设成果，推出"初心服务"政务联办的30项服务内容，提高长三角地区政务服务区域一体化水平。"嘉昆太"三地税务部门签署"党建+业务"一体化发展合作框架协议，成立"红引擎·嘉昆太税务党建联盟"，三地互设自助办税机，促进税收业务一体化发展，逐步实现"让纳税人少跑马路，多走网路"。

"党建+文旅"，助推区域资源共享惠民。"嘉昆太"三地以党建为引领，支持旅游部门完善协作联动工作机制，完善文化和旅游信息发布渠道，推出跨区域文化和旅游服务联动举措，探索共建智慧文化旅游服务共建平台，共同打造精品旅游线路，共同设计群众喜闻乐见的旅游"大礼包"，共同提供优质的特色旅游产品。同时,加强"文化走亲"与"沪苏浙鲁"教育联盟建设,推动区域文化教育资源为民共享。

"党建+医疗",推进健康长三角一体化进程。"嘉昆太"三地进一步探索医疗保障同城化,推进跨省医保直接结算免备案、跨省统一医保经办服务、跨省异地医保基金联审互查、"互联网+"医院医保结算互通、医保异地结算项目广覆盖。"嘉昆太"三地共同推动区域医疗健康领域数字化转型及服务模式创新,打造数字赋能健康城区一体化发展模式的新标杆,解决百姓就医难点、堵点问题,支撑长三角一体化优质医疗资源持续整合和同质化发展,推进健康长三角一体化进程。在疫情防控期间,面对医疗物资短缺的困境,"嘉昆太"三地依托"同圈党建",打通不同区域间的医疗物资调配,由党组织牵头联系相关厂商进行资源调配,支撑了关键时期的医疗防护物资补给。

三、创新·成效

长三角区域一体化作为新时代区域协调发展的重要战略举措,在其推进过程中面临地区发展差异和行政壁垒难题。"三地四城"同圈党建的发展实践,在加强区域内各级党组织内部建设,提升党组织组织力的基础上,不断增强区域内党组织间的协调合作与资源共享,为推动长三角更高质量一体化发展探索出一条有效途径。

(一)党组织统筹协调提升区域发展引领力

党建引领并非意味着对既有行政体制进行取代或重构,而是通过将党的政治优势和组织优势转化为统揽全局、协调关系和整体推进,打破跨区域壁垒的体制弊端,实现地区间的协同共治。在长三角一体化战略背景下,"同圈党建"打破了传统地域化党建封闭模式,实现区域统筹、共生共融的协同发展格局。加强区域化党建引领顶层设计,在推动红色资源共享、产业协同发展、治理力量融合、组织共建共育、服务有效供给等领域发挥着重要的引领作用。以党建融合为切入点,在其他各项工作上探寻一体化发展的方式方法和工作思路,有利于推动要素充分流动、资源高效配置,加快构筑长三角发展强劲的增长极，以系统化思维加强顶层设计，形成推动长三角高质量一体化发展的强大引领力。

（二）创新制度建设科学提高党组织组织力

自"同圈党建"启动以来，"三地四城"积极探索区域化党建模式创新，不断完善组织架构和工作机制，推动建设长效化、规范化、制度化机制，为"同圈党建"的发展提供制度保障和持续动力。一是打造样板支部，推进基层党支部标准化、规范化建设。通过示范党支部标准共议、经验信息共享、难点问题共解、服务项目共推等方式，推动"三地四城"党支部结对共建，提升支部建设规范化水平。二是完善考核评价制度，增强"同圈党建"工作开展的执行力。2018年，嘉定与苏州、温州签订框架协议后，嘉定区委组织部将党建引领推进"三地四城"一体化工作，纳入各街镇基层党建工作责任制和街镇党委（党工委）抓基层党建工作述职评议的考核内容，推动工作责任持续压实，着力于提升相关工作的显示度和满意度，提升基层党组织的内在动力。三是加强党群工作研究，提升"同圈党建"科学化水平。2019年，在中浦院的指导下，"三地四城"联合成立长三角区域城市党群建设创新发展研修院和联席会议办公室，着力将其打造成为高质量党群干部培训基地、党群工作科研基地、地方党委政府咨政基地、党群工作交流基地和探索创新实践基地，全面提升长三角区域城市党建科学化水平。

（三）组织内外联动持续增强凝聚力

在区域联动上，"同圈党建"自启动以来，"三地四城"就加快区域协同发展频繁开展会议研讨，签订框架协议，建立常态机制，使得共建关系持续升温。构建全链条工作体系，全面推行"行动支部"工作法，推动各基层党组织在重大任务、重点项目一线充分发挥战斗堡垒作用。围绕区域重大任务、重点攻坚项目，科学布局党建"供给侧"，让党旗在区域联动多领域一线高高飘扬，增强了区域联动，密切了合作关系。

在凝聚力增强上，"同圈党建"一方面通过平台共建整合资源，促进各地党组织成员的互动交流，完善了党组织成员间的社会资本网络，对于提升党组织内部的组织力和凝聚力具有积极意义。另一方面，通过"同圈党建"搭建业务合作平台,充分发挥"同圈党建"的工作优势,持续深化拓展党建在民生服务、社会治理等方面的带动效应,使人民群众更为直观地感受到区域联动发展和长三角区域党建一体化建设带来的实惠,切实感受到来自党和政府的关怀,完善党和政府在群众心目中的形象,形成社会认同。实现基层党组织团结凝聚群众的目的,更好地发挥基层党组织的战斗堡垒作用,推动区域一体化建设获得更强生命力。

四、启示·展望

在长三角区域一体化发展上升为国家战略的背景下,进一步实现一体化高质量发展,需要坚持党建引领,打破行政壁垒和政策差异带来的阻碍,从而推动整体部署和协同发展。嘉定、温州、昆山、太仓行政隶属不同,行政级别、前期规划、政策部署也有所差异。"同圈党建"借助党的建设架起区域间的沟通合作桥梁,更好地树立"一体化"意识和"一盘棋"思想,优化整体布局,整合资源,围绕资源共享、要素共通、发展共推、治理共抓、队伍共育、服务共促、创新共领等内容,把党的政治优势和组织优势转化为推动区域深层次合作共赢的发展优势,成为推动合作共赢、赋能高质量发展的"红色引擎"。坚持党建引领,以系统化和全局性思维破除单边作战的思维束缚,以更为包容的姿态加强合作,是实现"三地四城"高质量一体化发展,推动建立区域共建共治共享治理格局的核心要义。

"同圈党建"一方面要着力于提升区域党建自身质量,促进组织共建融合;另一方面,要利用好党建窗口,着力于区域治理融合,搭建交流合作平台,促进要素资源流动共享,推动区域社会治理走上新台阶。以发挥好党组织在引领基层治理中的领导核心作用,不断推进治理体系的完善和治理能力的提升,把握方向、统筹协调,充分调动一切可调动的资源,实现社会治理的良性发展,逐渐形成科学有效的社会治理模式,进一步促进长三角地区一体化社会治理共建共治共享。

重视发展实效,要形成区域发展组织建设与制度保障的合力。实现长三角更高质量一体化发展,决不能流于形式,要在实效上下功夫。以同圈党建为突破口，立足共识、寻求共赢，着力解决跨区域难以协调的关键问题，化解矛盾并形成经验。要让区域发展持续"保鲜"，关键在于提炼好的做法和经验，一方面夯实组织建设基础，另一方面建立健全常态长效机制，巩固扩大共建成果，不断提升共建水平，推动"三地四城"同圈党建步入制度化、规范化、科学化的良性轨道。要出台一批制度框架，结合各地实际，围绕"同圈同城"，制定和优化跨区域基层党建协同发展的制度体系。要推出一批共建项目，围绕组织建强、队伍建优、基础建牢，延伸拓展组织生活共享点等阵地效应，聚焦党建引领社区治理、抓党建促乡村振兴等重点任务，推动形成联动协同行动格局。要打造一批示范品牌，聚焦各领域党建先进经验与创新做法，加强宣传互动与交流学习，形成品牌效应，助推"三地四城"同圈党建持续发展。

党建引领：牢记宗旨，整合资源，打造嘉定特色"市民体育生活圈"

一、背景·缘起

2021年7月，《中共中央 国务院关于加强基层治理体系和治理能力现代化建设的意见》中提出"党建引领基层治理机制全面完善"，进一步明确党建引领社会发展的主要目标。体育作为公共文化服务事业中的重要内容，只有坚持党建引领体育治理，才能更好地走中国特色体育强国之路，实现体育强国梦与中国梦的紧密融合。

作为上海的融合发展高地、人文教化高地，嘉定区体育事业在建设推进中也迸发出独具特色的嘉定之光。嘉定区坚持从群众中来、到群众中去的工作作风，传承中华体育精神，凝聚形成以服务保障民生为根本、以完善区域内公共体育服务体系建设为宗旨、以优化公共体育服务质量为主线的思想共识与行动逻辑。嘉定区坚持以党建为引领，充分发挥党组织在体育治理中的领导核心作用，力破以往体育管理中存在的资源碎片化、体系分散化、服务手段单一化等顽疾，优化组织基础，规范制度体系，以新兴技术赋能体育工作的数字化转型，多举措融合，打造嘉定特色的"市民体育生活圈"，保证体育建设工作紧密贴合群众多元化的体育需求。

二、举措·机制

嘉定区加强党建引领，筑牢体育为民的信念，聚焦市民多元化体育健身需求，增加公共体育健身空间，升级体育设施，举办多姿多彩的体育健身活动，拓宽百姓参加体育健身活动的渠道，打造"党建+体育"主题下嘉定区特色体育品牌，为"体育生活圈"的建设与发展增质提效。

（一）在党史学习中凝聚体育为民的思想共识

一是加强党史学习，传承红色资源，凝聚思想共识。嘉定区体育局以党建整肃作风，系统性组织开展党史学习，成立专业化党史学习教育领导小组，制订党史学习实施方案；开设"双线"并行学习课程，充分利用"学习强国"等线上平台，实施科学化党史学习打卡计分制度。同时，嘉定区体育局联合共建单位，定期组织以观看红色电影、参观红色教育基地、开展党史联组学习等为主要形式的多姿多彩的线下党史学习教育，并鼓励体育局内部更加深刻地学习我党百年体育发展史，交流学习心得，汲取中国共产党的先进体育观，将其放入体育事业建设中、放在责任中、放在担当中。

二是举办以"党史＋体育"为主题的红色体育活动。为推动党百年征程中形成的红色体育精神与新时代体育工作的进一步融合，嘉定区体育局联合嘉定区党建服务中心开展"线上健康跑＋线下定向赛"的体育活动。在线上，嘉定区体育局和嘉定区党建服务中心携手推出"必由之路·线上月月走"活动。该活动以微信步数与点位探索为主要形式，市民可以前往嘉定党史陈列馆、上海国际赛车场、安亭镇向阳村、上海联影医疗科技有限公司、上海保利大剧院等70个点位进行红色信息探索，鼓励市民在体验体育健身的快乐、拥有健康生活的同时，强化"四史"学习，满足群众更高层次的精神文化需求。

（二）多举措融合形成专业化工作机制

一是聚焦群众需求，出台专业性政策。通过党史学习，嘉定区进一步深化体育为民、体育惠民的民本思想，在公共体育事业建设的各项任务展开中，嘉定区体育局聚焦民生福祉，运用线上、线下"双线"征集平台，收集群众关于公共服务体育设施数量、质量、空间布局等方面的意见。基于对群众需求的调研结果，嘉定区体育局对体育项目建设背景、可行性等多方面进行分析，并将其纳入相关政策规划中。如嘉定区通过对全区内现有城市公共活动空间进行梳理，制定《嘉定区健身设施建设补短板五年行动计划（2021—2025）》，明晰下一步体育工作计划，对健身设施进行科学化布局，特别是对市民益智健身苑点、公共体育场馆、市民健身中心、体育公园、市民健身步道等公共体育场所的数量明确建设要求,实现体育场馆的拓宽、公共体育空间的增加、公共体育设施在多街镇的全覆盖,满足市民"出门即可运动、就地即能健身"的愿望,为打造"15分钟体育生活圈"提质增效。

二是打造配套性问题解决机制,回应群众关切。就市民对体育设施质量隐患的担忧,嘉定区同时采取三项重要措施:① 将其列为"我为群众办实事"区级重点民生项目,组织各街镇对镇域内的健身苑点进行"地毯式排摸"。② 区、镇两级加大在公共体育设施开放管理、维修、巡查人员以及场地保险等方面的公共财政投入。各街镇加大了人员投入,组建了专业化队伍,以负责属地化公共体育设施的安全巡视。③ 充分发挥数字技术的作用,为体育设施建立"身份证"信息库。居民可以通过扫描"简介码"获得对应器材的简介、功能和使用方法,方便不同人群根据自我需求选择适合自己的运动设施与项目。同时,嘉定区还为各体育设施附以"报修码",当市民发现器材故障时,扫描上报信息,系统将自动匹配此健身点的维修人员,并发送短信至维修人员以尽快处理,有效预防了事故的发生,保证了居民健身的安全。

(三) 党建引领建章立制塑组织

一是将体育工作切实融入嘉定区的全局工作中。嘉定区体育局以史为鉴,从百年党史中汲取新时代下体育工作建设创新的智慧,制定《嘉定区健身设施建设补短板五年行动计划(2021—2025)》,把握"十四五"期间,体育工作在全区发展中所处位置、体育工作者身上所担负的政治责任与历史使命,围绕构建"处处可健身"的高品质运动空间,倡导"天天想健身"的现代化生活方式,培育"人人会健身"的高水平健康素养,实现体育强国梦与中国梦的紧密融合。

二是夯实体育治理的组织基础。嘉定区通过党建引领,进一步强化党在体育工作建设中的核心领导力,规范形成区域化党建组织体系。区委统筹协调区体育局、发展改革委、财政等部门,共同参与嘉定区体育项目建设,多措并举打破行政壁垒。在党建引领下,过往存在的阻碍体育管理工作顺利开展的资金、人手、技术等难题得到逐个击破,《嘉定区市民益智健身苑点新建及更新经费补贴办法》等政策出台,市民球场和市民健身步道的补贴项目、健身苑点超限难点等操作性难题也有了配套的解决机制。在这个过程中,党员干部切实把自己放入体育事业建设中,紧紧把握上级政策导向,四处跑、紧盯抓,各项工作初见成效。

三是建立规范化的体育管理体系。嘉定区完善了街镇社区体育健身设施开放管理评估考核机制,从基础设施项目建设、重大项目建设、体育场地面积、市民益智健身苑点微更新工程、体育场地调查、社区公共体育设施日常管理、市公共体育设施平台管理维护、体育设施开放服务、应急管理九大维度全面考核街镇每年的工作情况;区级部门职责进一步明确,形成体育局督察指导、街镇主管、第三方评估、社会体育指导员协管的新管理格局,打造了"区—街道—社区"下的区域化党建管理机制。

(四)"党建＋数字化"赋能体育治理

一是打造数字化体育应用系统。随着《关于加快发展体育产业促进体育消费若干意见》《健康中国2030规划纲要》《体育强国规划纲要》等文件的发布,嘉定区体育局创新打造了以"一网两台两系统"为主体的全民健身现代信息应用系统,以贯穿在百年党史中的"为人民服务"之红线,织密数字化体育服务的便民、惠民之"网"。其中,"一网"指的是嘉定体育门户网站,"两台"即"上海嘉定体育"微信平台和"全嘉云动"公共体育服务平台,"两系统"是全民健身卡系统、体育公益券配送系统的简称。以"一网两台两系统"为主体的全民健身现代信息应用系统将资讯、健身、比赛、培训、指导、娱乐、休闲、社交、福利等多功能集于一体,使得市民可根据自身的兴趣爱好参加不同的体育活动、享受订制化体育服务,让民众深刻感受到"体育生活圈"就在手中、就在家门口,高质高效享受体育生活。除此之外,嘉定区以一"码"打通运动全流程,以"随申码"为载体,集合预约、核销、支付、开票等不同功能,形成运动闭环,打造凭"一码"即可随时随地享受健身的运动场景,进一步赋能市民参加体育健身活动的方式从传统型向便利型的升级。

二是打造数字时代下个性化体育服务。嘉定区以体育服务公众为主线,以弘扬中华体育精神为核心,推出了独具特色的"全嘉"系列性体育活动。"全嘉"体育系列涵盖不同的体育服务主题,致力于满足公众的多元体育需求。如"全嘉来赛"将市、区、镇三级赛事整合,让市民及时获悉不同的赛事资讯,并能通过线上功能随时参与体育活动;"全嘉来学"打造了线上金牌体育指导服务,保障居民虽居家健身,但依然能享受到线下健身的服务水平;"全嘉场馆"汇集多个体育场馆信息,包括场馆的地址、联系方式、简介、开设课程、价格等,市民得以享受一站式服务。除此之外,嘉定区积极开展智慧化改造项目试点,如对北水湾公园的公共设施实施智能化升级。

三、创新·成效

在嘉定区,市民能够足不出户享受公共体育服务,也可以在家门口参与多样化的健身活动。嘉定区形成了"处处可健身""人人会健身"的良好氛围,市民"体育生活圈"质量得到了提升,实现了"党建+体育+生活"的紧密融合。

(一)建立了规范化的体育治理机制

党建引领下,嘉定区体育管理的相关政策从零散走向体系化、专业化。嘉定区汲取党史智慧,把握未来体育工作的创新发展方向,制定《嘉定区社区体育设施资源向社区开放的管理办法》等政策文件,明确了各项任务、管理细则,确保各项工作在规范性政策文件的指导下有序进行,加强了各项工作间的衔接性,多举措协调推进,助力将"体育生活圈"打造成为每一位嘉定市民体育生活的好去处;打造了更为科学化的工作机制,内含常态化工作与重点式任务等,如嘉定区体育局将体育设施的普查设置为日常性工作。通过普查,能够进一步摸清可供嘉定市民开展运动训练和健身、参与比赛等所需的体育场地的现状,精准把握薄弱环节,加大补短板工作的力度,掌控关键领域,扩大有效供给。通过日常性普查工作的展开,嘉定区的体育场馆拓宽了,公共体育空间增加了,体育设施数量大幅度上升,设备也优化更新了。嘉定新城马陆镇在对公共体育设施进行普查的基础上，充分发挥数字技术的作用，以"时尚化、多功能、智能化"为落脚点，对紫气东来健身步道和马陆公园健身苑点的地面及健身器材进行了智慧化升级，将其打造成为全区首条智能步道、首个智能化益智健身苑点示范点，构建了"处处可健身"的高品质运动空间；安亭镇文化体育服务中心先行先试，将对建成已10多年的嘉定安亭文体中心进行改造，实现"安全+创新+未来"的多重升级，以体育设施建设实际行动践行贯穿在党史中的"为人民服务"理念。

（二）多元主体协同参与体育治理

体育赛事为多元主体协同参与体育治理提供了新渠道。依托党强大的组织优势，嘉定区以体育赛事的举办为契机，将体育赛事策划与举办的场地打造成新型的多元主体联动"平台"，如与区委组织部合办了"红色定向赛"，与中国银行合办了"我的冬奥"线上赛。嘉定区依托区域内的党建优势，打造了独具体育特色的多元主体协同共治平台，创新了多元主体在体育治理中的联动方式。不同职能部门在体育活动的策划、举办过程中各司其职、各扬所长，举办的各式体育活动丰富了群众的体育健身生活，契合了体育服务满足人民群众多元体育需求的行动主线。同时，在统一的新型平台下，彼此间信息畅通，矛盾纠纷得到了调解，各主体的联结模式从条块分割、资源零散调适至共建共治共享，一改传统的体育治理中嘉定区体育局"独挑大梁"的局面，为我嘉·邻里中心、市民益智健身苑点等体育"新改建"项目的落实与公共体育健身器材的升级完善奠定了坚实的人、财、物基础。

（三）体育惠民的数字化转型

数字技术嵌入体育治理，助推公众通过多元渠道参与体育生活。秉持"双线"并重的前提，坚持贯穿在党史中的"以人为本"的理论之线与以市民需求为导向的行动之线，同时，融入创新发展浪潮中，嘉定区体育局打造了"一网两台两系统"，集互联网、大数据等数字技术的便利性、多功能性与体育活动的趣味性于一体，且嘉定区对"两台"的内容进行连续性的完善与升级,不间断地推出体育服务新款小程序,将网络场馆在线预订网络系统从PC端延伸至移动端,"全民健身卡"也实现了从实体卡向电子卡的成功转换。嘉定区以数字化浪潮为体育服务创新升级的契机,尝试让体育活动跳出时空的限制。通过开通线上渠道,居民能够借助互联网技术的便利性,随时随地享受包括健身、比赛、培训、指导等多元化体育公共服务,实现了数字化转型的体育服务与群众生活的有机耦合。

四、启示·展望

嘉定区充分领会贯穿在党史中的"为人民服务"精神,党在百年征程中形成的独具特色的红色体育精神在嘉定区得到进一步弘扬与传承,实现了思想共识的凝结,迸发出嘉定之活力。党建引领下,体育治理体制机制实现了创新,力破原管理体系碎片化、主体间彼此孤立、体育服务手段单一化等"旧疾",实现不同部门、不同层级、不同领域间的治理主体的跨界联动,协同并行打造"体育生活圈"。同时,将新兴技术优势融入体育服务中,更新服务手段,助推独具特色的"全嘉"体育品牌的形成,扩大"体育生活圈"的"圈子",打响"体育生活圈"之名,提升市民"体育生活圈"的质量。

在未来,嘉定区将继续关注:① 进一步发挥党建引领的作用,通过党组领导、党员带头,回应"学史力行"主题,营造全民健身的氛围,树立科学健身的理念。② 聚焦群众需求,搭建供需间的桥梁。关注人民群众对体育健身的需求,精准高效地提高人民生活幸福感与满意度。③ 职能部门高效运转起来。提升公共体育服务意识,积极出台相关政策,加大相关财政投入。在党建引领下,重保障、强管理、精指导,以更好地为公众提供高质量公共体育服务,满足群众多元化健身需求,助力嘉定全球著名体育城市重要承载区建设,真正实现体育强国梦与中国梦的有机结合。

由点及面：全过程协商民主
培育的"蔷薇巷"项目

一、背景·缘起

安亭镇陆巷是随着上海国际汽车城建设，由7个建制村、30个自然村、685户动迁家庭组建的农民集中居住社区，整个社区分为4个小区，社区覆盖面积逾50万平方米。随着城市化的发展，该地吸引了大批流动人口入住社区，社区实有人口6 300余人，其中外来人口占到80%。由于"乡土情结"的存在，居民自治意识相对比较薄弱，公共绿地被分片"私有化"种上了各种时蔬，不仅社区环境被破坏，因此而产生的各种矛盾还扰乱了社区生活秩序。自上而下的整治只会越发激起居民反感的情绪，如何从源头上根治毁绿种菜的社区顽疾，改善社区的环境，从而提高居民的生活质量，改变居民根深蒂固的观念，让居民接纳并最终形成自治意识成了社区工作的第一要务。

如何营造好这类农民动迁别墅社区，一直困扰着上海郊区的基层政府。近年来，嘉定区持续地推动社区营造和社区共营的社区建设计划，区、街镇都在鼓励和撬动社区的自发力量投身于社区营造和美好家园建设，不仅出台了一系列政策鼓励、支持和引导社区共营，而且各地都在因地制宜地通过合适的方式及载体激活和调动社区的自发力量。在镇党委政府的领导下，陆巷社区积极探索，通过党建引领机制，全流程协商，共同破解社区治理难题，推动"美丽家园"建设。陆巷社区的景从一朵蔷薇花开始，坚持以党建为引领，以蔷薇为媒介，以项目化操作为路径，以"百千万工程"为依托，最终有了一座花园、一片格桑花海、一个花苗基地、一个可食用玫瑰基地、一条"美家美巷"。陆巷社区的乱种植问题和部分其他社区治理难题都因"这朵花"而得到解决，最终实现共建共治共享，建成美丽家园。

二、举措·机制

在"蔷薇巷"项目的推进过程中,居委会不是通过行政命令,而是采取大量入户走访调研,再通过开展各种活动和培训,让居民接受和消化自治理念,让自治理念先在他们的脑海中生根发芽,最终通过自己的双手来进行空间美化,解决农民别墅社区环境脏乱差的问题,促进农民别墅社区环境质量的整体提升。依托"蔷薇巷"建立起来的成熟机制,不断进行功能叠加,持续深化自治。

(一)以党建为引领走街串巷了解需求

2017年6月,陆巷社区在区社建办和安亭镇的指导下,围绕党建引领,组建以党员为核心的骨干队伍,分片走访到户,与居民拉家常,短短一年中,走遍225弄所有住户,最多的走访了7次,发放问卷400多张。问卷围绕如何破解社区环境难题面向广大居民征求意见,并在此基础上反复协商推敲,最后决定用易种植、好管理的蔷薇统一装扮公共区域,形成了一个充满想象力的社区营造计划。其核心内容是,通过组织社区的自发团队,在镇居的引导和支持下,对社区公共空间进行居民高度参与的再造,将原来经常遭受"毁绿种菜"的公共空间打造成为遍布鲜花绿叶的"蔷薇巷"。在整个过程中,社区居委并没有为居民"代劳",而是本着过程导向和社会自主导向的原则开展活动并进行引导。

为了打消居民的顾虑,陆巷社区的第一批蔷薇就种在社区居委的围栏边,不仅能够让居民直观地看到蔷薇的成长,更是一个实际的样板,让居民切身地感受到环境的改善。2017年11月种下的第一批蔷薇于次年春天陆续绽放,居民心中自治的种子也由此生了根发了芽。2018年初,在居委的组织推动下,陆巷社区成立了"蔷薇巷"社区自治委员会,形成了由5位社区积极分子组成的创建团队。为了形成示范带动效应,创建团队与居委商量,第一批创建从居委所在的小区开始,从居委附近的公共空间开始,从主干道两侧开始。第一批创建有20多户加入,形成了初期的示范效果。在第一批创建的带动和示范效应下,创建团队就第二批创建提出了经费"众

"筹"计划,基本做法是鼓励加入的住户提供一定的创建经费,用于购买花株。确定下来的标准是,一般住户为50元每户,困难户可以降低到20元每户,鼓励居民多捐,上不封顶。创建活动得到了居民的积极响应,一户经济条件较好的居民甚至拿出了1 000元给予支持。第二批创建很快有60多户居民加入,"蔷薇巷"创建计划的实施进入了快车道。

(二)以学习赋能建立机制活化社区

建立培训机制,用专业课程吸引居民走出来。2018年起,居民在社区骨干的带领下,参与社区共营1.0~6.0版的课程学习。居民们都是第一次接触社区营造,从了解社区、收集资源数据开始,对社区一点点开始认知,随着课程的逐步升级,居民们更是学到了如何开展社区自治的方法。2019年初,在参加了社区愿景规划师的学习后,居民们活学活用,自己画图纸,建立3D模型,将"88号空置地块"成功改造成了一个有故事、有情怀、有温度的小花园。225弄小区前的荒地也在居民的规划下变成了格桑花海,长期被居民"征用"的菜地更是变成了蔷薇苗圃基地,这些为首届蔷薇地景艺术节的成功举办做了铺垫。

建立人才机制,骨干梯队数质同增长。蔷薇巷项目启动伊始,5位党员和社区积极分子组成了"蔷薇巷"项目核心骨干团队。近年来,陆巷社区居委始终以网格化管理,下沉式地挖掘社区骨干,此后更是依托安亭镇"百千万社区管家行动"培训计划,又挖掘出30多名居民自治骨干充实到"蔷薇巷"项目团队中,最终形成一支稳定的骨干队伍。值得一提的是,在2020年新冠疫情防控中,骨干队伍的自治作用凸显。在此后的人口普查、疫苗接种工作中,骨干队伍都发挥了积极的作用,甚至"骨二代""骨三代"也不断加入队伍之中,为社区治理带来新鲜的血液。

建立协商机制,合作协商活化社区治理。蔷薇巷自治项目的初期,围绕"种什么",协商由一开始的居民骨干、居民代表参与,到现在全民参与;协商形式从一开始的举手表决,到现在的个人提议、集体附议;一旦出现需协商的议题,由社区党组织负责召集,居民骨干参与制定协商流程,从骨干代表扩散至全体居民一起参与。每年9月,由居委带领从块组开始层层梳理一年的得失,重点商讨小区环境改变后大家的感受;居民发生了哪些改变;你更希望有哪些变化,这些变化我们是否可以独立完成……以块区聊天协商到核心团队的每周协商,每次都会带着居民一起到现场协商解决问题,形成协商工作流程。如2019年在推进垃圾分类定时定点集中投放项目中,小区垃圾投放点位从67个减少到11个。这一过程由居民自主发挥动员和解释的作用,尽管初期大家意见不一,但居民从户开始层层召开沟通协调会、逐个小区推进,实地察看,最后在征得全体居民同意的情况下,一致决定多走一些路锻炼身体,少设立几个点减少成本,最终只设置了3个垃圾投放点位,并且无居民投诉和反对。全过程协商方法为"蔷薇巷"项目后续开展各类活动拓宽了思路,盘活了社区治理资源。

（三）以功能叠加建立规约深化自治

举办盛典活动,点燃居民自治热情。2019年4月,在陆巷居民的策划和全程参与下,首届蔷薇地景艺术节开幕,居民们亲手打造的多处中大型地景是本次活动的一大亮点。首届蔷薇地景艺术节的成功举办,树立了居民参与的信心,居民参与社区治理的热情也格外高涨,突破了社区治理的瓶颈。2020年,居民们在疫情管理和节庆活动举办相矛盾的情况下,另辟蹊径,在线上成功举办了第二届蔷薇地景艺术节——云赏花。自治活动的举办,使居民们有了创新意识和超前意识,当居民们看到"夜市经济"这个词时,他们又找到了一个"热点"。于是,他们用了半个月的时间策划,在格桑花海处成功举办了蔷薇端午夜市。当居民们体验到了自治的快乐后,在中秋、国庆即将到来之际,他们又一次策划了规模更大、形式更丰富多样的蔷薇中秋夜市暨蔷薇巷项目成果展。2021年,粮囤的翻新,格桑花海的播种,"美家美巷"的落成,以及30余处小地景的新一轮打造,催生了第三届蔷薇地景艺术节。此次的蔷薇地景艺术节不同于以往的舞台表演,将展示的舞台搬到了居民的院落中,让居民在自己的家中就可以"搭台唱戏",给了居民更多的互动空间和展示自治成果的舞台。

　　蔷薇课堂加持，挖掘居民创造潜力。作为自治项目重要环节的"蔷薇巷"课堂，一开始的目的是将人聚在一起，让居民们做喜欢的事，给居民们创造交流的平台，但是随着项目的深入，课堂在慢慢转型的同时也激发了居民的潜能，课堂内容也从一开始的手工制作，变成了蔷薇系列产品的开发，如永生花钥匙扣、玫瑰牛轧糖、玫瑰养生糕、可食用玫瑰Detox water、蔷薇系列盲盒等。

　　健全养护机制，小区美景常见常新。88号小花园自落成后，每年都由居民自行维护，何时翻新螺旋花坛和厚土堆肥基地，何时修建篱笆上的藤本月季，哪里需要添置小景，网红打卡点如何翻新，全部都被居民们安排得"明明白白"。格桑花海的景观也是由居民每年维护并升级，从粮囤的制作到花海一年两季的播种、收割，全程都由经验丰富的居民主导参与。225弄"美家美巷"自建成后，居民自发签订了管理规约，并定期养护，保持公共空间的整洁美观。

　　建立出租规约，探索管理新路径。因陆巷社区是典型的农民别墅社区，出租房比例非常高。在2020年新冠疫情暴发之初，骨干居民首先站了出来，为社区守好大门的同时，也很快协商出台了一套完整的防疫机制——房东责任制，将防疫防控责任落实到房东，让房东管好房客。居民骨干也自发排好班，在各小区门口为大家"守门"、测体温、登记信息。疫情趋于稳定后，社区启动协商机制，继续延续此前的房东责任制，并通过多次协商，入户走访，问卷调查，起草了《农民别墅出租管理规约陆巷别墅试行版》，并在650弄试行。2021年3月，陆巷社区的居民骨干再次号召其他居民开启"头脑风暴"，把目光投向了房与房中间乱堆物和种菜的"隔弄"。通过深入社区走访调研、征询意见等方式，勾画图纸，正式启动"美家美巷"改造项目。在各方力量的参与下，225弄小区有9条"隔弄"进行了试点改造。在改造过程中，居民自行添置公共座椅，制定规约，做好绿化养护、环境卫生维护工作。自此，居民家"中间"的环境也得到了改善，家门口就有了交流和协商的平台。居委成员、居民在协商中不断增强了公共意识和主体意识。

三、创新·成效

从最初由居民商定种植蔷薇花以改变小区乱种植现象，到居民自发打造地景，并且每年举办一次蔷薇地景艺术节，每一个环节都有居民主动参与，操作的主动权由居民掌握，过程由居民控制，社区居委会做好监督管理。全过程民主协商的参与方式改变了社区样貌，改变了住在社区里的人。地景艺术节的开展，将社区民主协商的理念植入每个居民心中，一个人人有责、人人尽责、人人享有的有温度的社区生活共同体在陆巷社区已初步形成。

（一）共建、共治、共享全过程民主协商机制初见成效

在自治项目的推进过程中，陆巷社区通过党建引领，与星光村、星明村、赵巷村、安亭建设公司、松鹤公司等方泰片区14个村、企党支部党建联盟深化合作，形成多元主体协同参与小区综合治理模式。通过村居联动，做好社区拆违和控违工作；开展各类主题活动，同时在各共建村、企业的帮助下，为社区建设300米的健身步道一条、150米便民步道一条、停车场一块、小花园一座以及改造景观多处。区域化党建形成的合力为社区治理打下了坚实的基础。陆巷社区党支部共有党员4名，通过积极发挥支部战斗堡垒作用，挖掘和培育支部及社区双报到党员骨干，涌现出了像印其兴、王龙根、李润等党员骨干和先进典型，在"蔷薇巷"项目推进过程中起到了嵌入式党建引领作用。

"蔷薇巷"自治项目的推进，旨在依托项目运作培育社区精神，让居民真正当家作主，开展社区自治，打造优美宜居的生活环境，从而提升社区居民满意度和居住幸福感。因此在"蔷薇巷"项目实施过程中，陆巷社区党支部、居委会并没有为居民"代劳"，而是本着引导和启发的原则，让居民通过亲身参与，培养他们的自主意识和自治本领。随着项目的推进，社区环境的改变，居民们切身体会到了变化，也主动参与社区事务，用实际行动践行"人民城市人民建，人民城市为人民"理念。

（二）公共事务的全人群参与和社区共享机制的有序实现

2019年，安亭镇启动"社区管家"行动，全面推广"安营模式"，开展百千万"行动讲师"训练营培训。通过理论培训和实地操作，提高了社区的治理水平，掌握了社区治理的方法和路径，打开了社区治理工作的思路。在社区实行小区管家计划与"蔷薇巷"自治项目有机结合，每个小区配备社工一名作为社区管家，由管家召集一批有感召力、有公益精神的户组长、居民代表、群团活动负责人成为小区的核心力量，通过赋权提升居民对社区的认同感和获得感。从原本的225弄小区试点推广到650弄和801弄，根据每个小区的特点，因地制宜，通过百千万工程让蔷薇盛开在社区的每个角落，形成了人人参与、人人负责、人人奉献、人人共享的社区共营新格局。

不论是在疫情防控还是在人口普查工作以及后续的疫苗接种工作中，都可以看到不仅仅是社区骨干在参与，社区的居民也逐渐愿意加入社区治理的队伍中去。在疫情防控中，居民们配合骨干志愿者做好排班轮岗，守好小区的每一扇门；在人口普查工作中，年轻人的加入使得陆巷这个农民别墅社区自主填报率超过了86%；在疫苗接种工作中，由于社区骨干通过入户、微信告知等方式多元发动，社区适龄人群接种率超过90%。

（三）居民归属感、成就感、自豪感和幸福感油然而生

"蔷薇巷"自治项目自2017年下半年开展至今，自治的理念已经在居民的脑海中逐渐扎根。从当初的部分人家种花发展到现在每户人家都种花，特别是88号小花园建成后，居民们对美好的社区环境有了更加迫切的需求。对于小区健身跑道中间的空地，居民们也提出了自己的想法，用容易种、开花快的格桑花来填补"空白"。于是，居民们自己除草、平整空地、播种、浇水。50天之后，花期如约而至，格桑花海随风起浪，这里俨然成了网红打卡点。在自治意识逐渐增强的过程中，居民主动参与社区建设的积极性更高了，参与者的范围越来越大，在居民骨干的带动下，650弄与801弄的居民也纷纷加入了自治的队伍；居委从原来的"组织者"变成了"配合者"。

自"蔷薇巷"自治项目开展以来，"导游"全部由居民担任，从一开始的羞怯、被动到现在驾轻就熟、游刃有余。在居民为"游客"介绍"蔷薇

巷"一路走来的点点滴滴的同时,社区的核心文化价值也在慢慢形成。居民自治的魅力不仅体现在观念上的改变,更是让居民有了主人翁意识。近年来,随着环境的改善,居民的生活体验感变好,仅225弄小区就有5户居民从城市"反流"搬回了小区。

四、启示·展望

一是要善于转变政府的治理思路,从大包大揽变为协商共治。社区的有效治理来自多方参与,既离不开政府行政力量的刚性治理,也离不开居民自治的柔性加持。而柔性的居民自治表现出治理成本低、副作用小、后劲足等优点。因此,要继续通过社区共营自治项目来撬动社区治理资源,通过社区能人的带动效应,开展社区协商治理,一方面为居民提供精细化、个性化服务,另一方面实现服务者与被服务者的相互转化,从而推进社区共治共享的实现。"蔷薇巷"自治项目,拉近了居民之间、团队之间的距离,平稳解决了乱种植的问题,还优美的公共空间给全体社区居民。

二是要善于挖掘社区的治理潜能,从治理菜鸟变为治理能手。自开展社区共营以来,在区社建办的支持和帮助下,安亭镇结合各社区实际情况分层、分时组织社区工作者和居民骨干、积极分子开展了"百千万行动"社区管家培训、"社区共营"1.0版到6.0版的培训以及从社造理念的培植到愿景规划师专题培训等。参与对象包括社区居民、物业管理者、业委会成员、社工等,为社区共营自治项目的执行培养了一大批骨干。通过知识培训和实操演练,让社区工作者和居民骨干从菜鸟变成了能手,他们对开展社区共营表现出了强烈的意愿。事实证明,项目越多,居民的参与越活跃,社区迸发的活力越持久,取得的成效也越明显。

三是要善于发挥居民的创造性思维,从台下观众变为台上演员。要通过自治项目的推动,为社区居民、辖区单位、区域化社会力量参与社区治理提供施展的舞台。居民拥有了参与权和建议权,掌握了话语权,有利于整合盘活各方资源为社区所用,有利于调动各方社会力量参与社区治理的积极性。以前居委会事事走在前头,领着居民走,既搭台又唱戏,居民没有亲身感受,不会主动点赞。俗话说,居委走一百步,不如居民走一步。在社区共营过程当中,居委要将舞台交给居民,让更多的居民和其他参与者成为舞台上的"主角"。

四是要善于寻找恰当的项目杠杆,从盲目用力变为科学施力。要利用社会组织发展中心的枢纽功能,积极推动社会组织参与共治,改变过去居委单打独斗的格局。协同社会、物业、业委会和驻区单位的力量,让共营力量无限叠加,赋予自治项目延伸功能,让社区文化成为"整体性共享"文化,社区共营的成果由全镇社区居民共享。

党建联建：优化综合治理的"江桥模式"

一、背景·缘起

江桥镇区域面积达42.32平方公里，2001年7月由江桥、封浜二镇合并而成，2019年9月整体纳入虹桥商务区板块，是嘉定区对接虹桥的南大门桥头堡，也是虹桥商务区北块的重要组成部分。截至2021年底，江桥镇实有人口约33.9万人，除17个建制村外，另有43个社区、116个自然小区、29家物业服务企业，其人口数、居委数、小区数均居嘉定区各镇首位。正因人口结构复杂，江桥镇的住宅小区治理存在着诸多问题：违法搭建、破坏承重结构、居改非、占绿毁绿、物业管理良莠不齐等。问题多、任务重、难度大，其根源在于部分居民的观念、行为转变难，物业管理与城管执法衔接难，同时违法行为的发现、取证和处罚也比较困难。不少开发商、物业公司、居民法律意识淡薄，抱团违规，对待应管理之事则推诿或应付了事。

对此，江桥镇坚持"人民城市人民建，人民城市为人民"重要理念，紧紧围绕市、区关于"创新社会治理，加强基层建设"相关要求，加快推进创新活力充沛、融合发展充分、人文魅力充足、人民生活充裕的现代化新型城市建设。针对住宅小区物业管理不规范，日常履职不到位，业主对物业服务的获得感、幸福感不强等问题，江桥镇充分发挥党建联建的带动作用，创新住宅小区综合治理机制，将社区治理共同体紧密结合在住宅小区综合治理的优化中，以奋发有为的精神状态、务实管用的创新举措、穿透落地的工作实效，为提升综合治理水平贡献力量。2021年5月27日，上海市城管执法系统住宅小区环境治理现场推进会在江桥镇召开，中央、上海市、嘉定区主流媒体齐聚，在全市总结推广江桥镇小区环境治理工作先进经验和成功做法，江桥镇住宅小区服务管理成效得到充分认可。

二、举措·机制

面对涉及主体多、碎片化、难解决的住宅小区顽疾，江桥镇创新党建联建工作模式，以党建为核心调动社区治理共同体的积极性，建立规范、高效、协调的联动工作机制。江桥镇的系列举措行之有效地解决了社区顽疾，丰富了综合治理的方式与经验，形成了住宅小区规范治理、精细化治理的"江桥模式"。

（一）强化组织建设提升治理力量

一是积极推进区域化党建，强化引领作用增合力。社区有居民区党组织，有居委会、业委会，有的还有议事会，近年还陆续设立了城管社区工作室。江桥镇充分发挥党建统筹全局的功能，聚共识、凝合力，在组织整合治理主体的力量上发挥了重要作用。根据住宅小区综合治理的现状，江桥镇成立了住宅小区综合治理领导小组，由党委书记任组长，下设五个工作组，由镇班子成员分别担任组长，全面负责党建、业委会、物业管理等工作的推进。以领导小组为核心，江桥镇强化各级党组织引领，发挥统筹协调作用，培育社会组织、深化联勤联动、强化法治保障。对居委党组织赋权，充分保障了居委党组织对物业和业委会的评价选择权、考核主导权、评先评优推荐权，不断提高居委党组织的核心地位。在领导小组的统筹下，江桥镇充分把握自身区位优势，打造党组织、业委会、物业企业、城管部门协同合作和齐抓共管的住宅小区治理新格局。

二是发挥社区党员先锋模范作用，带头服务提高主观能动性。江桥镇充分发挥党员在具体工作落实中的先锋作用，将党员带头贯穿于治理全过程，致力于构建多元力量、多方联动、同频共振、同向发力的现代化治理体系。江桥镇成立住宅小区业主委员会规范化建设评价工作领导小组，出台《江桥镇住宅小区业主委员会规范化运作评价方案》等系列文件，明确7大标准28项内容，推动业委会规范化运行，严把选人用人关口，在业委会成员推选上优先考虑中共党员。截至2021年底，江桥镇成立业委会70个，有成员330人，其中中共党员115人，占比为34.8%，为小区管理持续注入"红色基因"。在嘉豪社区设立城管工作室党员先锋岗,发挥队员党员先锋作用,围绕"为群众办实事"开展系列工作,当好城管执法"宣传员"、小区治理"监督员"、群众来访"接待员"、群众矛盾"调解员"、物业管理"评价员"。先锋岗队员的工作内容包括发放《城管执法快速处置内容》宣传资料,及时受理处置屋顶种绿、违法搭建、楼道堆物、乱扔垃圾等小区治理常见问题,组织物业公司履职培训、参加考评,接待群众来访,调解邻里纠纷等兜底事项。党员力量的带动作用推动社区治理从后端执法向前端防控转变,有效提升社区居住环境品质。

三是坚持党建打造品牌,通过创新制度为综合治理注入活力。江桥镇出台《江桥镇关于住宅小区物业服务企业考核实施方案》,建立条、块、民联动的物业管理常态考评体系,赋予居委会、业委会、职能部门考核评价职责,各单位部门围绕保修、保绿、保洁、保安等方面内容予以考评打分,全面提升对物业服务企业依规管理的监督水平。同时,江桥镇通过全覆盖、多角度、高频次的宣传造势,调动广大居民依法、有序、理性支持配合小区环境治理工作,打造"百姓城管"品牌力。

(二)凝心聚力整治社区顽疾

一是增配专职力量提能级,推动违法建筑拆除。违法搭建、破坏承重结构、居改非等问题,一直以来都是小区管理的顽疾,问题难以解决的根源在于物业管理与城管执法衔接难。江桥镇巩固"五违四必"区域环境综合整治和无违建先进街镇创建成果,着力推进"无违建小区"创建工作,维护小区公共利益和公平正义。组建专职拆违队伍,以中心村住宅小区区域拆违控违为重点,以"专职队伍+参勤队伍"为力量支撑,增加区域内巡查频次,加强控违力度。因为涉及租赁方的居住惯性与利益关系,拆违工作往往开展困难。为解决这一痛点,江桥镇广泛听取群众意见并开展实地调研,发现几乎所有的违法建筑都存在着消防设施不完善的现象,且都未经消防审批备案。依据消防法规定,应当对其采取临时查封措施,责令停产停业。在有法可依的基础上,江桥镇相关部门向租赁户开展普法工作,耐心解释存在的安全隐患和一旦发生火灾的严重后果,得到了租赁户的理解和支持，拆违工作得以顺利推进。五四村某处集体出租房屋内6 000多平方米的违法建筑、解放岛1号桥侧1万多平方米的违法建筑，其租赁人员与生产经营单位经协商后均同意终止租赁合同，并自行搬离，违法建筑得以全部拆除。运用法理，晓之情理，江桥镇的拆违工作更有公信力，更具可操作性，效果也立竿见影，大大降低了拆违成本。

二是量身打造专项行动，推动违规群租规范化转型。江桥镇开展非法改变物业使用性质乱象治理，推进小区规范建设。通过落实"联席会议、信息公开、处置闭环、综合整治、管执联动、考核考评"六项机制，将金达、金虹、金桥、富友、金德等列为试点社区，牢牢抓住"宣传发动、法律告知、依法整治、精准考核"四个环节，积极开展群租整治行动。除监管惩治之外，亦要规范引导，江桥全镇推行私房出租托管制，村民与所在村签订房屋出租托管协议，村委会无偿提供中介服务，负责租客的相关验证、准入、信息采集、登记、办理居住证、代收房租费、发放入住须知等。以江桥镇封浜村为例，自私房出租托管制实行以来，封浜村王家宅村民组25户村民将需出租的私房委托村里租出，签约率达到100%，不仅房租月月有保证，而且村民们再也不用为相关烦琐事项操心了，村民们都乐于当"甩手掌柜"。实行私房出租托管制，不仅村民得益，对于镇里准确掌握来沪人员入住信息、杜绝群租和房客非法经营等情况也都收到了很好的效果。

三是开展专项执法行动，引导居民养成保护环境的良好习惯。江桥镇着力推进住宅小区环境专项执法行动，致力于创造整洁有序、生态宜居的居住环境。在以往，住宅小区的居民常常随手丢弃快递包装袋等外包装垃圾，而相应的执法却面临着时效性差、取证难的问题，使得相关行为屡禁不止，影响了居民的生活质量。江桥镇外包装垃圾整治专项行动自开展后，在党建联建机制下，城管局与物业、居委形成共同参与的三位一体"管执联动"机制，加大执法力度，以电子监控网取证，依法执行、教罚并举，提高了依法执行的信度与效率。与此同时，江桥镇还努力促进垃圾分类走进"强制分类"的法治时代，引导居民养成良好的垃圾分类习惯，提升居住环境品质；开展"美丽楼道"创建行动，大力整治楼宇门栋乱张贴广告、楼道乱堆物、非机动车乱停放等问题。对于屡教不改或者拒不配合的居民,则对其进行行政处罚和普法教育,确保整改到位。

（三）多措并举丰富治理工具箱

一是科技赋能治理,建设信息化矩阵。江桥镇坚持科技赋能、平台支撑,建设线上联动体系,全面提升治理效能。联动城运平台、智慧城管实现管理执法资源共享,拓宽"非现场执法"场景,提升为民服务行动力。同时,依托"上海城管""上海物业"等App,完善线上工作平台,逐步形成了发现、响应、处置、监管四位一体的住宅小区管理工作闭环,通过快捷高效的信息化手段来应对碎片化的社区问题。工作平台规范了上报形式,畅通了上报路径,充分调动了物业在"问题"端的发现与上报的积极性,也提高了城管在"解决"端的接收与处置效率,并通过全流程规范化的记录与备案,做好了"解决后"的归档与统计工作。通过App矩阵,江桥镇突破时空界限,将社区治理共同体融入综合治理之中,实现了住宅小区问题的早发现、快上报、标准化立案、全程备案式处理。"第一时间发现、第一时间劝阻、第一时间报告、第一时间处置"的落实更加到位。

二是明确权责分配清单,完善住宅小区整治体系。按照"谁监管行业谁负责,谁主管市场主体谁负责,谁收费谁负责"的原则,江桥镇编制住宅小区综合整治责任清单,厘清管理事务,明确主责和配合职责。依据责任清单,主动整治、妥善处置住宅小区内的各类问题和矛盾。为保障执法部门的责任落实力度,江桥全镇共建立了59个城管社区工作室,覆盖所有村居委,基本实现了对违法行为的早发现、早制止、早处置。

三是创建物业服务企业评价退出体系,提高治理的公开度、协调度。江桥镇创新建立了一套物业服务企业"考评"体系,依托驻扎在社区内的城管队员来实施。具体而言,每月以住宅小区为单位,对辖区物业企业进行评价,分为"ABCD"四个档次。若有新增违建而物业没有劝阻、制止或未在规定时间内报告的,将直接被评为D档,可进行处罚并上报房管物业积分征信系统平台。在考评过程中发现的典型问题,也将纳入选聘物业企业的负面清单。对于拒不履行法定义务、纵容业主的物业企业,坚决立案处罚,将处罚结果经市城管执法局推送至市公共信用平台,实施信用惩戒,同时抄送行业管理部门,落实物业扣分降级等措施,形成联合惩戒的效果。基于考评结果,江桥镇建立起物业服务"优劣"企业名录,定期向社会公布,为小区选聘物业公司提供参考依据。深入开展物业管理水平评选活动,适时通过"以奖代补"的方式,发挥典型、先进物业的模范效应。探索建立物业服务企业"红黑榜"制度,对于部分履职能力弱、居民意见多、两次列入"黑榜"的物业服务企业,予以亮牌清退。

三、创新·成效

江桥镇通过深化党建联建创新住宅小区综合治理机制,不断夯实基层社会治理基础,大力引导各部门主动参与,取得了显著成效,形成了综合治理的创新工作模式。

(一)住宅小区综合治理成效显著

2021年,通过"管执联动"工作机制,各物业公司上报案件108起,主要涉及房屋管理类、城乡规划类等,上报案件均在第一时间得到解决。城管工作室共受理毁绿占绿、饲养家禽、违法搭建等各类违法线索166条,实行教育劝阻或责令整改的有105起,立案调查61起,受到了社区居民的一致好评,一批优秀的城管社区工作室的模范引领作用得到体现。在违法建筑治理中,共发现新增违建21处,拆除违建259平方米,消除存量违建46 527.05平方米,开展房屋注册登记399户;在违规群租整治中,共发出整改通知书558份,上门谈话820余人次,整治群租650余户,搬离1 120人,立案处罚50件,处罚金额超5.8万元。总体来说,住宅小区的突出问题基本解决,居民生活环境明显改善,小区治安秩序明显改观,群众的安全感、满意度持续增强。

(二)创新构建管执联动的"江桥模式"

住宅小区是居民生活的主要空间,是基层社会治理的重要内容,是城市管理的重要领域。在以往的综合治理中,房管部门、物业公司、居委会"三驾马车"没有形成良好的联动机制,对住宅小区内的问题无法有针对性地进行处置。江桥镇充分发挥党建的整合功能,把住宅小区综合治理作为补齐民生短板、提升管理效能的重中之重,高度整合"三驾马车",使房管部门、物业公司、居委会各自发挥自身职能,减少中间环节,提高治理效率。居委会、物业上报违法违规行为,城管部门立案查处,常态化联动机制成效显著,各项工作有特色、有亮点、有成效,也得到了中国新闻网、上海电视台、新民晚报、劳动报、东方网等多家媒体的报道与肯定。

(三) 明确考评体系与清单制度

江桥镇通过党委统筹创建规范化、精细化的考评体系,提供具有参考价值的物业服务指南,使得难以监管的物业服务量化、清晰化。江桥镇对全区241家物业服务企业制定了履职评价办法,通过分类评价、从严处罚、建档立库、失信惩处等措施,引领物业服务向好向优发展。对于物业服务企业履职不到位的情况,考评体系也做了处罚标准的细化规定,赋予居委会、业委会、职能部门考核评价职责,配套建立了投诉受理与处置的良性互动机制,逐步形成各方协同合作的小区综合治理新格局,实现问题早发现、早研判、早处置。江桥镇立足于居民生活的切实需求,对考评体系反复研讨并进行科学量化。坚持建章立制,重在依法而立、案例引导;推动制度执行,重在全面覆盖、科学监督,对物业考评分档次、重应用。精细化的考评体系与清单制度有利于住宅小区精细化治理流程的科学性重塑、模式根本性转换,有利于将实事办好、好事办实。

(四) 信息化建设赋能综合治理

在住宅小区的精细化治理中,江桥镇充分联动多个信息平台,形成治理矩阵,为党建引领下的治理创新赋能。以"上海城管""上海智慧物业"等App为载体,对接物业终端和城管网上办案系统,物业的工作人员能够通过"管执联动"模块实现与城管执法部门的实时对接,通过照片上传等功能更加具体地传递报送信息,治理的效率与效能得到了前所未有的提升。数字功能突破了时间、空间的局限,使不同治理主体高效整合在同一工作流程中成为可能,缩小了治理缝隙,使精细化管理执法成为可能。江桥镇在住宅小区治理的信息化建设中,坚持实战实用,持续推动系统实战化、迭代化；坚持精准精确，推动数据可共享、可应用；坚持创新创造，推动场景有产出、有拓展，取得了治理实效的突破。

四、启示·展望

社区综合治理涉及领域多、问题碎片化、处置阻力大、整改根治难，但又与居民的安全感、幸福感息息相关。通过党委领导、党员带头，加强组织建设，联动治理主体，激发末端治理活力，有的放矢地解决痛点问题，江桥镇走出了一条综合治理的新路。党建是治理效能的动力之源，通过强化各级党组织引领，发挥基层党组织的统筹协调作用，可以为夯实基层治理添砖加瓦。以党建为抓手，党员来带头，深刻激发社区各主体的治理活力；以数字信息赋能，对接App平台，深度实现社区各主体联动治理；以制度化、清单化方式厘清权责，配套奖惩措施，保证管理有序、监管有效；始终坚持依法履职，筑牢法治的根本保障；加大宣传教育力度，增强居民群众的守法意识。以党建引领为核心，多措并举，协同推进，江桥镇为基层治理精细化创造了无限可能。

管执联动模式打破了相关业务部门之间的行政壁垒，实现物业、居委会前端发现问题与城管执法的无缝衔接和工作闭环。这需要发挥联建功能，以系统性思维强化整体协同，以全周期管理提升能力水平，减少中间环节与推诿现象，顺畅沟通，紧密协作，高效解决问题。

城管基层队伍应扎根社区，成为综合治理的中坚力量。要善于在居民区党组织的指导协调下，抓住主要矛盾，处理复杂问题，同时注重提高专业执法能力，重视练好群众工作本领。要学会在协调各方利益关系中提升沟通能力，在调处各种纠纷中坚持依法办事，在应对突发事件时临危不乱、稳妥处置。坚持以"比学赶超"的干事志气，以"狠抓落实"的攻坚韧劲，在奋力开创人民城市建设新境界的新征程中，展现新作为、作出新贡献。

在综合治理的过程中，应坚持以人民为核心的理念，发扬"从群众中来，到群众中去"的工作作风。关心人民群众切身的生活起居问题，急人民群众之所急，将市民投诉集中的擅自占用公共场所、违法搭建等急难愁盼事项作为"为群众办实事"的重点,切实提升人民的幸福感与满意度,打造好"生活秀带",建设好"美丽家园"。

在未来,江桥镇需要进一步巩固成果,持续优化通过党建联建提高综合治理能力的路径:① 进一步提升居委在"三驾马车"中的核心作用,开展形式多样的培训,提升居委干部的能力与水平;② 提高管执联动机制的响应速度,督促物业服务企业及时发现违法行为、教育劝阻违法行为相对人、向属地城管执法部门报告,使小区问题发现在初期、化解在萌芽状态;③ 进一步提高执法水平与城市精细化管理能力,对违法搭建建筑物、损坏房屋承重结构、擅自改建、占用物业共用空间等乱象保持严格执法态势,提高违法行为的成本。对于既有的违法主体,既要责令改正,也要依法处罚。

美丽标杆：打造城市治理新亮点

一、背景·缘起

市容市貌是城市文明的窗口，是展示城市形象的重要名片，是城市治理水平的直观体现，与广大市民的文明素养息息相关。为了打造文明美丽的宜居城市，提高城市文明程度和市民文化素质，上海市嘉定区于2012年全面启动全国文明城区创建工作，相继实施了"城市整体形象提升工程"和"市民文明素质提升工程"。2014年，嘉定区进一步开展"十大专项整治行动"；2015年和2016年，嘉定连续开展两轮农村靶点整治行动；2017年，嘉定区成功创建全国文明城区。系列成绩的取得标志着嘉定区城市文明程度、市民文明素质以及城市社会治理能力都提升到一个新水平。然而，长效化机制不健全、部分治理顽疾未根除、创城的嘉定特色不突出等问题仍然存在。

如今，嘉定区已经逐步进入"后创城时代"，为进一步强化精神文明长效常态建设，大力提升城市管理精细化水平和城市环境精美化水平，进一步巩固和深化创建全国文明城区工作成果，持续深化基层社会治理创新，2018年，嘉定区在既有精神文明建设的基础上，以党建为引领，启动开展"美丽系列"示范点打造行动。通过党委领头齐抓共管、党员带头落实工作、机制引领多元共治、道德引领文明建设、统筹开展专项整治，建设"美丽系列"示范品牌，助力高质量发展、创造高品质生活，完善创城长效常态机制，巩固文明城区创建成果，全力攻坚克难，注重品质升级，激发城区"行动美"，提升城区"环境美"，构筑城区"秩序美"，共享城区"生活美"。

二、举措·机制

嘉定区结合全国文明城区指标体系，成立"美丽系列"创城示范点创建工作领导小组,出台《嘉定区关于建立健全文明城区建设工作长效机制的意见》,形成了党委统一领导、党政齐抓共管、文明委组织协调、有关部门各负其责、全社会积极参与的领导体制和工作机制。不断推进各级党组织建立健全长效机制、深化推进文明城区建设工作,勇于担当、敢于负责,切实承担起文明城区建设的主体责任。建立起涵盖城市环卫保洁、园林绿化、交通秩序、经营秩序、市政设施等领域,覆盖城中村、老旧社区、背街小巷等区域的综合性城市治理体系。

(一) 建立综合性创城治理体系

嘉定区由区委牵头,建立并完善齐抓共管、广泛动员、过程管控的综合性创城治理体系,从联席会议制度、问题整改方案、应急处理机制、责任包干制度、督查检测机制等多个方面入手,认真落实"美丽系列"示范点打造任务。嘉定区完善市属联盟联席会议制度,由区委区政府定期召开专题会议研究部署创建工作,召集各个责任科室、职能部门、社区和辖区单位了解推进情况,对"美丽系列"示范点位进行实地督查指导,努力做到全面动员、全面落实和全面整治。此外,嘉定稳步推进建立创城问题整改联动与创城突发情况紧急处理机制,完善技防设施调整工作,设立微型消防设备和视频监控设备,对街道、河道、楼道、庭院、路段、公园等区域进行全景监控,及时发现和整治环境破坏行为与违规违法行为,做到"第一时间"发现与处置,大大缩短到场处置时间,提高整改效率。

为保证"美丽系列"行动能落实到基层社区,嘉定区发挥党员带头作用,落实责任包干组织领导机制和定期巡访督查机制,对辖区点位实行三级包干,建立"领导分片、队员包干、岗区驻点"的三级路长负责制,通过网格化路段长、属地包点人、各村社区自查自纠、市民巡访团、文明办巡查等措施,使工作细化到中队、细化到路段、细化到个人。全区每个点位都有明确的党政干部负责同志领衔长效管理工作,各街镇领导班子成员包片负责,靶向发力,明确工作职责,做好创城市容保障和拆违任务整治工作。为了让城市精细化管理成为常态,嘉定根据全国文明城区年度复检要求,区文明办定期开展环境卫生大巡查、职能部门行业督查、文明城区指标体系测评以及"回头看"行动。强化工作推进督查机制，精准对标《全国文明城区测评体系》的各项指标，每月定期通报街镇、委办局自查与整改情况，年底形成文明城区建设工作年度考核结果，确保每年通过全国文明城区复检。

（二）团结多主体深度参与共治

美丽城市建设离不开党建引领下城市治理共同体的参与和支持。嘉定区在区委的指导下实施"美丽嘉定　宜居家园"项目，将城管执法局、市场监管局、绿化市容局和交警支队等力量纳入"美丽系列"建设之中，构建两横两纵示范线共建联盟。发挥城管综合执法联席会议机制，牵头开展专项行动，平稳妥善处置"特定区域乱设摊"问题。在全区7个示范点岗位、35个重点路口，以区文明办、各街镇、交警支队为牵头单位，组建"交警＋辅警＋文明志愿者"队伍，共同做好路口早晚高峰疏导、执法管理、违法劝阻等交通管理工作。进一步发挥"12345"热线、文明城市App、媒体曝光栏目与联勤网格作用，充分调动网格员、志愿者、市民巡访团等社会力量参与全国文明城区建设的热情。同时，积极发挥民主党派的作用，针对如何提升"美丽系列"示范点引领效应等方面开展调研，形成7份调研报告，提出意见和建议15条。

为了把创城的氛围保持下去，让市民的创城干劲不松懈，嘉定积极动员社会群众参与美丽城市建设之中。嘉定组织开展"美丽系列"示范点志愿服务活动，定期开展"十清"等群众广泛参与的志愿服务活动，完善志愿服务项目孵化、志愿服务补贴与回馈激励制度，弘扬"奉献、友爱、互助、进步"的志愿精神，发挥典型引领，充分调动社会力量积极参与，合力推进示范点打造，形成共建宜居家园的浓厚氛围。比如，在"美丽庭院"评选中，社区群众秉持"社区是我的家，更是全体居民的家"的理念，居民通过微信群、社区云议事厅积极参与针对不文明现象的讨论，提出自己的想法和建议，用自己的双手将社区打造成绿色家园，提高了居民对文明城区长效管理的认同感和参与度。此外，嘉定还组织开展"感动嘉定"年度人物评选、"圆梦中国人"百姓宣讲，推荐评选"中国好人""嘉定好人"活动，积极培树全国文明城区建设先进典型,努力形成见贤思齐、崇德向善的社会氛围。

(三) 引领公众精神文明建设

嘉定区通过党建的文化引领作用深化精神文明建设,多措并举贯彻弘扬社会主义核心价值观,塑造与美丽标杆相适应的公共文明意识。嘉定区通过打造线下宣传阵地,整体营造文明氛围。以弘扬社会文明风尚为重点,推出制作精美、嘉定特色鲜明的"讲文明·树新风"公益广告,在人流密集区域通过工地围挡、社区宣传栏、路边护栏、公交与地铁站台、LED电子屏等载体全方位刊载宣传内容,烘托浓厚的城市公共文明氛围。同时,嘉定区通过评选推出一批市民修身社会主义核心价值观实践基地,从"文明旅游""文明出行""文明生活""光盘行动"等多角度开展宣传教育活动,持续深化道德修身、文艺修身、法治修身建设,引导广大市民修身立德,成为美丽城市最好的主人翁。

除此之外,嘉定区大力弘扬学雷锋志愿服务精神,充分发挥党员先锋模范作用,营造浓厚的友邻融合、守望相助、敬老爱幼的社会氛围,增强城市中的人情味与凝聚力。以"邻里守望"为主题,针对空巢老人、残障人士、困难职工等群众的实际需求,持续开展"三五学雷锋""助好人圆梦"等接地气、暖民心的品牌服务项目;坚持开展各类全国文明城区建设志愿服务活动,每周开展"十清"等群众广泛参与的志愿服务活动。注重志愿机制的完善,塑造可持续传承的志愿精神,不断完善志愿服务项目孵化、志愿服务补贴与回馈激励制度,弘扬"奉献、友爱、互助、进步"的志愿精神。

(四) 专项行动打造"宜居家园"

为使文明城区创建成果真正转化为人民群众居住的幸福感与获得感,嘉定区委统筹全局,围绕人居环境改善,以"宜居家园"为标准对环境管理的难点和痛点问题进行专项整治。嘉定区委陆续出台了《以环卫清扫精细度提升城市美誉度》《增划小区停车位破解小区停车难题》《交通文明示范路口、路段建设》等系列文件。针对"厕所革命""楼道堆物""小区绿化""车位建设""环卫清扫""交通示牌""道路绿化""门店经营""沿街摊位""健身公园"等数十个专项整治项目,开展"美丽嘉定　宜居家园"专项课题调研，形成11篇调研报告，解决了一大批影响群众生活品质的短板问题，为"美丽系列"示范点创建扫清障碍，提出专项治理方案，将"难点"转化成了"亮点"。

除了区级层面的专项整治项目，各个社区也在探索和发展地方特色治理项目，例如金沙湾居委结合自治项目"绿益引领"，让居民参与打造美丽家园，定期开展绿植改造家园等活动；育兰居委结合"宠乐园"，引导居民文明养宠，通过各类宣传海报、电子屏、定期活动，引导居民自觉处理宠物粪便，减少宠物扰民，营造和睦的邻里关系；嘉定工业区聚焦文明出行、文明旅游、文明经营、文明餐桌、文明上网等主题活动，动员全民参与，组织开展丰富多彩的志愿服务专项行动，提高城区环境精美度。嘉定区有效开展了上下齐心的专项整治活动，各类新时代文明实践行动已经成为长效管理措施，预示了更有深度和更有内涵的效能前景。

三、创新·成效

打造示范典型是目前各大城市都在探索的创城之道。嘉定区从"美丽路段（街巷）""美丽公园""美丽广场""美丽公厕""美丽河道""美丽楼道（庭院）""美丽村落""美丽园区"等八个方面入手，打造了一套成熟且完善的"美丽系列"工程。以"美丽系列"示范点创建为抓手，通过品牌化的创城方式，提高城市的文明指数和美丽指数，助力城市高质量发展，创造高品质生活。相比于单一的亮点工程，"美丽系列"工程成体系、成规模，有效实现了"1+1＞2"的作用。各个美丽示范点互相补充，涵盖了人民生产生活的方方面面，遍布在人们工作和休闲的每个角落，让人民群众时时刻刻都能感受到城市的美观，让居民"推窗见绿、推门见景"成为可能。"美丽系列"工程全方位彰显了城市的风景之美、生态之美、秩序之美、人文之美和风尚之美，具有良好的治理效果。

（一）有效提升城市美丽指数

嘉定区不断加强美丽示范点建设，有效实现了从"栽盆景"到"育森林"的华丽转变。2018年以来，嘉定共评选出区"美丽系列"创城示范点

232个,2个示范点被评为上海最美公厕、最美河道;完成嘉定州桥历史风貌区等2个市级"美丽街区"项目建设,创建市级"美丽乡村"示范村7个、市级乡村振兴示范村5个。比如,过去菊园新区棋盘路是一条背街小巷,道路两旁的行道树黄化,植被高大,影响采光;而现在,棋盘路的行道树更换成了樱花树,翻新了街角公园,春天的"樱花大道"和公园都成了远近闻名的网红打卡点。此外,随着夜景工程的推进,形成了包括州桥老街、保利大剧院、疁城新天地、汽车博览公园等一大批夜晚风景线,不仅亮化了夜间道路,还给沿街商铺和小区增添了缤纷色彩。一系列示范点的打造,使得嘉定的路更平坦、河更清澈、环境更整洁、风景更美丽,形成了独特的城市景观,嘉定城乡面貌不断改善。

(二) 有效提高城市管理水平

示范点创建的目的是改善人居环境,提升城市品位和文明程度,通过各种"美丽系列"微治理探索,做到由"一域治理"向"全域治理"转变,实现城乡环境一体化提升。在此过程中,嘉定强化"区域联动、部门协作、社会参与、全民共享"的工作机制,以全国文明城区建设为契机,以美丽示范点建设为切入点,不断构建综合性城市管理体系。加强环境问题集中整治和常态督察,建立涵盖城市环卫保洁、园林绿化、交通秩序、经营秩序、市政设施等领域的常态化整治机制,有效推动"四个延伸",即工作从注重达标向注重内涵延伸,从突击整治向长效常态延伸,从建成区重点整治向城郊接合部与农村地区全面整治延伸,从外部推动向内生驱动延伸。嘉定在完善"美丽系列"创建的同时,也扩充了"美丽集贸市场"和"和谐互助社区"等内容,切实解决了城管治安、摊位经营、交通疏导等治理难题,切实提高了城市的管理能力和服务水平。

(三) 有效彰显嘉定的个性美

大多数的城市,尤其是快速发展起来的超大规模城市,都经历了"摊大饼式"的扩张阶段,本质上都是"高楼大厦"式的翻版。城市的个性早已经淹没在毫无特点的"钢铁丛林"里,展现在世人面前的多是千篇一律的城市图景。上海嘉定秉持"未来城市不应是'千城一面',而是要各有特色"的治理理念,立志于打造具有"个性美""人文美""地域美"的城市风貌,围绕各街镇、各社区的特色做文章,有机融合自身特点与人文元素,通过精巧设计,使其独具韵味,用绣花式的精细功夫发掘独到的"美",打造出让人耳目一新的"美丽系列"示范点,形成特中更特、各美其美、美美与共的创建局面。经过多年的规划建设,嘉定已经汇聚了远香湖、保利大剧院、嘉定图书馆、北水湾大桥等一批地标性建筑群和优美生态景观。嘉定将进一步突出"城市融入自然、自然导入城市"的理念,将其作为集中展示新城形象风貌的窗口,打造具有标识度、宜居度、美誉度的城市会客厅。

（四）有效激发群众的创城热情

嘉定区坚持"创建为民,创建靠民,创建利民,创建惠民"的治理理念,通过"以点带面"的形式,广泛动员市民群众建言献策,利用电视、网站、微信等各类媒体和户外广告等宣传阵地,大力宣传报道,最大限度地发动广大市民参与全国文明城区长效常态建设活动,把群众满意度作为检验工作成效的衡量标准,充分激发人民群众的主人翁精神,提高市民群众的满意度,形成了"共同创建,共享成果"的良好局面。3年来,嘉定区通过"12345"市民服务热线等网上平台共征求群众意见4万余条,整改率达100%。嘉定区委还积极发动区镇两级市民巡访团定期对示范点进行督查,每年总计4万余人次参与。经过多年的努力,嘉定在"美丽系列"示范点2.0版的基础上,打造"美丽系列"文明城区示范点3.0人文美升级版,不断提升区域治理品质和人文内涵。

（五）形成"文明修身"的社会氛围

"文明嘉定"一直是嘉定的名片,以"文明修身"行动提升市民素质也一直是嘉定创城的工作主线。在"美丽系列"建设过程中,嘉定通过组织开展"感动嘉定"年度人物评选、"圆梦中国人"百姓宣讲,推荐评选"中国好人"和"嘉定好人"活动,积极培养和梳理全国文明城区建设先进典型,努力形成见贤思齐、崇德向善的社会文化氛围。同时,推进"红黑榜"社会诚信制度化,加快政府诚信体系建设,完善信息公开等工作制度,打造诚信政府,提升政府公信力。在成为全国文明城区后,嘉定将持续开展宣传教育活动并做好市民行为引导,推动广大市民在浓厚的宣教氛围中改掉陋习、修身立德。

四、启示·展望

城市应该是美丽的。"美丽系列"工程的推进对于提高城市居民的生活幸福感至关重要。城市治理涵盖的区域、领域多,涉及部门多,通过党建引领,能够有力地统筹整体、强化落实,将城市治理的力量整合于人民满意的城市建设之中。

文明城市创建的根本着眼点和落脚点是"为民、靠民、利民、惠民",是让人民"长受益、广受益和多受益"。在"美丽系列"工程的建设过程中,嘉定区委充分调动职能部门与民主党派开展城市顽疾的课题调研,切实扎根于市民需求,强化问题导向,有针对性地开展专项整治行动。同时,对于具体项目的建设标准也不是一成不变的,嘉定区委根据阶段创建要求和形势需要,进行有针对性的调整,确保评选符合实际、与时俱进。对于同一项目,根据不同情况,分层分类确定标准,进行任务分解、细化,分层推进,形成公共空间动态治理标准。

创城工作并非一朝一夕可完成,需要持续的管理和经营,需要每一位市民的呵护和贡献。嘉定区的文明创建工作既要做在"评时",更要做在"平时"。这就要求嘉定必须进一步落实和用好长效常态机制,在"美丽系列"工程治理成效的基础上,深入发动辖区党员和群众,积极投身文明创城的过程中,更好、更快、更有力地推动城市建设、产业发展、环境提升等各项事业发展。未来,嘉定仍要坚持和强化创城惠民的使命担当,聚焦于城市管理的长效机制建设,巩固创城工作的成果,不断提升城区品质,进一步提升城区文明程度,营造更加宜居宜业的环境,春风化雨般地提升市民文明素养,实现城市治理的现代化发展。

美丽与文明相伴而生、相得益彰,文明城市创建工作一直是城市基层社会治理的重点内容。正如习近平总书记所指出的:"要发挥美术在服务经济社会发展中的重要作用，把更多美术元素、艺术元素应用到城乡规划建设中，增强城乡审美韵味、文化品位，把美术成果更好服务于人民群众的高品质生活需求。"推动城市社区更新，不仅要有"拆建修补"的物质变化，也要有"以美育人"的精神追求。嘉定区利用电视、网站、微信等各类媒体和户外广告等宣传阵地，大力宣传报道，既展示了嘉定现代化新型城市建设成就和社会治理成果，也不断提高了市民群众的满意度。强化广泛的社会动员，充分激发人民群众的主人翁精神，使人民群众真正成为社会治理的参与主体。

在未来，嘉定区将在成果巩固与提升方面下功夫，巩固落实创建工作取得的广泛而深入的惠民实效。持续发扬党建树机制、强落实、贴民心、聚合力、育文明的作用，进一步强化精细化管理与服务，拉长板、补短板、争样板，打造更优质、更丰富的美丽标杆，提高人民的幸福感与获得感，走出具有嘉定特色的文明城区创建之路。

案例评析

通过党建引领,嘉定区纾解了跨城协作治理的行政壁垒、公共体育服务供给不足、基层自治意识薄弱、社区综合治理难度大、美丽城市建设长效化等问题,基层治理能力与基层治理共同体的协作水平也在其中得到了锻炼与提升。在这些案例中,嘉定区发挥党建的政治功能、统筹功能、整合功能与协调功能,创新构建出党建引领城市治理的系列工作路径。

(1)党建平台支撑城市协作治理体系。相邻而不同属的行政区有着地缘上的治理交互,也有着行政上的壁垒阻隔。在区域一体化发展的国家战略背景下,打破行政区隔,实现整体部署与融合发展,不仅是民生幸福之所需、城市优势发展之所需,更是长三角一体化的坚定基石。党建特有的功能为此提供了必不可少的平台。借助党的建设,不同省市的相邻行政区域架起了沟通协作的桥梁,以党组织活动联动、党员队伍共育、党支部共建等为抓手,实现"同圈党建",进一步促进联席会议与共同签约机制的建立,从而着力推进资源共享、要素共通、发展共推、治理共抓、服务共促、创新共领。以党的政治优势和组织优势带动跨区域深层次协作,共赢发展,有利于树立"一体化"意识和"一盘棋"思想,优化整体布局,实现政务、产业、文旅、医疗、阵地、服务等方面的协同共享;有利于强化发挥党组织在引领基层治理中的领导核心作用,不断推进治理体系的完善和治理能力的提升,把握方向、统筹协调,构建城市协作治理的良好路径。城市协作治理体系从党建而来,由党建培育,依党建支撑,以党的先进理念掌舵发展,是党建引领跨区域协作治理的生动实践。

(2)党建活动指引治理主体行为。公共体育事业,事关城市居民的生活水平,事关城市文化的素养水平,事关民族国家的未来发展,但同时在"科教文卫体"中也是最易被忽视的一环。通过党建活动塑造相关治理主体的行为,能够有效提高体育服务供给质量与群众的参与度,形成长效机制,对于其他公共事业的治理亦有借鉴推广价值。通过红色体育精神的学习活动引领塑造体育部门的专业理念，凝聚治理共识，进而通过品牌打造、宣传推广使得运动健身理念深入人心。通过党建的组织优势，优化体育部门的组织架构与行政流程，推动人力、资金、基础设施资源的整合，提高公共体育服务基础设施的覆盖面与质量，使健身从昂贵高端转向亲民便捷。通过线上、线下结合的党建体育活动，使得居民深入参与体育知识的学习与锻炼习惯的养成之中，体育事业由此焕发新貌。党建活动的引领作用，塑造着行政部门的治理理念与水平，也引导着群众良性行为习惯的养成与常态化发展。

（3）党建机制重塑基层治理流程。城市的发展伴随着大批流动人口的进入，当社区内流动人口出现"倒挂"时，亟须通过党建机制来重塑邻里守望的热情、当家作主的归属感、心系社区发展的自治意识，从而实现基层治理流程的优化与良性发展。通过党的作风建设与党员先锋作用，摸查群众的切身需求，发掘社区深层次问题，有的放矢地满足群众的真实需求。通过党支部引领、居委会协同，社区自治委员会从组建、学习，到创新示范，发挥了形成自治意识、团结社区居民、实现良好自治的功能。通过党组织协助指导协商机制的运转，在具体示范性项目的实行中，社区各治理主体以共同意志为凝聚力，在协商参与中形成了具有共同精神维系与协作默契的基层治理流程。党建机制塑造基层治理流程的工作路径，实现了共建共治共享，践行了"人民城市人民建，人民城市为人民"理念。居民在享受到自治的甘甜成果后，归属感、成就感、自豪感和幸福感油然而生，正反馈于其自治意识与参与意愿，使得家园共同体的建设更具长效性。

（4）党建联建优化综合治理绩效。社区的综合治理，面临的是碎片化、复杂化、难根治的问题，各主体的不当寻利行为，单依靠各主体素养的提升难以遏制，更多需要的是社区治理共同体强有力的治理合力，党建联建在其中发挥着中流砥柱的作用。有效破解住宅小区碎片化的违法问题，社区治理主体与行政执法主体的"管执联动"是关键，通过党建引领、"互联网+"赋能，实现管理与执法两端的高效高质联动，全程备案更提高了依法行政的可信度，将发现可能性低、取证难度高、惩治阻碍多的灰色空间充分压缩。通过组织建设进驻住宅小区的城管工作室，充分保障了社区治理"最后一公里"，通过联建打造的考评体系与清单制度保障着社区的规范运行。通过党建联建，以党委引领、党员带头，充分激发端点活力，赋能社区治理共同体，充分提高了综合治理的绩效，切实作用于民生福祉。

在进一步的基层治理实践中，嘉定区还将继续发挥党建的引领作用，为基层治理的提质升级提供强劲的原动力，提高城市治理的现代化水平。

PART 3

新城建设篇

引　言

新城理念起源于英国,其思想渊源主要为"田园城市"构想,核心为城乡和谐、人际和谐。即在空间上,注重区域统筹、城乡协调的规划思路,充分结合城乡的优点;在功能上,主张通过将大城市疏解为可生长的、联系便捷的核心——外围城市群组,以实现城市系统的最优效率;在管理上,既突出了土地收益归集体所有,也强调市场主体地位,通过政府统筹和开发公司的协力运作,保证土地增值应用于城市开发管理。

20世纪初至20世纪50年代,以英国的田园城市实践和战后的新城建设为代表,新城建设拉开了序幕。20世纪50年代至20世纪70年代,西方各国进入战后经济繁荣期,城市也快速发展,新城建设迈向一个新的阶段。20世纪70年代至21世纪初期,西方国家的大规模产业扩张转移使得大量发展中国家获得了城市发展的动力。我国自1978年实行改革开放政策以后,经济和城镇化快速发展,新城建设亦迅速推进。在这一阶段,深圳设立了蛇口、八卦岭等工业开发区以及华侨城、沙角头镇等综合功能区,其开发模式具有新城的某些特征。北京、上海、广州等大城市都面临着城市规模持续扩大所带来的挑战,新城建设也被提上了议事日程。

《国家新型城镇化规划(2014—2020年)》强调要按照统一规划、协调推进、集约紧凑、疏密有致、环境优先的原则,统筹中心城区改造和新城新区建设,提高城市空间利用效率,改善城市人居环境。可见我国的新城规划建设方针有所调整,包括更注重新城的质量而非数量。《上海市城市总体规划(2017—2035年)》也明确,将位于重要区域廊道上、发展基础较好的嘉定、青浦、松江、奉贤、南汇等5个新城,培育成在长三角城市群中具有辐射带动作用的综合性节点城市。《关于本市"十四五"加快推进新城规划建设工作的实施意见》明确提出,要以"上海2035"为引领,着眼于谋划超大城市整体战略布局和城乡空间新格局，按照独立的综合性节点城市定位，统筹新城发展的经济需要、生活需要、生态需要和安全需要，将新城建设成为引领高品质生活的未来之城、全市经济发展的重要增长极、推进人民城市建设的创新实践区、城市数字化转型的示范区和上海服务辐射长三角的战略支撑点。嘉定新城作为五大新城之一，东至横沥河—城市开发边界—绿意路—浏翔公路，南至蕰藻浜，西至嘉松北路，北至城市开发边界，面积达159.5平方公里。其战略定位是，发挥沪宁发展轴上的枢纽节点作用，建设国家智慧交通先导试验区，2025年初步具备独立的综合性节点城市地位，到2035年基本建成长三角城市群中的综合性节点城市，成为科技创新高地、智慧交通高地、融合发展高地、人文教化高地，成为具有较强辐射带动作用的上海新城样板。目前嘉定区已制定《嘉定新城"十四五"规划建设行动方案》，进一步明确了嘉定新城未来的发力方向，正在举全区之力、汇各方资源，按下快进键，跑出"嘉速度"，加快形成有集中度、显示度的嘉定新城建设新成果。

生态宜居：新成路街道"花园式"社区居住品质

一、背景·缘起

新成路街道成立于1995年，位于嘉定老城厢东部，辖区东至泥家浜，南至嘉戬公路，西自横沥河至环城河，北至嘉罗路，地域面积达5.14平方公里。新成路街道作为一个以居住型社区为主的街道，基本形成了与居民需求相适应的市政、教育、商业、服务、交通、环境等公共服务网络，社区建设不断发展，社区形态日趋成熟。

社会经济的快速发展，促使居民对周边生活环境的要求也越来越高。绿化景观的品质成为人们选择居住城市、居住小区的一个重要因素。新成路街道内不少小区建于2000年以前（这一时期修建的老小区占辖区小区总数的67%），存在硬件设施陈旧、设计理念相对落后的问题；在城市公共绿化建设方面，存在绿化品种单一、公共绿地功能单一、绿化建设方式单一等问题；在小区绿化建设方面，因老旧小区数量较多，小区车位改造侵蚀绿地率较高，辖区多数小区存在绿地面积小、空间布局不合理、树木花卉品种少等问题，改造需求较为迫切。

近年来，新成路街道按照嘉定区委区政府关于加快生态文明建设的总体部署，坚持绿色发展理念，以园林街镇创建为抓手，先后对辖区街角绿化、水面空间、小区花园等实施改造，切实改善辖区绿色生态环境，打造了绿色宜居的"美丽新成"街道名片。2021年，街道又围绕这一特色名片，举办"蔷薇花节"，着重挖掘"花经济"的新兴文化和旅游消费潜力，以"赏花+"模式有效推动辖区经济社会各领域全面"开花"。

二、举措·机制

（一）多维度布局提升居民获得感

一是突出功能性，统筹建设城市景观绿地。通过城市有机更新，提升辖区绿化景观面貌。新成路街道充分利用北先农、澄浏中路以东约118亩的拆违地块，实施苗木种植、道路养护、新建沟渠及增设休闲服务设施等改造项目，建成具备生态、休闲、体验等功能的"景观廊道"；同时优化"街心花园"，完成和政路——墅沟路及仓场路——茹水路两个街心花园共计5 000余平方米的绿地景观改造，将原有功能单一的绿地升级为集赏园、休憩、锻炼等多种功能于一体的特色花园。

二是着眼微更新，小成本撬动"特色街区"大改造。新成路街道立足本区域实际，在墅沟路等街心花园绿化改造中，保留原有乔木和土建基础，通过景观微调、增加灌木、新建凉亭等方式，增强绿化的观赏性和休闲性，减少重复投入，完成品质升级；整合利用"碎片化空间"，完成7块总计550余平方米的街角绿化改造，累计种植花草4万余盆。在花卉选择上，街道坚持以蔷薇、百日草、虞美人等存活率高、花期长、色彩丰富、成本较低的品种为主，力争在改善居住环境的同时，获得更高的群众认可度。充分利用垂直空间，街道先后种植了3万余株立体花槽绿化，有效破解中心城区绿化狭窄难题。积极联动辖区区级专业部门、学校、企业等单位，通过市级景观道路创建、花园单位评比、企业参与绿化认筹等方式，降低建设养护成本，实现绿化资源整合。对辖区主次干道两侧绿化实施综合改造，在新成路、嘉戬公路等主干道两侧绿化带适当增植色彩鲜艳的花灌木、色叶小乔木，并籽播宿根花卉，丰富景观层次；在迎园路、茹水路等次干道进行乔木抽稀，并种植3 000余株月季，形成约12公里的创意花墙。

三是注重"接地气"，打造居民小区"微型花园"。近年来，新成路街道结合小区综合改造、"白加黑"工程（即小区楼道"白化工程"和小区路面"黑化工程"）等实事项目，突出点上"增绿"和面上"美化"，充分利用裸露空地和闲置"边角料"地带，见缝插针、分点分批开展社区"微型花园"建设,重塑社区绿化空间。自2017年起,街道先后在11个社区39个小区建成"微型花园"45个,总面积超过8 700平方米。在花园设计上,采取因地制宜、"一花园一方案"的形式,实现差异化布局,通过栽植不同季节开放的花卉,初步形成"全年能见绿、四季能看花"的社区微景观,满足了小区居民开门见绿的愿望。

四是聚焦"水更清",针对性优化辖区水环境。为加快推进河道综合治理,街道先后实施斜泾河、钱家厅河等5条河道绿化改造,铺设河岸草坪约2 000平方米,种植河道水生植物约450平方米,同时放生鱼苗、河蚌等水生物,进一步改善河道水质及河岸环境。通过清淤、新开河道、护岸修建、增设泵站等综合措施,截至2020年底,街道已消除辖区全部黑臭和劣V类水体,全年水质保持在V类以上,基本实现河水更净、河岸更绿、河面更清的整治目标。从2021年起,街道又以河道整治、水质提升为抓手,开展"新成绿水青山"建设,先后完成陆家浜、王家河、李家河综合整治工程,整治河道1 788米,疏浚土方8 763立方米,新建护岸3 476米、防汛通道813平方米,种植绿化14 423平方米。

(二)全方位动员促进花园式社区建设

一是凝聚合力,推动社区花园建设。新成路街道紧扣"老小旧远"问题破解,深入开展大走访、大调研,掌握社区居民的绿化需求,听取居民关于花园式社区建设的意见和建议,推动老旧小区绿化面貌"焕新"。在基层党组织引领下,社区居委会、业委会、物业"三驾马车"同向发力,依托"社区管家"行动,以管家议事会、管家执行组为抓手,楼组党小组长、党员带头,引导社区居民在小区"微型花园"建设中发挥作用。由社区居委主动跨前,加强宣传动员,邀请议事会成员、社区民警、党员和居民代表等,就花园规划、种植品种、小区公共资源合理利用等议题开展自治协商,并在此基础上,由业委会进行意见征询,形成广受居民认可的改造方案。街道则为各社区花园提供苗木、肥料及技术支持、专业指导,社区居委、业委会、物业加强沟通,明确建设养护责任,协调解决花园建设中的问题。社区居民积极参与,群策群力,坚持"我的社区我代言",辖区45个"微型花园"从选址设计到培土种植、养护管理，均由社区居民全程参与，共同建设完成。

二是一园一品，丰富"微型花园"内涵。为进一步优化花园景观及功能，从2020年起，街道整合社区管理办、社区自治办、团工委、妇联等相关职能部门，对社区"微型花园"进行升级改造，借助居民自治主体力量和小区自身资源优势，推出"一社区一品牌"的社区微景观题材，先后在3个社区试点建设主题园。各主题园重点突出观赏、科普、文化价值，形成各自特色。比如，嘉乐社区围绕"社区种菜能手"徐阿姨，确定"蔬菜园"主题；南陈社区依托新成幼儿园的地理优势，确定"香草园"主题；沧海社区因著名老中医喜棣居住在此，确定建设"中药园"。此外，为进一步区别于"小区种菜"，街道对花园内的植物品种、种植方式做出明确规定，确保所有植物仅供观赏、科普之用，并配备相关科普标识。

三是立足自治，保障花园长效常态。引导居民作为志愿者主动参与小区微型花园的建设管养，通过志愿护绿、共治共管的模式，形成长效常态。在志愿者招募过程中，根据社区实际，优先选用本小区居民，突出绿化能手的作用，注重发挥社区自治团队力量，开展形式多样的绿化培训、知识讲座和沙龙活动，并以项目化方式，将自治管理融入看得见、摸得着的绿化环境改造中。比如，启动"苗苗成长园"系列项目，以"小区志愿者＋小区儿童"的组合开展绿化认养，形成"邻里＋亲子"的自治管理模式。目前，每个"苗苗成长园"均由5～6名儿童认养，小区志愿者及认养人全程参与花园的种植及养护。此外，将"苗苗成长园"与群团条线开展的"新童计划""助梦家园""爱心暑托班"等既有项目有机融合，通过开展现场教学等方式，进一步利用好社区资源，推动"微型花园"成为邻里有温度、社区有质感的绿色新空间。

（三）各领域参与推动经济社会发展

一是围绕蔷薇主题发展新成特色"花经济"。以花为媒，将绿色生态环境与经济社会发展有机结合。2021年，新成路街道举办首届蔷薇花节活动，通过线上、线下相结合的方式，将辖区现有的百联嘉定购物中心、小灶村等商业、文旅资源与12公里蔷薇花墙有机整合，发布集赏花、美食、购物、农场游览于一体的新成路街道休闲旅游赏花地图，开展打卡集赞活动，即以紫藤公园为起点，设立6处风格不同的蔷薇打卡点，蔷薇花节期间，市民游客只要在一处打卡点扫码签到，即可获得小礼品，完成3处打卡即可合成"蔷薇券"，获百联消费券、绿植等礼品，进一步推介辖区旅游休闲资源。此外，新成路街道还依托蔷薇花节举办"蔷薇夜市"，夜市设置了消费扶贫、非遗文化、公益服务等展区，市民可通过集赞等方式，优惠换购日常生活用品，品尝特色小吃，由此进一步积聚人气，促进辖区社区商业蓬勃发展。

　　二是围绕社区花园激活新成特色绿文化。以花为主题，启动"云赏蔷薇"摄影展、蔷薇花下·广场舞大赛、"星辰朗读者+银发读书会"等专场活动，带领辖区居民在体验绿色生态文化的同时，增进邻里互动和交流，营造文明和谐的社区氛围。组建青年园艺师突击队，定期开展爱绿、护绿活动，通过微型花园杂草清除、变废为宝种绿植、修剪景观道路花朵等形式，激发辖区青年参与街道建设的积极性与主动性，凝聚、引导青年积极参与基层社会治理。结合蔷薇花节系列活动，举办"蔷薇花下　爱满新成"志愿者反哺专场活动，邀请辖区道德模范、优秀志愿者开展星级志愿者登记，并为一星及以上志愿者赠送绿植、图书，进一步巩固辖区志愿者团队。充分发挥原创文艺作品优势，打造社区"绿文化"品牌，将"花园式"社区建设与"新成路上嘉年华"系列原创专场文艺活动相结合，通过歌舞、快板、故事等艺术形式，把"花园式"社区建设中的身边事、感人事搬上舞台，大力弘扬和谐邻里、幸福家园的社区正能量。

三、创新·成效

（一）"花园式"社区建设提高了街道的生态环境质量

　　自2017年以来，新成路街道以创建园林街镇为抓手，坚持优化生态环境和市容市貌，致力于打造宜居宜业宜人的"美丽新成"。截至2021年底，街道辖区公共绿地总面积达21.56公顷，已建成景观休闲绿地4块，面积超1万平方米；拥有景观廊道2个，面积达6.9万平方米；拥有街角绿地8块，面积超600平方米，城区绿地覆盖面积达10.74万平方米，人均公园绿地面积约为9.5平方米，绿化覆盖率约为38%。辖区多条主干道先后被评为市级生态型特色景观街、最美十大景观道路、绿荫道路等，迎宾路、和政路、墅沟路蔷薇花墙更是成为网红打卡地，一张张生态绿色名片初步形成。

（二）"花园式"社区建设促进了街道经济的蓬勃发展

2021年，新成路街道围绕"花园式"社区主题，举办"蔷薇花节"，以"赏花＋"的模式开展商贸节、文化节、读书节等多种活动，对推动辖区经济社会各领域全面"开花"具有重要意义。2021年的"五一"长假期间，依托蔷薇花节系列活动和"五五购物节"的叠加效应，百联嘉定购物中心5天实现销售额665.17万元，吸引客流14.13万人次，与2020年同期相比，客流量上涨了58.59%；周边小灶村体验农庄迎来开园以来的最大客流，5天接待游客15 000人次，营业额超105万元，促进辖区社区商业的蓬勃发展。在吸引人气方面，新成路街道充分发挥与紫藤公园的联动效应，实施"紫气东来"计划，将蔷薇花节打卡集赞的第一站放在紫藤公园，吸引"赏藤客"扫码打卡领取蔷薇券，并凭蔷薇券参与百联"五五购物节"优惠活动。活动期间，扫码关注街道公众号的游客达986人，其中，80%以上在紫藤公园有打卡记录，共发放"金蔷薇券"240张，核销数超过93%，辖区"花经济"初露端倪。

（三）"花园式"社区建设提升了街道居民的生活品质

2019年以来，新成路街道在拆除违法搭建后，建成了118亩的生态廊道，形成了由城市道路、社区、商业综合体构成的立体化、全季节"园林式"多彩城区，极大地改善了周边群众的生活环境。此外，街角绿地的改造也为周边居民休闲散步、健身锻炼提供了一定的空间；沿街蔷薇花墙的打造、立体花槽的建设，也大大提升了居民生活、出行的舒适度；社区"微型花园"的推出，除了美化小区环境以外，更多的是为社区能人、热心人打造了展示舞台，为社区睦邻友好、居民自治搭建了平台。此外，街道还对水面空间实施了整体优化，通过对问题河道开展4大类13项专项整治。经过中小河道轮疏、河道综合治理，辖区内河流水质明显提升，水质指标均达到V类水标准。

四、启示·展望

（一）启示

一是"花园式"社区建设是基层政府在生态文明建设中的有力实践。"生态治理，道阻且长，行则将至。"党的十八大把生态文明建设纳入中国特色社会主义事业"五位一体"总体布局，明确提出大力推进生态文明建设，努力建设美丽中国，实现中华民族永续发展。2018年，生态文明建设被写入宪法，"绿水青山就是金山银山"已成为全民共识。从民生改善和民生福祉的角度来看，生态环境质量直接决定着民生质量。街道作为基层社会治理的主阵地，面对人民群众在生态环境方面的热切期盼，建设"花园式"社区逐渐成为当前最高效、最符合实际的工作措施，也是"以人民为中心"发展思想的有力体现。

二是要因地制宜开展生态环境建设。新成路街道作为面积仅5.14平方公里、全区最小的街镇之一，在生态环境建设方面，始终坚持低成本、小而精的原则，在有限的空间内盘活社区绿地资源、街角绿地、河道水面空间、小区铁栏杆"垂直空间"等碎片化空间，通过"螺蛳壳里做道场"的方法来定点增绿、见缝插花、空地置景，争取用最小的投入收获最大的效果。针对社区花园建设，则要充分考虑各社区的实际情况，包括花园面积、日照时长、物业管理能力等，并以此确定植物的品种，最大限度地为居民提供优质的生活环境。

三是要调动公众共同参与生态环境建设。生态环境建设不仅是政府部门的职责，更需要公众的支持和参与。为了让原本生硬的生态理念更容易被居民所接受，在统筹规划街角花园、景观街区的同时，要充分考虑其休闲、娱乐的功能，将绿色景观贯穿于居民群众的生活中，让群众充分感受到生态环境建设的红利。此外，要更加注重社区志愿者、骨干的带头作用，适当将社区内的绿化建设和管理工作向居民自治倾斜，并以此作为强化社区自治共治的一个抓手，凝聚人心，促进和谐。

四是要统筹地区经济社会发展与生态环境建设。区域的生态环境建设除了能够改善居民居住、生活的品质之外，还可起到扩大有效投资、促进关联产业发展、推动城市转型升级等重大作用。比如，街道探索举办的"蔷薇花节"，就是建立在多年生态环境建设成果的基础上，通过一系列主题活动，对商业、旅游业、文化等各领域形成品牌辐射作用。但在以生态建设拉动经济发展的过程中，还要注意避免同质化。比如，各街镇要注重打造"一街镇一品牌"的生态版图，让特色叠加，共同做大"花蛋糕"，真正凸显"花经济"的联动效应。此外，要注重挖掘"花经济"的文创潜力，利用花卉资源开发"花样"伴手礼、花卉文创产品等，在延长产业链的同时，解决劳动就业难题，进一步繁荣地方经济。

（二）展望

将"乐居新成、幸福花园"化为现实图景，关键在于打造供需对等的绿色生活空间。近年来，新成路街道以"乐居"为目标，不断优化"绿色新成"的理念。在增绿的同时，注重绿化升级、优化布局，以街头绿地和小区绿化为点，以道路垂直绿化为线，以公园、广场为面，全力建设"点、线、面"相结合、城市景观与自然景观相协调的园林城区，让城区面貌日益精美，让"乐居"的环境可见可感。

下阶段，新成路街道将进一步打开城市水系、绿地，重新调整河道、林地布局，为居民留住散步、亲水的空间，真正实现"城市深呼吸"。未来5年，街道还将加快建设以河岸水系为纽带的滨河公园、以蔷薇为主题的"蔷薇公园"以及具有体育功能的口袋公园。其中，滨河公园将结合斜泾河疏浚工程，在临河一侧新建1.5公里的沿河步道，并打造沿河步道绿化和景观灯带，形成新成特有的滨河景观文化。"蔷薇公园"将在现有林地资源的基础上，与区文物保护点——秀野堂相结合，打造新成的"寻薇之旅"，延续"新成蔷薇"品牌。口袋公园预计总面积达5 000平方米，计划将健身步道和滨水散步道等线性空间串联起来，重点为辖区儿童、老年人设置交流和健身空间，满足多群体的需要。

交通便利：远香湖中央活动区
功能品质整体提升工程

一、背景·缘起

近年来，随着汽车保有量的持续增长，上海道路承载容量几近饱和，交通安全、出行效率、环境保护等问题日益突出。同时，随着信息化与汽车的深度融合，汽车正从传统的交通工具转变为新型的智能出行载体。智能化、网联化已成为汽车产业的未来发展趋势，构建智慧交通体系已成为未来交通发展的大趋势，智能网联技术的应用已势不可挡。

为加快推动国家智慧交通先导示范区、国家双智试点建设，聚焦未来城市功能引领、产业高能级集聚辐射，率先实现智能网联测试道路全域开放和商业化应用，上海嘉定新城全力打造上海第一路样板工程——嘉定新城远香湖中央活动区功能品质整体提升工程。该工程以嘉定区区属道路白银路、裕民南路，市属道路沪宜公路及远香湖内部环路为示范路段，主要建设内容涵盖道路交通区及缓冲区功能品质整体提升，包含道路通行提效、合杆合箱合井、绿化景观提升、海绵城市建设、智慧交通建设、运营中心及智慧管养平台建设等。

白银路既是嘉定新城的一条城市道路，也是远香湖中央活动区城市会客厅的重要干道。在工程启动之时，有关单位通过实地考察、走访调研等方式，总结出白银路存在的问题：道路路面多有裂缝、麻面，部分路口有坑槽，人行道破旧且老化严重；杆箱林立，景观风貌较差；绿化品质单调、缺少人文休憩空间；道路红线内外不协调，红线外景观品质有待优化提升；城市家具[①]

---

① 城市家具是城市不可或缺的公共服务设施设备，是美好生活的重要组成部分。它通常包括标识系统、灯光照明、艺术雕塑、户外装置等，主要集中在街道、广场、绿地和弄巷等场所。

老旧，缺少现代元素等。该工程在实施时，通过融合新兴技术，以点带面，在解决存在问题的同时，全力将白银路打造成了上海全要素示范道路，以独一份的智慧道路体系让城市充满"未来感"，让城市功能更加强大。

二、举措·机制

为形成更具活力的居住生活空间，白银路的整体改造更强调人的需求，增加慢行网络密度，强调城市街道作为公共活动空间和交通出行的多重功能属性，通过理念、方法、技术、评价四大板块的转变，创造多种方式平衡、安全、便捷的城市出行环境，重点突出道路设施、城市家具、沿街绿化、建筑立面、景观灯光，分段打造各具特点的示范路段，创造出多功能休憩空间，让整个路段的公共空间充满生机和活力。

（一）精细化改造人机非通行设施

工程在六个路口进行了重点精细化改造，助力道路通行提效。改造的内容包括：一是重新合理布局人机非空间，与横向道路顺畅对接，通过非机动车道彩色透水铺装的方式醒目区分机非车道。二是在路口增设机动车左转待行区，提高左转通行效率。三是缩小右转半径，增加转角隔离，降低车速，保障非机动车道过街安全。四是对严重破损的路面进行翻挖新建、对破损较少的路面进行铣刨加罩，提高通行效率和行车的舒适度。

（二）全方位整治道路设施

工程以综合统筹、高效利用的方式对道路设施进行合并归整，推动合杆、合箱、合井整治，推动道路集约高效化建设。具体包括：一是在道路两侧，以路灯杆为载体，根据需求布设信号灯、监控、路名牌、标志牌、路侧设施等，形成智慧搭载，有效解决杆箱林立问题。二是将监控抱杆箱、电警机箱、卡口机箱、路侧机箱等多箱合一，做隐蔽化处理。三是对道路上的井盖进行多井合一整治，安装隐形智能井盖，提高运维的安全性、便捷性。

（三）打造智能网联交通体系

通过建设路口全息感知系统、全路域交通监测系统，将各类道路使用者的交通数据、交通管控信息、交通事件信息、高精定位信息、气象信息等实时数据量化,对交通态势、交通规律进行多维分析、诊断和研判,形成对车流量、车速、车辆运行轨迹等城市交通"生命体征"的多维度感知,辅助交通组织决策和空间优化,同时通过发布单元对智能网联车辆进行发布,为所有自动驾驶车辆提供基础的路侧信息推送服务,助力其对行驶策略进行调整,更为L4级自动驾驶提供定制化场景,真正实现车、路、云互通互联的智慧网联交通体系。

（四）实施创新性道路全周期管理

通过智慧交通数字孪生平台,搭建智慧交通数字驾驶舱管理系统,实现包括智慧路口、车路协同、健康诊断等多个应用场景的智慧化管理,一屏显示白银路各项模拟交通健康指数、道路健康状态、车辆通行信息等数据,提升管理效能。例如,通过路口感知设备采集早晚高峰时段的交通数据,分析得出宏观规律,以此为依据,可以对红绿灯的时长进行动态干预和调整,提升道路通行能力。同时,建设白银路智慧运管平台,对道路上的各类设施进行统一的信息采集和维护,并与城运中心进行数据共享。平台将与各个设施权属单位进行数据对接,对权属单位的设施进行协同管理,实现流程的规范化和分工的明确化,也为后期的综合养护介入提供服务。管养内容主要包括道路是否有沉降、裂缝,桥梁的静挠度、动响应、结构基频,综合杆的三轴加速度,土壤的温湿度、酸碱度,城市家具的电流、电压,箱体的电子锁开闭,5G微站的信号散布,小型气象站的数据捕获,等等。这些信息均可以在路边综合杆上的LED显示屏进行展示。信息汇聚到平台后,将同步建立路口、地下管网、路桥、土壤及绿化的3D GIS模型,打造智慧化、可视化的全生命周期管养机制。

（五）全方位绿色低碳更新

工程通过全方位的绿色低碳措施,打造韧性海绵城市。绿色低碳主要表现在五个方面:一是非机动车道采用灰蓝色彩色透水沥青,由天空蓝和新城灰组合而成;二是人行道选用花岗岩透水板,兼具良好的透水性能与石材的质感,体现简洁大气的风格;三是用一体化路缘石排水沟代替原有路缘石和雨水管,雨水收集更通畅,有效缓解道路积水问题;四是雨水花园具有雨水收集、生物净化的功能,同时将现场拆除的旧料石材,再加工用于雨水花园的净化层材质,达到低碳环保、绿色循环的目标;五是候车亭融入BIPV概念,顶棚布置太阳能光伏板,为公交驿站提供源源不断的绿色电能,用于夜间照明、座椅USB充电等。

(六) 构建可阅读街道景观

工程旨在通过不同季节的宜人景色,构建可阅读的街道景观,具体表现:在白银路全程种植胸径40 cm的香樟作为行道树,设置多层次地被景观;机非隔离带采用低矮乔木、灌木、草花等多维搭配,与路边地标性建筑风格融合,通过植入绿道,激活街道空间,通过绿化提升,打造公共艺术节点,充分体现景观的精致性。缓冲区在一区一景方案的精细打造方面,通过引入智慧景观,在缓冲区设置多种景观互动智能设施,提升整条路的科技感,营造和谐共融的氛围。

(七) 全纬度智慧便民设计

白银路涵盖多种交通场景,大力推进生活数字化赋能。如集公交巴士停靠、出租车扬招、自动驾驶出租车接驳、自动驾驶公交停靠于一体的智慧公交驿站,多而不乱,既避免了重复建设的资金投入,也实现了多种场景的复现。智慧垃圾箱、智能座椅等城市家具也结合公交驿站同址设置,功能集中融合,传统公交站成为智慧型的便民服务中心。智慧公交驿站可以精确提示公交到站时间,在国内率先实现了车内拥挤度的实时提示;提供手机充电、公共Wi-Fi、出租车呼叫等免费便民服务,提升市民的体验感;还设置了"一键呼叫按钮",按键后可以直接与城运中心的值班人员通话,如果附近发生了紧急情况,或弱势群体需要帮助,都可以得到迅速响应。

(八) 沉浸式智慧社区体验

工程也考虑设置智慧城市家具小品,为市民提供沉浸式互动体验,包含功能性的智慧垃圾箱、AR寄予柱等。例如,在缓冲区的水泥箱体内增加动态互动屏,其日间形态为正常的水泥饰面,夜间捕捉前方的动态事物并相随显示,为市民提供互动打卡服务,实现全龄段智慧互动,全方位提升美丽街区市民感受度。同时,该工程还充分考虑了百姓停车便利的需求:一是将白银路附近各处停车场接入上海停车App,为假期来此游玩的市民精确提供停车指引;二是通过与高德、百度合作,在国内率先实现用户停车精准导航的功能,全面提升自驾用户出行的获得感。

三、创新·成效

(一)形成了多项地方性标准

工程多项创新举措被提炼成了地方性标准,为后续的道路整治或智慧道路建设提供指导。比如综合杆兼具智慧搭载功能,既搭载车路协同的路侧设施,也搭载了可实时显示路口交通参数的显示屏,可动态显示路口实时交通状况,是一项重要的技术创新。工程积极打造"高减杆率、高隐蔽化"的综合杆示范道路,并将综合杆的建设思路进一步提炼,形成上海市地方标准《综合杆设施技术标准》(DG/TJ 08-2362-2021),为未来更多的合杆整治项目提供参考。工程建设了全路域交通监测系统,通过交通数据、气象信息等,对交通态势进行分析,对交通发展状况进行预测,辅助交通决策和空间优化,并助力调整自动驾驶车辆的行驶策略,最终形成地方标准《智慧道路建设技术导则(DB 31114/Z 018-2021)》,为后续智慧道路建设提供指导。

(二)构建了"1+1+N"的智慧道路建设模式

智慧道路建设整体采用了"1+1+N"的建设模式,即1个软件平台的集成创新、一体化外场设备的集成创新与N个子系统创新。1个软件平台的集成创新是指建立数字孪生平台,深度挖掘并展示"一环三路"的交通状况、规律,积极引导交通通行,包含了智能网联、智慧交管、智慧路口、智慧管养、智慧公交驿站。一体化外场设备的集成创新指一个智能化一体机柜在边缘侧汇聚了传统智能交通、智能网联以及管养设备的数据,如信号机、视频、雷达以及各种道路感知传感器等数据,为全方位数字孪生提供数据支持,实现了一路口一机柜的全管理。该模式可全面推广至嘉定全区甚至全国作为未来智慧道路全方位管控的范例。N个子系统创新即智慧交管、智能网联、智慧路口以及智慧管养创新系统。

（三）实现了道路全周期管理

"智慧交管"创新系统，基于"云边端"架构体系，将物联网、人工智能等信息技术深度应用于传统城市道路交叉口，打造了具备感知、连接存储、计算能力的路口融合新型基础设施，构建统一的数字孪生底座，并提供若干项精细化管理和差异化服务的场景应用，包括高峰通勤、公交优先以及特车先行等。数字孪生平台协同智慧交通系统，模拟交通健康指数、道路健康状态、车辆通行信息等数据，提升了管理效能；数字孪生平台与各个设施权属单位进行数据对接，同步建立路口、地下管网、路桥、土壤及绿化的3D GIS模型，打造了智慧化、可视化的全生命周期管理机制。

（四）实现了车辆、道路、数据云端互通互联

"智能网联"创新系统，面向网联自动驾驶车辆的行驶需求，充分发挥全息感知系统高精度、无盲区、全时空的优势，以及C-V2X低延时、高带宽的通信优势，在重点路口打造全天候、多场景的车路协同能力，针对智能网联车辆建立有效的辅助驾驶应用，面向自动驾驶车辆实现协同式感知与协同决策控制应用，道路智能化等级达到C3+级别，感知能力达到C4级别，在感知精度、通信时延、数据类型、场景丰富度以及对高等级自动驾驶车辆的服务支撑方面做到国际领先水平。

（五）实现了不同需求条件下的交通时空通行权的协同优化

"智慧路口"创新系统，基于嘉定区"一环三路"车联网系统中的车辆轨迹数据，分析交通流与时间、空间、交通需求等要素间的相互作用，能实现不同时间、空间、交通需求条件下的交通时空通行权的协同优化。具体来说，一是突破交通轨迹数据驱动的交通健康诊断新技术。以高精度车辆轨迹数据为新的系统输入数据，从安全、效率、环保、舒适四个角度对交叉路口进行精细化诊断，输出专业并可读的交叉路口指标，使得非专业用户可以简单明了地对交叉路口的现状和问题有所了解，进而基于诊断结果，给出可行的交叉路口时间、空间维度的交通组织、交通信号策略优化方案，运用具有高性价比的数字孪生新技术，减少交叉路口反复大修大建的无

谓投入。二是实施交叉路口与区域性能协同的精细化交通管理新手段。基于车辆轨迹数据，动态实现关键路径、关键节点识别及其交通组织与管理策略的组合优化，运用数据驱动的鲁棒控制方法，保证区域交通状态收敛于管理目标值，指导各交叉路口的交通组织与信号控制优化，降低交通供需扰动的影响，使道路交通系统"主动地"保持在高通行效率的稳定状态。

（六）实现了道路的智慧管养

"智慧管养"创新系统的价值主要体现在以下四个方面：一是市政道路场景的数字孪生。基于三维可视化的市政道路数字底座，将现实环境中的市政道路设施设备在虚拟环境中完全仿真，实现市政道路管理和养护的数字孪生。二是设施设备报警自动分发到不同的所属委办。通过物联网技术监测各类设施设备的养护状态，发现问题后，通过移动互联网技术将各类设施设备的管理和养护问题自动分发到不同的委办，再通过物联网技术监测问题的解决状态，形成市政道路状态监测的自动化闭环管理。三是兼容多品牌、多协议的物联网设备通信模块。针对多品牌、多协议的各类物联网设备定制开发和封装数据接口，形成面向市政道路智能化的物联网数据通信层模块。后续可持续接入其他品牌和种类的传感器，提高管养系统升级的效率，减少研发的人工成本。四是支持接口开放实现数据共享。通过标准化的数据接口，将管养系统的实时数据和历史数据作为参考数据提供给第三方系统，实现安全可控的数据开放，支持专注于特定领域的第三方系统实现市政设施设备的管理养护功能。

（七）提升了市民的出行体验

智慧公交驿站涵盖多种交通场景，如公交巴士停靠、出租车扬招、自动驾驶出租车接驳、自动驾驶公交停靠等，精确提示公交到站时间等，同时也率先实现了车内拥挤度的实时提示。智慧垃圾箱、智能座椅等城市家具结合公交站亭同址设置，功能集中融合，成为智慧型的便民服务中心，可以提供手机充电、公共Wi-Fi、出租车呼叫等服务，为市民提供了有温度的出行体验。

四、启示·展望

（一）启示

在白银路全要素道路改造工程中，坚持问题导向和需求导向，统筹布局公共设施、绿化景观等，根据不同的街道风格进行针对性的设计，做到"高效通行、一步一景"。智慧则主要体现在智慧交通、智慧管养、智慧便民等方面。本工程启动智慧交通和无人驾驶场景的建设，把车路协同的设计融入整个改造过程中，提升道路的智慧化水平，设置了智慧路口、智慧公交驿站、智慧斑马线以及智慧的街区场景等。在建设期提前考虑后期综合管养的需求，通过提前植入智能传感器、对道路进行三维建模，打造数字孪生环境，为后期的运维养护提供精确的数据和便捷有效的管理途径。同时，为形成更具活力的生活空间，白银路的整体改造将按照不同的城市空间布局，分段打造各具特点的示范路段，创造出多功能休憩空间，让整个路段的公共空间充满生机和活力。

（二）展望

打造智慧交通高地是新城建设的重要一环。远香湖中央活动区功能品质整体提升工程项目在全国率先提出"全要素智慧道路"的概念，在整体的实施过程中，既注重全要素的建设，又融入了智慧元素。以区域为单位的"标准+场景"解决方案，对形成可规模化复制推广的模式具有重要意义。未来可将白银路作为全要素智慧道路的样板，持续升级优化，在嘉定区乃至整个上海市进行推广。

治理高效：白银社区"'银'响力"全网通社区治理模式

一、背景·缘起

为了解决城市化进程中带来的这一系列社会管理问题，嘉定区于2013年底率先在嘉定新城核心区西区约20平方公里的区域内推行"镇管社区"模式。白银社区作为其中的七大社区之一，是一个纯城市化管理的镇管社区，面积约为3.87平方公里，现有23个居住小区建成并交付入住，设有6个居委会和2个居委筹建组，涵盖12条河道、7所学校、4个小型商业体、2个景观轴、2个交通枢纽（白银轻轨站、公交总站）、2个医院和1个加油站等重要商业和公共设施。

面对组织形态多元、社会诉求多样、思想意识多变等挑战，白银社区牢牢把握党建引领基层治理，着力推进社会治理创新，构建井然有序、充满活力的社会治理新格局。但在信息化高速发展的形势下，在持续深化基层治理的过程中，白银社区也遇到了一些瓶颈与难题，如辖区内居民参与度不高、居民意见难统一、原治理范围划分急需更新等，这些问题对辖区内的治理模式、治理目标提出了新要求。为解决社区治理中的难题，白银社区将共建共治理念与全勤网格化相结合，探索打造出符合白银超大社区特点的新模式——"'银'响力"全网通共建共治，从社区实际出发，通过组织与资源共建、多样形式与主体共治项目，不断提升白银社区的治理能力和治理水平。

二、举措·机制

白银社区紧扣"党建同心、发展同谋、资源同享、文明同创、公益同行、治安同防"的主题，有效调动辖区各方组织参与的热情，不断引导资源要素向社区集聚,全力推动区域内自治与共治相融合、内生资源与外生资源相互动、服务管理与创新治理相结合,形成"共建、共治、共管、共赢"的社区治理良性发展形态。

（一）引领多元主体同行共建

聚焦转型发展、坚持开放协同,引领多元主体同行共建。白银社区积极打造多元、开放的"同心共治益家人"工作体系,努力提高共建共治整体效应,提升工作能级。

一是梳理共建"肌理",优化组织架构。社区在与辖区内外企事业单位加强沟通交流、取得信任的基础上,以区域化党建为引领,从辖区驻区单位、居民、开发商、物业公司、社会组织等社区主体中选聘社区代表,并分别在2014年初按照常住人口千分之二的比例建立社区代表大会,按照常住人口千分之一的比例建立精神文明、物业管理、治安稳定三个专委会。2015年成立社区共治委员会,2016年组建社区代表团,完成共建共治三级跳跃。同时,社区不断健全共治委员会章程、重大事务共商共决等机制,从制度上将各方力量从原来的"一团麻"拧成"一股绳"。

二是打通共治"脉络",构筑网格平台。构建以社区党总支为核心,以居委（筹建组）、物业、联勤为支撑,以辖区内共建单位、各类社会组织、群众团体为补充的共治体系,按照居委地域范围,科学划分八大网格,网格人员按照分片联系原则,社区正副职为网格指导员、居委书记为网格长、社区"两委"为网格联络员,吸收社区民警、联勤、协管、物业经理、共建单位代表、党员骨干等人员为网格成员,打造"一核引领、多元共治"的治理模式。

（二）引导发展力量同频共振

聚焦内涵发展、坚持联动融合,引导发展力量同频共振。白银社区多措并举推动区域内资源、责任和服务的深度融合,努力激发各单位参与共建共治的内动力。

一是推行区域联席会议,最大限度协商互助。白银社区将辖区内的学校、医院、物业公司等单位以联席会议的形式凝聚起来,以地区性、群众性、公益性工作为内容,通过定期面对面沟通协商提出解决方案,完成了白银路沿街绿化带护栏安装、紫气东来电动汽车充电桩安放、惠民家园健身苑点增建等实事工程。

二是开展项目双向认领,最大限度寻求互联互通。白银社区与华二初级中学、工人文化宫辖区内外企事业单位签订共建协议书,通过契约化方式明确建设"宜居宜业宜人　幸福白银"的公共目标。同时,在结合辖区实际,建立资源清单、需求清单的基础上,制定共建项目菜单交由共建单位认领,并以签订差异化共建项目书的形式确保共建共治常态长效。例如社区与交大附中开展"交分学堂+"项目,与实验幼儿园开展"银火虫小读者俱乐部"项目,与妇幼保健院开展"健康直通车"项目。共建共治项目化的运转使各项工作从有形向有效惠民转变。

三是打造新型服务载体,最大力度促进协同合作。白银社区以居民需求为导向,将共治与自治力量、群团组织与社会组织资源整合,探索推行"银火虫益起来"志愿服务,全面推行以便民赶集日、接待日、巡查日为主要内容的"益公益",以"义安、义志、义帮、义绿"为内容的"益行动",以舞音学堂、笔墨学堂、文化学堂和健康学堂为主体的"益学堂",以"健康进万家""平安你我他""绿色环保行"为项目的"益联盟"。同时,依托网格化治理模式,积极引导居民代表参与社区常态化管理。社区建立了五大督查队,即创城(河道)督查队、物业管理督查队、垃圾分类督查队、商铺管理督查队、类住宅督查队,第一时间发现网格问题、第一时间反映网格问题、第一时间推动网格问题整改。社区共组建巡查队、夜防队、宣讲队等志愿者队伍20余支,通过开展便民利民类、关爱帮扶类、公益风尚类行动,在邻里守望、平安守护、安全维稳志愿服务等公益活动领域凸显作用,有效补充社区服务力量。

(三) 倡导多方携手同心共治

聚焦创新发展、坚持互利共赢,倡导多方携手同心共治。白银社区打出"组合拳",努力提升区域单位归属感和居民群众获得感。

一是打破条块分割,共抓基层党建。白银社区与辖区企事业单位党组织共同组建区域党建联盟,并以"党性锤炼+个性体验+志愿服务+能量传递"为内容，探索推行党员组织生活现场开放点，通过开展党性教育、互动交流等活动，切实推动了党组织之间的优势互补。同时，社区积极集聚党员代表的智慧力量，推行"幸福圆梦"计划，按照居民"许愿"、党员"点灯"的操作程序，在社区群言堂设立心愿墙，大力开展党员微心愿认领活动。该活动自开展以来，落实了高台路停车场改造、轨交11号线白银路站改造、云屏路小广场升级改造、引进辖区第一台银行ATM机等惠民项目，进一步解决了居民们的急难愁盼问题。

二是打破习惯定式，共推文明创建。社区整合共建资源，深入推进"三进六必访"工作法，通过进家庭、进小区、进驻区单位、访喜迁新居家庭、访喜结连理家庭、访喜得贵子（千金）家庭、访喜登金榜家庭、访困难弱势家庭、访消防安全存隐患家庭，将社区百姓"最后一公里"的诉求化为零距离的服务。"三进六必访"工作法的核心包括以下三方面：首先，健全网格、分类部署，对接社区治理"新形势"，包括调查排摸底数、动态联系情况和分类走访定位；其次，聚焦重点、解决难点，提升社区大治理"新成效"，包括通过进单位增进共建共识、通过进小区建设宜居环境和通过进家庭敲开群众心门；最后，服务凝聚、同频互动，营造社区治理"新常态"，包括延伸服务实现有效覆盖、积极协调联动完善服务保障和深化结对共建发挥专业特长。同时，区域单位发挥资源优势，按照"文化闹春、文化消夏、文化庆秋、文化暖冬"的基调，统筹开展"文化四季风"活动，例如辖区学校到居民区举办知识讲座、医院为居民健康义诊等。为促进与共建单位的良性互动，社区进单位提供护院护校、社会实践、志愿导医等精神文明服务。

三是打破思维界限，共促社区治理。围墙内社区推行"四方联动　两级督查"工作，借助镇房管所的力量，以物业管理联动的形式，强力打击违建、群租、非法办学等违法行为，并开展垃圾分类、楼道乱堆物整治等活动，为居民打造安全、整洁、有序的生活环境。围墙外社区依托"三联三整合"联勤工作法，整合马陆派出所、镇综治办、城管中队等力量，共同解决白银路轻轨站车辆停放无序、偷盗案件频发等问题，联手整治跨门经营、乱设摊等城市顽疾，并在驻区单位安装巡更点，建立"联勤工作点"，提供家长开放日安保、防台防汛、清扫清运等服务,有效提高人民群众的安全感、满意度。此外,社区就社会治安、公共安全、住宅管理、社区环境、人口管理等内容与区域内重点企事业单位和个体经营户签订消防安全责任书、无违建责任书、食品安全责任书等,强化监管责任和业主主体责任,确保多方力量共同参与社会管理。

(四) 推动各方参与同行共进

聚焦持续发展、坚持盘活要素,推动各方参与同行共进。白银社区深入挖掘共治自治要素潜能,为社区治理注入活力和动力。

一是多措并举促进社会组织参与。按照"政府扶持、社会运作、专业发展、项目合作"的思路,积极培育发展社区生活服务类、公益事业类、慈善互助类和专业调处类等社会组织。同时,引导社会组织健康有序地参与社区共治,将公共服务承包给与居民需求专业对口的社会组织,精准对接群众需求,为居民群众提供贴心服务。目前社区将邻里中心的日常运营交由振丹社工事务所托管,由事务所接待来访居民、管理活动科室、承接社区活动。同时,联合夕悦公益事业发展中心,设立健康生活馆,邀请专业医师每周为居民提供知识讲座、量血压、测血糖等服务;牵手上海嘉定实蒙早教中心,每周开设免费亲子课程,为年轻父母和宝宝提供亲子早教、亲子阅读等服务。

二是多策并施激发居民自治活力。白银社区在建立并完善各居委党支部、业委会的基础上,进一步打造"一居一品"自治工作亮点。崇信居委会、白银一坊居委会、惠民家园筹建组纷纷推出"义家人""爱之家""惠帮侬"等居民自治项目,常态化开展"民星爱厨房""惠心扬艺手工坊""戏曲沙龙"等向上、向善、向美的自治活动,引导居民自我服务、自我管理,树立居民的主人翁意识。项目自开展以来,以公益志愿、文体活动、社区议事为载体,汇集了社区内的能人,在社区中形成了奉献、友爱、互助的新型邻里关系,使居民的社会责任感、社区归属感不断增强。崇信居委的"义家人"自治项目还获得了"上海培育和践行社会主义核心价值观优秀基层案例"奖。

三、创新·成效

（一）摸索了社区治理"内生"新法子

白银社区着眼于"一网统管"精神，摸索了社区治理"内生"新法子。对于白银社区而言，"一网通办"主要依托镇级社区事务受理中心；在"一网统管"上，社区以"'银'响力"全网通社区治理模式为依托，在原有监控系统、智能安防、雪亮工程的基础上，进一步延伸了"一网统管"在社区治理问题发现、处置和反馈的流程，有效增强了社区的应急处置能力，形成"小事不出网格，大事不出社区"的社区治理格局。

（二）打造了社区治理"共营"新模式

白银社区着眼于"共建共治"能级，打造了社区治理"共营"新模式。白银社区在推出"同心共治益家人"品牌项目，实现社区共建共治共享的同时，打造"六位一体"即职能部门、社区、共建单位、居委、民警联勤、党员群众的新型社区网格治理模式，较好地整合了社会资源，形成了社区强力推进、居委协同前进、共建单位紧密配合、职能部门大力支持、民勤联勤依法支撑、党员群众积极参与的良好局面，充分体现了共建共治共享的治理理念。

（三）开辟了社区治理"精细"新路子

白银社区着眼于"城市管理"要求，开辟了社区治理"精细"新路子。白银社区紧扣城市精细化管理的基本要求，持续推进力量下沉，打通街镇、社区、居委、企事业单位、居民群众的条块关系，在解决人民群众最关心的"老大难"问题上下功夫，有计划、有步骤地做到了社会治理能力的提升，确保人民群众安居乐业和社会和谐稳定，在科学化、精细化、智能化上苦练"绣花"功夫，初步探索出一条具有白银特色的"融""汇""贯""通"之路。

四、启示·展望

（一）启示

一是上下一心，强化理念，共治意识持续深化。"银响力"的含义为：以白银社区党建为引领，带动社区中的各类主体积极参与社区治理，形成

"镇管社区"白银共建共治共享的整体合力和影响力。该模式坚持党建的全面领导,以全员、全天、全域为载体,以网格化、网络化、网联化为手段,以通分、通办、通报为目标,围绕"绘好一张图、编织一张网、建立一机制、拧成一股绳"的主线,积极组织辖区内共建单位、民警、物业、居委、联勤、党员、居民代表等,通过区域网格划分、线上全勤监控、部门联动解决等方式,将社区的重点工作、居民的热点需求、治理的难点问题,通分理、通办理、通报理,建设人人有责、人人尽责、人人享有的社会治理共同体。

二是里外同步,细化网格,共治基础更加牢固。严密的组织网络是"'银'响力"模式的组织保障。通过"绘好一张图",即网格分布图,以社区管辖区域图为基准,打破了原有小区和联勤队员四至范围壁垒,明确网格内学校、医院、河道等区域重点,将类住宅以就近原则纳入周边居委管理。"编制一张网",即人员网格图,各网格由"一正三副"分别担任网格指导员、各居委(筹)负责人为网格长,网格内共建单位、民警辅警、物业、居委、联勤、河道负责人、党员和居民代表等为网格员,实现网格人员全覆盖。同时,根据全年重点工作,细化制定创城、垃圾分类、河道、护院护校、联勤网格图,进一步细化网格区域,缩小网格半径。

三是内外联动,优化制度,共治成效全面推进。建立网格长效机制体系,包括联席会议制度、发现预报制度、走访问需制度、办结反馈制度、服务提案制度和督导奖惩制度。其中,联席会议制度,即每季度由网格所属居委党支部负责组织召集网格成员召开联席会议,采取一事一议的形式,遇重大问题可临时召开会议,主要负责传达上级有关社区治理会议和文件精神,研究部署当前社区治理工作的各项任务,协商解决社区建设、管理、服务等重要事项。发现预报制度,即"社区—共建单位—居委—居民代表—联勤—督查队"六位一体,白银社区书记作为总体责任人,网格指导员作为第一责任人,网格长作为二级责任人,对网格成员发现的各类问题,负有协调、沟通责任,制定发现预报单和发现问题流程单,扫除社区治理中的"盲区"。走访问需制度,即坚持问题导向、需求导向、民生导向,以"三进六必访"为重点走访对象,通过网格组长联系辖区居民小区,网格组员包干小区楼组，深入开展走访问需解难活动。办结反馈制度，即为确保网格内发现的问题得到及时处理，按照自行解决、牵头解决、不能解决三种情况，建立一个月、一季度问题办结反馈机制。服务提案制度，即网格团每年承诺办实事不少于4件，并于年初对将实施的实事项目进行公布。同时，以网格为单位，围绕社区中心工作，组织网格成员开展调研活动，通过认真分析研究，提出改进措施，形成工作建议或调研报告，并交由社区代表大会审议。督导奖惩制度，即社区成立六大督查队，负责对社区的重点工作情况进行日常督查；居委成立"小纪委"，对网格成员的尽责情况进行督查；同时，激励先进典型，收集好的案例进行宣传，开展年终评优表彰活动，营造见贤思齐的良好社区治理氛围。

（二）展望

在社区治理的雄关漫道上，白银社区将继续秉持"多元协同开放、多方联合联动"的工作思路，优化"全区域统筹、多方面联动、各领域融合"的工作格局，延伸"一网统管"内涵，将共建共治理念与全勤网格化相结合，加大区域资源整合力度，注重在共赢中凝聚共识、在合作中增进感情、在参与中激发活力、在服务中实现引领，以实实在在的工作举措推动共建共治不断融入发展、融入群众，力争形成"共建、共治、共管、共赢"的社会管理格局，努力谱写"服务完善、管理高效、文明祥和、平安稳定、生态宜居"的白银社区新篇章。

活力空间：真新街道"南四块"街坊局部调整

一、背景·缘起

真新街道"南四块"街坊位于苏州河内外环段的最西段，是苏州河中心城区的北岸起点，也是苏州河畔面积最大且功能完整的滨水绿地、历史风貌格局较为完整的工业遗存。编制规划前，在土地使用方面，"南四块"以工业用地、仓储用地和其他交通用地、公交场站用地和公共绿地为主，土地权属复杂。其中，国有土地分属上海市纺织运输公司、上海交运集团和上海电气集团股份有限公司三家国企，集体土地为真新街道集体土地。在建筑使用方面，"南西块"内有历史肌理和格局较为完整的工业厂房，金沙江路南侧的建筑基本都在正常使用中，国金体育中心、上海化工物品汽车运输有限公司和上海建丰混凝土有限公司等建筑仍在使用中，其他现存建筑则处于空关闲置中。在生态资源方面，"南四块"位于外环绿地与吴淞江楔形绿地交界处，是吴淞江楔形绿地的组成部分，地块内集聚吴淞江（苏州河）、西浜、范兰浜等三条河流水系。

随着上海2035新一轮总规的批复和一江一河规划的公示，上海加快推进苏州河两侧生态空间建设，"南四块"规划区的功能定位由外环内大型集中绿地提升为苏州河滨河地区中心城区段的西部门户节点，由此成为区域联动发展之窗、全球城市展示之窗和引领地区发展之窗。"南四块"规划区通过打造绿地、水系等生态基底和文化基地，充分体现上海作为全球城市的生态魅力和人文魅力。其借势大虹桥，依托虹桥枢纽的交通辐射，形成服务于长三角的产业功能，促进区域联动发展；通过高品质的公共空间和产业的打造，形成西上海地区地标和名片，引领地区更新转型发展。

"南四块"规划区在自我更新提升的同时，顺应上海对于工业遗存的更新改造政策，加快大型城市公园的建设，充分考虑活力开放空间及慢行交通系统的建设，增强公共开放空间的服务范围和影响力，利用自身区位优势，加强滨河地块商务、文化休闲、展示和商业服务等功能，形成富有活力的滨河公共开放空间。

二、举措·机制

（一）通过设计大赛征集优秀规划方案

自2017年底以来，嘉定区规划资源局（以下简称规资局）着手开展了真新"南四块"的规划研究工作，前期进行了项目策划和城市设计，明确项目定位和城市更新调整路径。2018年8月，"南四块"规划方案被纳入上海市城市设计挑战赛，定稿规划方案整合了评选出的城市设计优秀方案；同年9月份，规资局同步启动了局部调整前期评估工作，并形成了《上海市苏州河滨河地区控制性详细规划cn001、jd0036a、jd0036b、jd0036c、jd0036d街坊局部调整评估报告》，对调整地块的规划、土地情况、转型发展需求进行了梳理，提出评估建议，包括在土地使用上落实开发用地和河道蓝线、优化用地布局、完善用地结构等，增加公共服务设施、科研和停车设施等配套服务设施，适当增加建筑高度，打造标志性建筑，提升地区形象，联动苏州河两岸完善慢行交通、提升公众慢行体验等内容。经嘉定区人民政府和市规资局审议，《上海市苏州河滨河地区控制性详细规划cn001、jd0036a、jd0036b、jd0036c、jd0036d街坊局部调整》于2019年12月17日经沪府〔2019〕82号文批复。

（二）追求科创与自然相结合的更新理念

"南四块"规划区建筑在设计理念上追求科创与自然相结合，依托地铁与公园资源，通过合理布局慢行系统，打造以步行驱动为主的环境友好型建筑空间；实现工业遗产与新建建筑的对比与融合，用现代空间还原历史记忆，真正做到激活既有建筑；以点带面，立体生长，巧妙处理目的性商业受众与周边人流的动线关系，构筑立体交通廊道，灵活考虑不同人群使用城市资源的独立与共享关系，塑造人性化的城市关怀。公园绿化设计在策略上注重生态环保与可持续发展,延续场地历史记忆,提升场地经济价值。

(三) 构架"一轴、两带、多区"的空间景观

"南四块"规划区整体空间景观构架为"一轴、两带、多区"。"一轴"指通过丰庄西路延伸进入场地内的动线;"两带"分别指苏州河的滨河景观带与范兰浜的生态休闲带;"多区"指由"一轴两带"共同串起的各个活动区域。

(四) 布局多层次、多类型的公共空间

公共空间作为城市各功能部分的连接体,能够促进居民增加室外活动,加强人与人之间的交流,增强城市活力,同时营造城市的良好形象,提升空间环境质量。"南四块"规划区通过不同类型的公共空间相互衔接、有效过渡,体现对人流活动路径的呼应和引导,通过营造公共空间——半公共空间——半围合空间——建筑内部空间的层次过渡,构建多层次、多类型的公共空间体系。

(五) 打造文化彰显、人气聚集的标志性景观空间

公共绿化是重点地区的标志性景观空间。"南四块"规划区重点关注"滨河公共空间贯通""工业遗产保护",通过关注人的行为、对大数据的研究来提升公共空间的整体品质,置入新的功能和活动,传承工业文化,以此推动苏州河沿岸的功能塑造和慢行贯通,将其打造成为文化彰显、人气聚集的滨河活力空间。

"南四块"规划区依托工业厂房保留改造、轨道交通13号线、苏州河畔生态资源以及虹桥空港毗邻区范围优势,将地块内的公共绿地打造成一个综合性公园,使其成为北虹桥新生活的载体。规划建设开发用地统一以点状塔楼为主体、配合底层多功能群房的布局形式。由于建设用地北面面宽较窄,以东、西、南三个界面为主,因此在建筑布局上,"南四块"沿河的东立面注重平齐、均匀、统一的城市界面,而西向与南向由于面向公园,平面关系相对开放且错落有致,形成有活力的城市肌理。其二层顶部的共享平台以屋顶绿化为主,作为教育科研建筑内部的休憩空间,与内部庭院、公园人群均能形成视线上的互动。而西侧的下沉广场则设置为地铁口、新建建

筑与保留建筑之间的纽带。

（六）建立多部门、多事项协同推进的工作机制

嘉定区规资局发挥统筹协调职能，积极与区各职能部门协调推进"南四块"的整体地块建设，严格按照时间节点，做好相关工作；积极联络、及时对接嘉定区绿容局；对涉及与长宁区交接的8.8亩飞地，与长宁区积极沟通，加强了两区之间的合作；在地块充分开发与利用方面，形成了与苏河源公园建设时间节点上的同步；同时贯彻边建设、边招商、边服务的"零时差"招商服务模式，在同步推进地块开发建设过程中，就相关后续工作提前做好准备，实现"南四块"项目推进工作同频共振。

三、创新·成效

（一）征收多处腾地

"南四块"区域规划总用地面积达36.21公顷，根据项目推进方案，真新街道于2021年5月13日完成5.3公顷科研用地拆房腾地工作。目前国有土地上的3家国企（上海电气集团、上海纺织控集团、上海交运集团）已全部完成房屋土地征收补偿，其中涉及的2家租赁企业国金体育中心、建丰混凝土搅拌站分别在2022年6月底和8月底租赁合同到期后交房；集体土地上的4家企业（3131创意园区、上药集团新亚医药公司仓库、峰竹园金属制品有限公司、上海嘉翔废旧物资回收站）已于2021年11月底前全部签订征收补偿协议，提前完成2021年度上海市民心工程相关任务目标。

（二）进行多地规划

"南四块"规划区在13号线丰庄路地铁站附近布局面积不超过5.3公顷的教育科研设计用地，地上总建筑面积约23.6万平方米，金沙江支路以北建筑高度控制在48米（吴淞高程）以内，金沙江支路以南建筑高度控制在45米（吴淞高程）以内。公共绿化用地面积达22.50公顷，确保区域的生态核心功能。北地块金沙江航空智谷项目用地面积约为43 249平方米（其中8 110平方米为保留建筑占地），项目总投资初步估算为26亿元人民币，于2021年7月29日摘牌北地块并签订土地出让合同，12月15日取得桩基施工许可证，2022年1月组织进场试桩。北地块真新街道于2021年5月启动地下出让地块上的金沙3131园区动迁前期工作，7月完成与园区征收补偿协议的签订，并安置相关优质企业。2022年1月3日已拆除园区全部房屋，目前正开展垃圾外运工作。真新通航产业园项目用地面积约为9 749平方米，2021年上半年已完成项目立项、建筑方案初稿完成、用地范围绘图及规划签章等工作，7月上旬收到出让确认函，8月南地块完成招拍挂审批办理，12月通过市规资局净地调查。通航公司于2022年1月4日摘牌南地块，正等待土地移交。

（三）推进园区招商

2021年9月15日，嘉定区投促工作领导小组召开真新"南四块"专项政策支持会议，确定由上海航空智谷管理有限公司及上海经佳文化产业投资股份有限公司作为苏河源航空智谷园区招商主体。真新经济城有限公司已于2021年12月8日与经佳文化签订招商引资合作协议（上海航空智谷管理有限公司因还未注册成立，暂未签订招商引资合作协议）。目前真新经济城已安排专人对接经佳文化招商团队，目前正积极开展招商工作。

"南四块"融合街道指导性功能和园区创业性需求，建立统筹谋划、分工负责、协调配合的创建工作机制，汇集资源、搭建平台、落实政策、延伸服务，形成完善的创业帮扶体系，打造"南四块"新兴产业集群，实施"做身边的创业家"计划，为真新全体创业者提供量身订制的服务。根据创业企业的需求及时调整政策服务举措，政策服务范围从真新注册企业拓展至在真新办公及居住的创业者。以3131电子商务创意园和枭林·梦工厂"两园"为服务主阵地，孵化企业550家，税收额从最初的300万元达到目前的1.5亿元，保持每一至两年孵化一到两家上市企业的频率，与复旦大学、浙江大学、华东理工大学等高校合作引进百余个创业项目。此外，注重打造服务型创新创业品牌，将321创业节、"创·真新"创新创业活动系列品牌和上海8090创新创业大赛，打造成为创业者对接资源及展示的重要活动平台。以3131创意园区和真新街道创业实践基地为主阵地，构建"线上＋线下"平台结合的阵地模式。十多年来，金沙3131、曹安3131和梅川3131

园区形成"三足鼎立"的电子商务发展架构,抢抓全市首轮电商发展机遇,并培育孵化了多家知名品牌企业,形成了"电子商务主园区＋多个孵化基地"的产业分布态势。

四、启示·展望

(一) 启示

"南四块"开发,系统性推进功能布局、招商引资和形态建设等各项工作,充分挖掘项目周边的独特资源,发挥地理优势,讲好苏州河上的"地标故事"。通过精细化实施工业遗存的保护性开发和利用,"南四块"已被打造为生产、生活、生态"三生"融合的城市新空间。针对设计范围开展城市设计与绿地景观设计,"南四块"重点关注"滨河公共空间贯通""工业遗产保护",通过对人的行为的关注和对大数据的研究来提升公共空间的整体品质,置入新的功能和活动,传承工业文化,以此推动苏州河沿岸的功能塑造和慢行贯通,将其打造成为文化彰显、人气聚集的滨河活力空间。结合工业遗产的保护和更新,"南四块"关注绿地的生态性、系统性和参与性,基于绿地贯通滨水公共空间,塑造特色公园;关注地区活力和品质提升,开展功能复合、绿城融合、顺应居民活动方式的城市设计。

(二) 展望

"南四块"开发紧紧围绕"争当高质量发展标杆,打造上海新城样板"的战略目标,加快对接虹桥国际开放枢纽、主动服务嘉定新城建设,以管理好资源、服务好市民为主攻方向。以苏河源(南四块)开发为牵引,全力打造真新的产业亮点,凭借苏州河入城第一湾的自然禀赋和"沿岸工业遗存"的人文条件,主动站在"传承过往、托起当下、着眼未来"历史交汇点,持之以恒地在"上海智造、上海品牌、上海服务"上深耕发力,逐步构筑嘉定特质、真新特色的产城融合发展带。

"南四块"开发着眼于战略机遇,以"苏河源"为统一标识,四位一体打造制造上海、文化上海、服务上海、购物上海"四大品牌",再创一个动能培育加速期,构建未来发展的展示厅。借势大虹桥,依托虹桥枢纽的交通辐射,形成服务于长三角的产业功能,促进区域联动发展。以规划区为载体,通过鼓励存量工业用地更新转型,带动地区公共绿地建设与滨河空间开放,实现地区公共绿地方案与新建建筑统一设计、公共绿地建设与功能性开发同步推进,加快完成滨河公共空间对外开放的目标。

"南四块"开发着眼于软硬兼施,赓续"比学赶超、真新真行"精神,构建党建引领、公正法治、包容多元、细节中彰显人文关怀的城市软实力,再创一个守正创新迭代期,打造人才汇聚的烽火台,以"攥指成拳"的能量,努力赢得"百姓点赞"。同时,做好地区空间形态、功能内容与生态环境的有机融合,通过高品质的公共空间和产业的打造,形成西上海地区地标和名片,将苏州河真新段沿岸打造成为"宜居、宜业、宜游、宜乐"的现代生活示范水岸,实现工业锈带向生活秀带、发展绣带的转变。

智慧监管：嘉定智慧工地数字化管理

一、背景·缘起

2017年，上海市发布了《中共上海市委、上海市人民政府关于加强本市管理精细化工作的实施意见》，意见要求全面强化工程质量安全管理，然而一段时间内这项工作未得到相应的重视。直到2019年上海市"昭化路"坍塌事件发生后，人们才进一步关注到如何全面加强建设工程项目质量的安全监管。上海市住建委先后几次提出要通过科技化手段强化工地现场管理，防止工地发生安全事故。嘉定区积极探索"互联网＋监管"的新型监管模式，在广泛调研的基础上，落实加快推进"一网通办""一网统管"工作，开发了建筑工地智慧管理平台，通过平台来有效提高辖区内建筑工地的监管水平。

为进一步提升建筑工程质量，加强工地安全管理和规范用工管理，2021年3月1日区建管委出台了《嘉定区建筑工地智慧管理平台实施方案》（嘉建管〔2021〕4号），初步建立了区建筑工地科技化、智慧化、精细化管理体系。2022年2月17日区建管委又下发了《上海市嘉定区建设和管理委员会关于统筹推进建筑工地复工复产和智慧监管工作的通知》（嘉建管〔2022〕7号），全面加快智慧管理平台接入进度，扩大平台覆盖面。同年6月1日，根据《上海市住房和城乡建设管理委员会关于全面统筹做好建筑工地常态化疫情防控复工复产和安全生产工作的通知》（沪建治安〔2022〕215号）要求，区建管委进一步推进建筑工地和生活区出入口、临时隔离区、工程最高点（或塔吊处）等处安装视频监控，同时将视频监控信号接入市级和区级监管平台。

基于此，智慧监管是在高度信息化的基础上，对"人机料法环"的全面管控，使得工作信息互联互通，通过数据帮助管理者决策分析的信息化技术手段。智慧工地需要聚焦施工现场,综合运用5G技术、云计算、移动互联网和物联网等软硬件信息化技术,对施工生产、原材料供应采购等管理过程加以改造,提高工地现场的生产效率、管理效率等,实现工地的数字化、精细化、智慧化管理。

二、举措·机制

"智慧工地"将终端传感器植入施工现场场地监控、机械设备中,形成物联网,再通过互联网整合,满足施工现场复杂多变的需求,保证信息化的即时性和有效性。其应用与发展也获得了越来越多建筑企业的重视,传统的施工现场管理方式粗放,存在或多或少的问题。如何加强施工现场安全管理、降低事故发生频率、杜绝各种违规操作和不文明施工、提高建筑工程质量,成为摆在施工企业面前的一项重要课题。

(一)全面应用科技赋能

"智慧工地"将人工智能(AI)、大数据(BD)以及物联网(IOT)等技术相结合,通过传感器数据采集技术、3G/4G/5G无线网络技术以及视频监控等手段,实现对现场施工人员、机械设备、基坑等危大工程、环境的实时管理,有效获取位置信息、时间信息、轨迹信息、运行参数等,及时发现遗漏的异常行为,实现自动化监管设施联合行动,提高应急响应速度和事件处置速度,形成人管、技管、物管、联管、安管五管合一的立体化管控格局,变"被动式管理"为"主动式智能化管理",有效提高了施工现场的管理水平和管理效率,实现了项目资源信息与基础空间数据的有机结合,构造了一个信息共享、集成的、综合的工地管理和决策支持平台,最终实现经济和社会效益的最大化。

(二)全方位建设数据监管

数据的集成和分析使平台拥有"五觉":"视觉"——运用摄像头,收集工地的视频数据;"听觉"——收集工地的噪声监测数据;"嗅觉"——收集工地的扬尘数据;"触觉"——收集传感器监测的塔吊应力、扭矩等数据及深基坑的相关数据;"感觉"——运用人工智能深度学习。对以上数据进行综合分析，全面的数据收集为深入分析区内建筑不同功能性分布、建设情况、施工存在问题奠定了坚实的基础，为进一步探究事先预防监管模式创造了可能性，为提升建筑工地施工安全和质量提供了有效途径。

（三）全天候差别化管理

通过视觉、听觉、嗅觉、触觉和感觉，工程监管部门可以全天候随时随地掌握每个工地安全施工、文明施工、按质量标准施工、合法用工的情况，合理规避了有限人员、有限时间等辖制强化监管的人为弊端。同时，工程监管部门能够根据工地现场管理水平，合理安排巡查计划和检查重点，针对性管理不同建设项目。通过及时发现问题并督促施工单位、项目负责人及时整改隐患，杜绝各种违规操作和不文明施工现象，促进安全生产和工程质量管理。

三、创新·成效

随着工程建设总量的节节攀升，项目分布范围愈加广泛，而监管力量捉襟见肘的现状给监管部门带来了巨大压力。在工地巡查中，经常发现被检查对象的受检资料遗漏或造假、部分现场管理人员一职多岗等现象，管理平台将致力于解决监管对象安全意识薄弱、责任意识欠缺、主动意识不强的不足。同时，以创新方式助力管理主体破解监管工作量大面广、监管措施相对欠缺、专业技术水平亟待提高等难题，最终形成实时、精准的高水平工地监管体系，实现政府、建设方、施工方、监理方等多方共赢的局面。

（一）架构七大功能模块

2020年，嘉定区建筑工地智慧管理平台基本完成开发，建立了安全管理、质量管理、材料管理、巡查检查、人员管理、应急管理以及信息发布的七大功能模块。安全管理模块将通过视频监控数字化管理、塔吊数字化监控管理及扬尘数字化管理等，强化施工现场安全文明施工管控。质量管理模块针对装配式建筑结构灌浆施工进行视频监控管理，并运用智能AI图像分析灌浆孔饱满状态，尽可能避免装配式结构灌浆不饱满的问题出现。材料管理模块的目的是实现建筑建材检测机构与建筑工地管理部门联动，实现实时查询在建项目材料检测情况。巡查检查模块结合三级巡查制度,将日常巡查、二级巡查、三级巡查情况分类存档,并对其中发现的问题及工具的行政执法措施单进行量化分析,为监督机构发现普遍质量问题、安全施工隐患和突出重点施工问题提供分析工具。同时,运用电子化设备,实现建筑工地巡查现场办公,将所有巡查检查情况电子化存档,切实实现了监督监管数据可追溯,既节约了传统纸质监管档案,又有效避免了人为干扰因素。人员管理模块切实关注务工人员的实际利益,要求全面实行实名制台账管控,对所有建筑工地在场务工人员进行登记,进一步为务工人员薪资按时、按要求发现提供了保障,为根治拖欠农民工薪资顽疾探索了另一条可行路径。应急管理模块联动施工现场人脸识别考勤系统,通过对进入施工现场的人员考勤并测温,进一步巩固完善了疫情防控常态化管理。同时在防汛防台期间,利用施工现场内视频监控系统,对工地现场人员紧急撤离和安置情况进行监管,切实守住工地人员生命安全底线。信息发布模块充分利用智慧平台的便捷性,将建设相关政策法规文件、行政处罚、文明工地、区优质结构评审情况向相关工地进行推送、公示,进一步激发建设项目各参建单位评优创先积极性,提高行政执法的透明度,全面提升政府执法公信力。

(二) 提供全面数据支持

建筑工地智慧管理平台的主要功能涉及安全管理、质量管理、材料管理、巡查检查、人员管理、应急管理和信息发布共七个方面。智能AI通过视频图像、数据分析,对现场务工人员未按规定佩戴安全帽、塔吊力矩、倾斜角度等存在的安全文明施工隐患问题,做出预警并提醒项目负责人及项目监督人员对发现的问题进行封闭整改。同时,充分发挥监理现场监督职能,强化监理旁站书面、影像资料管理,切实有效提高装配式建筑关键节点的施工质量。2021年,区建管委同步将建筑工地进出入口、宿舍区、办公区域三区视频接入管理平台,对建筑工地封闭式管理开展巡屏检查,实时掌控工地人员情况,全力压实建设单位、施工单位、监理单位三方管理责任,有效遏制建筑工地疫情的发生和扩散。工地现场接入的视频数据、扬尘监测数据、噪声监测数据、智能AI识别数据等，为分析建筑工地实际管理成效提供了数据支撑。

（三）推动政策出台落实

2021—2022年，区建管委先后出台了《嘉定区建筑工地智慧管理平台实施方案》（嘉建管〔2021〕4号）和《上海市嘉定区建设和管理委员会关于统筹推进建筑工地复工复产和智慧监管工作的通知》（嘉建管〔2022〕7号），要求在区属范围内施工工期超过3个月的建筑工地，按照实施方案全面实行智慧监管。通过分批次推进、分阶段实施，截至2022年12月，建筑工地智慧管理平台已接入在建工程144个，同时建立了超过50 000人的劳务用工人员数据。智慧监管平台为进一步提升建筑工程质量，加强工地安全管理和规范用工管理，为嘉定区建筑工地智慧化、精细化管理打下了坚实的基础。

四、启示·展望

（一）启示

一是精细化监管的必要性。经过对建筑工程项目监管数据以及各大事故资料的分析发现，以往建筑业粗放式监管存在着高度人为影响、不稳定性等缺点。为切实防范安全生产事故，确保人民群众生命财产安全，精细化监管转型迫在眉睫。同时，为切实落实"人民城市人民建，人民城市为人民"理念，积极响应广大群众日益强烈的提高建设项目施工安全、质量需求，有效降低建设项目质量、安全信访投诉率，将人为监管模式转变为科技智能化监管模式已成为当务之急。随着信息技术的不断进步，建筑行业正朝着数字化和智能化的方向发展：首先，要加快推进智慧工地建设，结合文明工地创建，加强智慧工地管理模式的推广和应用，全面提升嘉定区工地的安全质量和文明施工管理水平。其次，要聚焦行业监管重点，从危大工程、大型机械、深基坑等工地监管重点和难点出发，推进AI智能识别、机械监测等智慧管理系统试点运用，提高安全监管效能，切实减少事故的发生。最后，要运用智慧监管平台，实现政府远程可视化监控，实时掌握工地现场情况,提高政府监督管理效率,创造信息化监管新模式,为建设行业高质量发展提供更加坚实的支撑。

二是数字化转型的必然性。近几年,数字化发展已经成为国家战略,数字技术的应用将是各行业面向未来非常重要的战略选择。部分施工总承包企业不仅仅制定了公司的发展战略,对企业数字化规划的重视程度也越来越高。近两年施工总承包企业逐渐意识到项目是核心,只有项目成功了,企业才可以良性发展。以提升项目现场的数字化水平来逐步提升项目整体管控能力是数字化的重点。经过数十年的发展,建筑业已逐步从依靠人力施工向依靠机械智能化施工转型,这也给如何强化建设工程监管提出了新的课题。管理平台通过运用科技化手段,不断丰富监管要素,弥补人为监管的不足,从"人""机""物""法""环"五个维度,实时、精准地反映建筑工程项目施工现场的真实情况。

三是深度化管理的可行性。为便于推广智慧监管模式,建筑工地智慧管理平台全面利用工程项目既有设施设备,譬如塔吊黑匣子或吊钩视频、工地现场监控视频以及扬尘监测设备等,在基本不增加参建单位建设成本的原则上,深入分析监控数据,通过提前预警、及时处置、闭环管理,以期达到深度监管的效果。管理平台协同各行业主管部门,逐步完善渣土整治、信用体系建设等应用场景,采取多层级、全方位、立体式的管理模式,通过信息共享、问题推送、处置闭环,全面加强对建设工程安全、质量、市场行为的监管。

(二) 展望

"智慧工地"通过运用各类信息化管理系统,让工地人员、安全质量、机械、进度、环境监测等各项管理过程实现了可视化展示与数据化记录,提高了管理效率。例如在工地大门设置人脸识别系统,自动进行工人考勤;通过AI系统,自动识别工人未佩戴安全帽、吸烟等安全隐患;VR安全教育让工人身临其境体验安全事故;设置塔吊起重监测,能够对超重情况进行报警,及时提醒管理人员;通过吊钩视频监控吊点情况,切实提高起吊安全性。

一是建设工程项目全覆盖。在不久的将来，建筑工地智慧管理平台将把全区所有建设工程项目纳入监管，不仅包含工业建筑、民用建筑、市政工程项目，还将包含装饰装修项目等。建立"一工地、一档案"的管理制度，全面梳理在建工程项目，形成全要素、全体系数字监管档案，确保所有建设项目不遗漏，并实时更新建设项目进度，全面实现"一屏观建设"。

二是平台功能模块再升级。在管理平台的使用过程中，不断丰富功能模块，完善预警、处置、公示等管理闭环制度，切实弥补管理缺项。根据建设发展趋势，升级应用场景，完善管理平台功能的再升级，重点关注渣土处置、信用管理等管理需求，为切实解决各职能部门管理所需提供解决方案。

三是部门协同监管再丰富。优化信息交互系统建设，充分发挥管理平台联席处置优势，跨部门联合执法线上、线下同步联动，促进各职能部门信息推送、共享，形成跨部门的协同管理模式，进一步发挥部门合力，全力形成全区网格精细化管理大格局，共同推进嘉定建设向高质量发展。

案例评析

新城建设是破解长期以来困扰中心城区与郊区关系的重要路径,是破解城市发展不充分和不平衡的重要抓手,是超大规模城市谋求内生式发展的新篇章。嘉定新城对标国际化大都市新城发展模式,率先践行智慧城市、低碳城市、韧性城市等"最现代""最生态""最便利""最具活力""最具特色"的理念,运用最前沿的技术、发展最先进的产业、打造最宜居的环境,正努力成为上海承担国家战略、服务国内循环、参与国际竞争的重要载体以及"五个人人"的重要实践地。

"产城融合、功能完备、职住平衡、生态宜居、交通便利、治理高效"是上海新城发力的要求。"产城融合"要求产业发展与新城建设紧密结合,在构建特色鲜明、协同发展的产业体系的同时,产业与交通、医疗、教育、文化等领域实现联动发展、相互促进。"功能完备"要求完善新城的基本功能,与中心城区、长三角城市群功能互补、相互赋能,打造独立的产业生态圈,探索完善新城发展新模式。"职住平衡"要求通过合理配置各类用地、优化住宅空间布局和加快建立多主体供给、多渠道保障、租购并举的住房制度等措施,推进居住与就业空间协调发展,打造职住平衡新城典范。"生态宜居"不仅要打造绿色低碳和美丽宜人的生态环境,形成优于中心城区的蓝绿交织、开放贯通的"大生态"格局,还要打造宜居便利的居住社区,加强基础设施和公共服务配套建设,推动市政公建配套设施与住宅建设同步发展,更好发挥新城大型居住社区吸纳人口的功能。"交通便利"要求形成支撑"30、45、60"出行目标的综合交通体系基本框架,加快形成与外省市联系直接高效、新城之间网络顺畅、新城内部完善便捷的交通体系。"治理高效"要求创新治理方式,破除制约新城发展的体制机制障碍,通过体制创新、管理创新,持续增强新城发展动力、活力和韧性,实现城市管理精细化、智能化和社会治理协同化、透明化发展。

从民生改善和民生福祉的角度来看,生态环境质量直接决定着民生质量。街道作为基层社会治理的主阵地,面对人民群众在生态环境方面的热切期盼，建设"花园式"社区逐渐成为高效且符合实际的工作措施，也是"以人民为中心"发展思想的有力体现。案例《生态宜居：新成路街道"花园式"社区居住品质》中，新成路街道坚持绿色发展理念，以园林街镇创建为抓手，通过多维度布局、全方位动员、各领域参与，先后对辖区街角绿化、水面空间、小区花园等实施改造提质，切实提升辖区绿色生态环境，接着又举办"蔷薇花节"，着重挖掘"花经济"的新兴文化和旅游消费潜力，以"赏花+"模式有效推动辖区经济社会各领域全面"开花"，用绣花功夫实现华丽蜕变，打造"有质感的街区、有幸福感的社区"，开启宜居生活的新华章。

交通是经济发展、人文交流的重要脉络和纽带。用智慧管理的手段打通城市"大动脉"，畅通城市"毛细血管"，提高城市的交通组织运行效率，规避安全风险，将使人们的出行更加高效、便捷、舒适。案例《交通便利：远香湖中央活动区功能品质整体提升工程》中，白银路作为远香湖中央活动区功能品质整体提升工程的示范路段，融入"全要素智慧道路"的理念，通过通行设施、道路设施、智能交通体系、道路全周期管理、绿色低碳、街道景观等多方面的改造提质，实现了"高效通行、一步一景"以及智慧交通、智慧管养、智慧便民，不仅促成了多种技术的创新，还推动了多项地方性标准的形成，为智慧交通提供了嘉定样板，将积极推进城市的数字化转型。

面对组织形态多元、社会诉求多样、思想意识多变等挑战，着力实现社会治理创新将有助于构建井然有序、充满活力的社会治理新格局。案例《治理高效：白银社区"'银'响力"全网通社区治理模式》中，白银社区着眼"一网统管"精神、"共建共治"能级、"城市管理"要求，以党建引领，带动社区中的各类主体积极参与社区治理，形成了"镇管社区"白银共建共治共享的整体合力和影响力。在这种创新的治理模式中，白银社区将共建共治理念与全勤网格化相结合，按照"区块联动"原则，将居委划分为网格，打破原有小区和联勤队员四至范围壁垒，明确网格内学校、医院、河道等区域重点，同时建立了联席会议、发现预报、走访问需、办结反馈、服务提案和督导奖惩制度，将社区的重点工作、居民的热点需求、治理的难点问题，通过"发现上报、网格分理、处置反馈、任务核查、评价归档"五步闭环式流程，进行解决办结反馈，形成"小事不出网格，大事不出社区"的社区治理格局，有效地发挥了优势，推动了社区的高效能治理。

充满活力的居住生活空间在提升居住品质的同时，将有助于集聚高素质人才。案例《活力空间：真新街道"南四块"街坊局部调整》中，"南四块"在自我提升更新的同时，通过鼓励存量工业用地更新转型，带动地区公共绿地建设与滨河空间开放，实现地区公共绿地方案与新建建筑统一设计、公共绿地建设与功能性开发同步推进，加快实现滨河公共空间的对外开放，促进了富有活力的滨河公共开放空间的形成。

建设工程项目质量安全监管是保证新城建设各类项目安全有序推进的重要前提。案例《智慧监管：嘉定智慧工地数字化管理》中，有关部门在广泛调研的基础上，积极探索"互联网＋监管"的新型监管模式，开发了建筑工地智慧管理平台。该平台通过全面应用科技赋能、全方位建设数据监管、全天候差别化管理，有效提高辖区内建筑工地的监管水平，同时为疫情防控提供了重要支持。

PART 4

公共服务篇

引　言

　　党的二十大报告指出"健全基本公共服务体系,提高公共服务水平,增强均衡性和可及性"。人民群众对于美好生活的最直观感受就来自公共服务。近年来,党和政府更是不断提升公共服务水准、完善公共服务体系,特别是伴随着上海市在城市治理中对于"人民城市"理念的深刻践行,嘉定区多层次、立体式地推进公共服务体系的建设。我国现阶段社会主要矛盾的变化意味着公共服务体系的建设必须从横向的服务普及到纵向的层次差异进阶,即既要有基本的保障性服务,又要有高质量的差异化服务。从推进而言,公共服务体系的建设包括两大核心维度,分别是"人本"与"技术"。这两大维度紧密联系不可分割,同时又是泾渭分明的矛盾体,两者的联系在于都是作为公共服务的"左膀右臂"式存在,"技术"是赋能公共服务的不二路径,"人本"是公共服务的起点与归宿,而矛盾点在于"人本"是根本,而"技术"是手段,不可本末倒置。从一定程度上而言,公共服务体系的建设过程就是"技术"与"人本"互相塑造的过程。嘉定区公共服务体系的完善紧紧围绕"人本"与"技术"两大维度展开,同时紧密对接"一网通办""一网统管"等系统工程,在提高服务水准的同时,完善管理系统,力求实现管理与服务的完美融合。

大城小圈:"我嘉·邻里中心"
串联城市美好生活圈

一、背景·缘起

党的十九届五中全会提出,要推动社会治理重心下移,向基层放权赋能,加强城乡社区治理和服务体系建设。嘉定新城作为上海"五大新城"之一,当前正着力将自身建设为具有辐射带动作用、独立的综合性节点城市。2021年公布的上海第七次人口普查数据显示,嘉定区的常住人口数量在上海各区中排名前五,10年间增长了24.68%,增速位列全市第一。城市规模的扩张和人口的增长也对嘉定区城市社会治理、生态环境和民生服务提出了更高的要求。然而,与中心城区不同,嘉定区辖区面积大,城市经济社会高速发展的同时,公共管理和服务的配套设施不够完善。传统的"区—街镇—村居—楼组"四级网络体系无法适应嘉定高速发展的步伐,主要表现在辖区治理面临着一大核心难题,即街镇服务半径过大、村居服务半径过小,街镇和村居之间的片区层面存在公共服务和管理的漏洞,这也导致了以下三方面的治理挑战:

第一,公共服务资源分布不均衡,居民难以享受高效便捷的公共服务。一方面,已有的公共服务资源如便民利民服务点位较少,且大部分围绕在街镇行政中心,导致辐射范围较小。另一方面,社区内部可调动的资源有限,无法满足社区内不同年龄段人群的多样化需求。以上两方面因素导致街镇内部公共资源空间分布的不均衡,位于行政中心辐射范围外的居民办事难,很多公共服务诸如养老为老、亲子活动等他们也无法享受,不利于实现公共服务的均等化。

第二,街镇与村居之间的片区管理存在薄弱环节,不利于解决社会矛盾。街镇和村居之间的片区缺乏有力的统筹与人员配置,不利于及时高效地发现问题、处置问题、解决问题。这导致矛盾无法第一时间化解在基层，给基层的和谐与稳定带来了挑战。

第三，社区之间、企事业单位之间缺乏相互联系的载体，不利于基层打造共建共治共享的社会治理格局。一方面，街镇服务半径过大，辖区内主体众多，利益诉求分化且复杂，仅靠街镇难以统筹协调辖区内各主体之间的利益关系。另一方面，社区服务半径过小，只能调动社区内部资源，而缺乏连接社区周边主体的手段和能力，这导致虽然客观上片区内部主体有实际的利益关联性，但因缺乏载体也无法实现片区内部主体之间的资源共享，不利于社会资源的充分流动和有效配置，也不利于基层培育形成共同体意识，阻碍构建共建共治共享的社会治理格局。

二、举措·机制

面对上述挑战，嘉定区委区政府深入贯彻落实"人民城市人民建，人民城市为人民"的发展理念，在街镇和居村中间片区层面全力打造一批集党群服务、生活服务、管理服务、企业服务于一体的"我嘉·邻里中心"，将其作为推进"区—街镇—片区—村居—楼组"五级网络体系建设的重要切入点，并在此基础上推动"一网通办""一网统管""一网优服"在片区延伸、集聚、融合发展，满足周边企业和居民日常事务办理、生活服务、助餐康养、文化活动等需求，形成群众可及、"三网合一"的党建活力圈、生活服务圈、网格管理圈。

一是科学规划布局，实现全区范围内"我嘉·邻里中心"的全覆盖。按照五级网络体系建设的思路，由区地区办牵头，在前期充分调研的基础上，形成"我嘉·邻里中心"统一的区级规划布局，明确在"十四五"期间，全区共规划建设66个"我嘉·邻里中心"。建设要求包括三个方面：首先，按照"需求导向、因地制宜、优化资源、先易后难"的思路，合理划分"我嘉·邻里中心"的功能布局，划片尽可能对应全勤二级网格，选址尽可能兼顾人群集聚地区，规划尽可能细化到年到点。其次，实施"三个一批"，即"赋能强基，改造一批；资源共享，盘活改建一批；选址新建，高质量建设一批"，明确各年度建设数量、点位、进度的推进思路。最后，聚焦嘉定新城新一轮规划建设，立足优于中心城区建设标准、"家门口"便利可及、一站式"管办服"集聚的功能定位，科学谋划布局，凸显新城引领效应。

二是推进"三网融合"，提升公共服务与精细化治理水平。首先是推进"一网通办"进片区。进一步前移政务服务窗口，设立"我嘉·政务服务站"，通过"一网通办"下沉资源，方便市民群众在下班后、在社区旁，就近办理各类业务事项，实现"能办尽办"。同时，创新推出24小时对外开放的自助服务区和智慧文件柜，居民和企业可以随时就近办理各类业务事项。其次是推进"一网统管"进片区。部署运用一批智慧交通、违建监控、消防安全等智能应用场景，将全勤片区管理网格嵌入"我嘉·邻里中心"，通过科技赋能，落实公安、城管、房管、市场监管、市容环卫、社工等网格员下沉至片区，并分配至各网格开展巡逻巡查，提升片区管理水平。最后是推进"一网优服"进片区，建设线上邻里中心服务平台，推出了一批具有引领性、实用、好用的应用场景，市民可以通过手机，了解中心资源，预约参与活动，构建起居民服务的可展示、可预约、可交流的一体化闭环服务圈。

三是社会化运营链接资源，提升内涵建设。坚持社会化运营，以"我嘉·邻里中心"为载体，以公共服务和管理为抓手链接外部资源，将邻里中心打造为片区范围内各主体之间互动交流的平台，促进邻里中心的内涵建设。首先，链接政府资源，比如马陆镇马陆社区的"我嘉·邻里中心"，由中心提供场地，各相关职能部门推荐、购买以及评估专业的社会组织提供的养老为老、医疗卫生等便民利民服务。这一方面能够优化政府内部资源配置，另一方面也能减少中心服务外包过程中的信息不对称，从而保证服务的专业性。其次，链接片区企事业单位资源，中心通过公共服务和公共管理，主动对接社区共建单位、驻区单位、社会组织等，积极合作，充分发挥各自的资源优势，为"我嘉·邻里中心"建设赋能增效。比如安亭汽车城的"我嘉·邻里中心"与片区学校进行合作，由高校学生参与中心的管理和服务，在为学生提供志愿服务机会的同时，也降低自身的运营成本。最后，链接社区资源，以中心为节点，整合一批项目骨干、公益达人、社区志愿者等,形成"服务队",共同参与"我嘉·邻里中心"的管理和服务,推动片区共同体的建设。比如南翔镇东社区通过挖掘片区内的能工巧匠,组织起一支高效专业的便民利民服务队,实现片区居民服务片区居民的目标。

三、创新·成效

自2020年启动以来,"我嘉·邻里中心"建设的规划图正一步步变为市民身边的实景图,逐步串联起"15分钟社区综合服务圈",功能覆盖社区公共服务、公共管理、公共安全,有效解决了"街镇服务半径过大、村居服务半径过小,缺少中间层"的治理难题。其主要成效体现在以下三个方面:

一是通过中心优化资源配置,居民生活更便捷了。首先,通过点位的科学分布,"我嘉·邻里中心"优化了公共资源的空间配置,推动了公共服务均等化,大大提升了家门口"全科服务"的能力。街镇辖区内的所有居民都能通过家门口的"我嘉·邻里中心"享受包括社区餐厅、社区卫生服务站、老年人日间照护中心等全年龄段、高效便捷的公共服务。比如,众芳社区的"我嘉·邻里中心"设有政务服务站、亲子活动和日间照料中心、党群服务中心、"我嘉餐厅"、便民服务站、社区卫生服务站以及"我嘉书房"等功能空间。其次,通过"一网通办"建设,有效接入与居民生活密切相关的服务事项,优化流程,解决居民办事难的难题。目前,全区2021年已建成的14家"我嘉·邻里中心"政务服务站开始对外服务,均已配备"一网通办"自助工作台,可实现151项高频涉企服务事项自助办理。最后,通过"一网优服"建设,开发居民喜闻乐见的应用场景,实现线上、线下联动。比如江桥镇金鹤新城的居民可以通过"我嘉·邻里中心"内设的高科技触摸屏了解邻里中心的各项功能以及近期举办的活动,未来还能通过手机实现线上预约和交流。

二是通过中心提升管理效能,矛盾化解更高效了。结合"一网统管",建成53个片区城运分中心,推动全勤片区管理网格嵌入邻里中心,将公安、城管、房管、市场监管、市容环卫、社工等网格员纳入服务圈,通过"技防+人防"，有效提升基层及时发现、专业执法、综合处置能力，确保各类问题快速解决和落实。同时，推动执法、管理和技术资源在全勤片区网格上充分整合，实现"就近指挥、协调处置、一线督办"，形成了发现问题、处置问题、解决问题的闭环管理。比如南翔镇东社区陈勤路桥每天都有人将生活垃圾随意扔在防汛岸两侧，由于该防汛路段不属于街镇道路管辖范围，导致该区域一直存在暴露垃圾的情况。在东片区城运分中心的统一调度下，通过安装监控探头以及网格内巡防队员的每日巡防，有效地防止垃圾偷倒现象的再发生。时至今日，该区域内已无暴露垃圾，路面整洁干净。

三是通过中心增强社会团结，治理体系更完善了。"我嘉·邻里中心"一方面通过构建片区这一网络体系，将原有街镇内部利益纷繁复杂的众多主体分散至每个片区，有效地降低了统筹协调各方利益的难度。另一方面通过公共服务和管理，将片区内有共同利益关联的主体连接起来，创造互动交流和资源共享的平台，让不同主体在合作过程中培养共同体意识。比如安亭汽车城的"我嘉·邻里中心"通过积分制的规则设置，鼓励家长带孩子投身于片区内的志愿活动，这对于形成互帮互助、友好睦邻的共同体意识以及居民对片区公共事务的责任感都有着十分重要的意义。因此，"我嘉·邻里中心"能够最大限度地激发社会活力，形成良好的政社互动关系，有助于搭建共建共治共享的社会治理格局。

四、启示·展望

从某种程度上讲，嘉定区在发展过程中所遭遇到的问题是大多数中国地方政府在城市化进程中都会遇到的难题：随着城市化所带来的经济高速发展与人口的大量涌入，应该如何构建治理体系才能提供便捷的公共服务和高效的公共治理？嘉定区以"我嘉·邻里中心"建设为载体，以点带面推进"15分钟社区综合服务圈"建设，扩大公共服务覆盖范围，逐步构建起集政治引领功能、服务功能、办事功能、管理功能于一体，"一网通办""一网统管""一网优服"三网融合的社区服务综合体，切实提升了嘉定社区治理和管理服务能级，为解决这一难题提供了嘉定经验，具体而言包括三个方面：

一是要以公共服务为切入点，完善基层治理体系。"我嘉·邻里中心"实践的一个重要启发是：应当从治理体系和治理格局的高度来认识公共服务的问题。嘉定区委区政府没有就公共服务谈公共服务，而是敏锐地把握到事情的本质：老百姓无法享受优质的公共服务只是表象，其背后的根本原因在于传统的"区—街镇—村居—楼组"四级网络体系无法适应嘉定高速发展的步伐。因此，公共服务不足不单单是一个资源的绝对数量问题，更是一个资源分配的方式问题。如果不改变四级网络体系，就无法从根本上解决问题。正是基于这一认识，嘉定区委区政府才能站在改革基层治理体系的高度，将"我嘉·邻里中心"作为建设五级网络体系的重要一环，也才能将公共服务、公共管理以及政务服务放在一起通盘考虑，把"我嘉·邻里中心"打造为党建活力圈、生活服务圈和网格管理圈的重要载体。

因此，不能仅仅从便民利民的角度来理解"我嘉·邻里中心"。事实上，诸如"一站式服务"等便民利民中心在上海其他区以及很多其他城市也有实践，但这些地区与嘉定区的最大区别在于，这些中心并不是治理层级中的一环，很多时候无法充分发挥公共管理的职能。造成这一区别的原因与嘉定区实际面临的"街镇服务半径过大、村居服务半径过小"这一难题有关。嘉定在无法改变已有行政区划的情况下，创造性地将"我嘉·邻里中心"打造为片区网格的城运分中心，借助于"一网统管"，加快推动执法、管理、服务、作业等力量充分下沉，有效解决跨层级、跨网格、跨领域的城市治理问题，弥补"街镇有点远、村居有点小"的不足，达到片区内高效协调处置一件事的目的。正是嘉定区委区政府能够从基层治理体系的角度来把握事情的本质，才得以找对改革方向，用最经济高效的手段解决了问题。

二是要坚持因地制宜的原则，将老百姓的需求作为中心建设和运营的出发点。"我嘉·邻里中心"除了顶层规划做得好之外，在建设和运营过程中也没有搞"一刀切"，能够始终坚持因地制宜的原则，在充分调研百姓需求的基础上开展工作。邻里中心最终是要服务于百姓的，而不同片区内经济发展水平、产业结构、人口构成、地方文化的不同，都意味着片区内的需求会存在差异，这势必要求在建设和运营邻里中心的过程中不仅要有自上而下的规划，也需要有自下而上收集意见的渠道。通过各类问卷、座谈等渠道，嘉定各街镇有意识地收集百姓意见，充分挖掘各邻里中心的内涵。在融入地方特色的基础上，有针对性地提供公共服务。比如马陆镇众芳社区"我嘉·邻里中心"结合街区公共服务设施的分布特点，打造"便民服务街"。而徐行镇启新社区的"我嘉·邻里中心"则融合了地方文化元素，传承弘扬国家级非物质文化遗产——徐行草编。通过对这些内涵元素的挖掘，增强了群众对邻里中心的归属感和认同感。

三是要探索多元立体参与的运营模式，以中心为载体完善社会治理格局。便民利民服务是一项非常有意义的惠民工程，但背后也需要政府持续性的财政投入，因此如何可持续地运营"我嘉·邻里中心"是各街镇面临的真问题。从目前的实践来看，有些中心已经做了一些有益的探索。其关键在于从完善社会治理格局的角度来理解运营，将"我嘉·邻里中心"打造成一个吸引社会资源、激发社会活力的平台。换句话说，不能将"我嘉·邻里中心"单纯地视为政府单方面自上而下输出资源的机构，而是应当发挥其挖掘、链接、整合片区其他资源的功能，通过优质的公共服务和规则的设计激发社会活力，让企业、单位、社区居民能够自下而上地组织起来，参与"我嘉·邻里中心"的运营。比如充分挖掘资源，与周边的共建单位合作，积极鼓励社区达人、居民骨干、社区志愿者等力量参与，这些举措在一定程度上都可以降低邻里中心的运营成本，推动中心可持续发展。在这一过程中，社会活力被激发得越充分，居民的参与越多，邻里中心的运营成本就越低，反过来就能进一步提供优质的服务，久而久之就形成良性互动。

因此，"我嘉·邻里中心"也是区域化共建的重要载体。其他地区在区域化共建方面已经做了诸多有益的尝试，而嘉定的一大优势和特色在于，拥有"我嘉·邻里中心"这样的实践载体。"我嘉·邻里中心"为片区内不同主体之间的互动提供了一个实体化的节点,同时由于管理幅度较小,主体之间有切实的利益纽带,因此邻里中心只要做好规则设计和服务供给,就能够激发片区内的主体之间的互动合作。

　　未来,嘉定区委区政府将继续深入践行"人民城市人民建,人民城市为人民"的发展理念,贯彻和落实党的十九届五中全会精神以及市委市政府的相关决策,进一步推进"我嘉·邻里中心"的落地工作,提升"我嘉·邻里中心"的内涵建设,完善"我嘉·邻里中心"的运营模式,努力将其打造为顺应社会发展、体现时代精神、具有嘉定特色、打通社会治理"最后一公里"的有效载体,从而构建与未来城市园区相匹配、与产城融合发展相统一、与市民公共服务需求相呼应的公共服务和社区治理模式,赋能现代化新型城市建设,努力将嘉定建设成为"创新活力充沛、融合发展充分、人文魅力充足、人民生活充裕"的现代化新型城市。

助养结合：构筑智慧养老服务新格局

一、背景·缘起

人口老龄化程度不断加深是上海经济社会发展的一个重要特征。早在"十一五"规划中，上海就率先提出了"9073"养老模式，即主要依靠家庭、社区和机构三方面，90%的老年人由家庭照顾，7%的老年人享受社区居家养老服务，3%的老年人享受机构养老服务。然而，在老年人口规模增加、养老服务总需求增长的同时，群众对养老服务的品质、效率、便利性、均等化的要求和预期也在不断提高，传统的养老模式无法全面适应当前的养老需求，寻求新型的多元复合治理手段解决老年人的多层次需求成为趋势。上海市"十三五"规划纲要指出，要扩大多层次养老服务供给，充分运用移动互联网、物联网等技术；上海市老龄事业发展"十三五"规划中，"科技老龄"被列入了总体目标之一。

近年来，随着互联网、物联网等技术的蓬勃发展，智慧养老的新产品、新业态、新模式层出不穷，极大地丰富和改善了老龄产品的供给结构，能够为老年人提供"触手可及"的智能化服务，有力助推了养老产业的迭代升级。与上海中心城区的老年群体不同，菊园新区的老年群体主要以刚步入老年阶段的"小老人"为主，老年群体社会活动参与程度高，整体呈现活跃状态。菊园新区紧密结合实际，在"9073"养老格局的基础上，积极引入"智慧养老"理念，通过政府搭台、市场运作、社会参与等方式，探索建立集智慧养老管理、服务、监督于一体的网络体系，满足家庭和个人多样化的健康养老服务需求，让老年人幸福安康、老有颐养。

二、举措·机制

为提升智慧养老服务的精细化水平，菊园新区结合"一网统管、一网通办"工作布局,坚持助养结合,优化养老服务供给,搭建面向老年群体的信息平台和关爱体系,推动养老服务管理机制、服务方式创新转型,为辖区内老年群体提供实时、快捷、高效的养老服务。

（一）强化业务统筹畅通群众需求主渠道

为大力推进老年人居家照护监测,降低老年人意外风险,2020年6月,上海市民政局发出通知,就全市实施高龄独居困难老年人应急呼叫项目全覆盖事项进行部署,要求各区搭建统一的服务平台,依托第三方运营组织提供专业服务。针对具有不同需求的老年人,提供不同类型的服务组合套餐。针对老年群体的实际应用需求,嘉定区重点建设了"e嘉乐"智慧养老服务大数据云平台,于2020年7月起在全区推广使用。"e嘉乐"依托嘉定区综合为老服务平台,整合了辖区内养老机构、社区站点、各类服务机构、社会组织乃至服务人员等各类养老服务设施及资源,可提供紧急呼叫、主动关爱、门诊挂号、预约家电维修等便民服务,老年人可根据自身需求选择相应的套餐服务。平台能够实时了解各类资源的配置及使用情况,并通过互动终端、App以及热线电话等形式,将服务资源向辖区内的老年人开放,保证每一位老年人对所需服务资源可知、可选、可用、可及,让寻找养老服务资源"像网购一样方便"。

比如,高龄、独居、无子女（含失独）家庭的老年人通过安装"一键通"固定电话,遇到突发情况时,直接按红色键,就能拨通"e嘉乐"服务平台的电话,发起紧急求助。平台提前录入老人基本信息、家庭住址、紧急联系人电话等档案信息,接到来电后,将根据老人反映的情况联系110、120、119,提供紧急救援,同时把消息通知给老人的亲属。电话上还有3个"亲情键",可以储存亲情号码,有的老人记不清家属的电话,只需要按"亲情键",就能直接打给家属。固定电话还配置了一个可随身携带的遥控器,如果老人遭遇突发情况不在座机旁边时,可以通过遥控器拨通平台电话,以细致、周到的服务让老人及其子女安心、放心。

（二）借助两化融合推动服务品质再提升

围绕数字治理和城市数字化转型,菊园新区率先提出以社区为示范单位的智慧社区创建设想，积极推进"15分钟社区生活圈"试点工作，推动信息化建设、智能化应用深度融合，为社区居民提供一个安全、舒适、便利的智能化生活环境；全面梳理、整合政府公共服务和市场服务资源，构建智慧社区数据中心，深化网上社区服务中心建设，通过电脑、手机、社区信息屏等多种新媒体渠道，发布社会保障、医疗健康、法律服务、学习教育、交通出行、当日菜价、文化健身、公共安全等信息，确保老年人及社区其他居民享受物美价廉的服务。

近年来，菊园新区还结合轨交11号线2个站点以及嘉定客运中心的优势，加快推进智能公交系统建设，形成了区域内各类公交始发线路35条、途经线路6条，极大地方便了居民出行。同时，鼓励和引导社会资本参与智慧社区的建设和运营，支持第三方信息服务平台接入，开展健康养老、家政、物业、生鲜配送、娱乐消费等便民服务，进一步提高了社区服务效率和质量，也成为社区老年人生活中的一大助力。

（三）把握三大抓手织密织牢养老保障网

菊园新区坚持医养结合先行。2017年嘉定全区推广医养结合模式后，菊园新区结合自身医疗优势及资源，进一步发挥社区卫生服务中心的平台功能，为辖区内8 000多名老年人提供医养结合服务，有效解决养老服务中医疗服务的供需矛盾；组建老年照护评估团队及医养结合服务队伍，在接到事务中心提交的评估诉求后，第一时间上门核实老人健康状况，反馈健康评估表，为开展后续服务做好准备；通过和辖区内的综合为老服务中心、众仁乐园、东方老年公寓等签订医养结合协议，依托专业机构提供完善的健康档案、开展健康评估、慢性病患者随访、健康教育讲座和医疗咨询等上门服务，累计服务超4.8万人次。

同时，发布智慧养老服务应用场景需求清单，激发社会和市场活力，重点扶持安全防护、照料护理、健康促进、情感关爱等领域的智能产品、服务及平台，加强政府、企业、社会等各类信息系统的业务协同、数据联动，确保服务全面覆盖。引入社区服务和信息服务机构，有机整合综合为老服务中心、老年人日间服务中心、养老院等机构，充分撬动各类医疗、救助、教育机构以及辖区内嘉定中心医院、嘉定教育局等各类资源,引导更多企业提供大多数老年人能负担得起的普惠养老服务,实现全天候、全过程、全方位的社区养老、智慧养老。

在这一过程中,菊园新区还建立并完善了监管机制,推出等级评定和服务质量日常监测制度,根据产品的可用性、服务的全面性、信息提供的即时性、数据分析的准确性等多个维度,定期对参与智慧养老的第三方机构进行考评。同时,统筹考虑老人及其子女的主观评价、信息化平台的客观数据、管理人员的现场问询等情况,形成综合评价,督促相关机构提升管理水平和服务能力。

(四) 满足个性需求丰富智慧养老新体验

菊园新区着眼于老年人最关心的健康需求,用心打造健康管理场景,依托"健康云"医疗服务系统,配置智能终端设备进社区,提供包括血压、血糖等身体指标在内的自助检测评估服务,老年人不用去医院也能掌握自身健康状况。检测数据同步上传至"健康云"线上平台,并实时共享至市民健康档案,实现家庭医生签约、慢病管理、预约挂号等多项"直通车"服务,为老年人寻医就诊提供便利。为进一步提升老年人的公共服务体验,菊园新区还从模式、技术等方面入手,改造升级现有项目服务内容,用心打造生活服务场景。"我嘉生活馆"秉持"老人少跑路、服务多走路"的理念,采用"预约+配送"的综合服务模式,实现便民服务"送上门"。"我嘉餐厅"通过AI智能识别技术,自动对餐品进行识别、计价与结算,解决人力结算可能带来的误算问题,提高结算效率,让老年人就餐更加舒心,被周边很多老年人亲切地称为"社区大食堂"。此外,菊园新区还积极推进独立式感烟火灾探测报警器、无感智能监测器、智能断路器+4G网关通信、智能血压计、燃气报警器、门磁开关等智能化产品的应用,在提升社区养老服务效能的同时,让老年人原居安养、老有颐养,提升老年群体的获得感、幸福感、安全感。

在发展智慧养老的过程中,菊园新区也充分注重对老人的人文关怀和消除数字鸿沟,用心打造文化预约场景和学习应用场景。通过微信公众号实行预约制,为老人提供文体娱乐活动预约、场馆场地预约等服务,每月推出以"菊园有戏"为主题的文化菜单,实行预约制服务,以点单方式配送到居村、福利院、菊园老茶坊等四级阵地,让老年人在家门口感受到"点单配送"带来的文化便捷和精神慰藉,老年人的文化获得感和幸福感持续提升。除了选送"菜单"之外,还有一张"反馈清单",以此加强对资源配送效果的监督评估,"一个活动,一个反馈",实现文化资源与群众文化需求的有效对接。"双单"模式的建立,打破了单向输送、被动承接的传统模式,提升了居民的参与度,打开了更多的选择空间。针对老年人多元化的学习需求,菊园新区老年学校积极探索"多元化办班"的管理模式,出台文化休闲类、生活技能类、信息技术类三大类课程,对接基层学习点,共同推进老年教育,吸引老年学员按需选择课程。同时,菊园新区还推出"微课堂"系列学习课程,以阿尔茨海默病为主题,通过制作、上传微视频的形式,为老年人家庭提供正确的干预及护理方法;常态化推进针对老年人的学习智能手机应用等培训和帮办服务,开设"银发触网"系列主题讲座,邀请专家进社区为老年人开展信息安全、智能App教学、5G科技时代、智慧养老等智能技术主题讲座,提升老年人运用智能技术的能力。

三、创新·成效

经过不断的探索与实践,菊园新区已初步构建起活动多样化、助老智能化、服务优质化的智慧养老体系,打破了传统的社区养老服务模式,打破了时间、空间的隔阂,利用有效的信息技术手段拓宽了养老服务渠道,让社区的老年人过上高效、便捷、舒适的现代晚年生活成为可能。目前,辖区内有综合为老服务中心1家、标准化老年活动室19家、老年人助餐点26家、老年人示范睦邻点18家、医院2家、社区卫生服务中心2家,年累计服务总人次达48万。2021年,菊园新区被评为智慧健康养老示范街道(乡镇),是嘉定区首个获此殊荣的街镇。

(一)社会参与度日益提高

菊园新区采用政府购买社会组织服务的模式,通过对教育、文化等平台进行优化升级,对现有常见的信息化服务、产品供给进行筛选,形成适合老年群体的专业化资源,解决了海量资源筛选难的问题,吸引了更多老年人的参与,帮助老年人融入信息化社会。服务模式的转变,也意味着政府不再是"运动员"和"裁判员",而仅仅作为"监督员",提出项目需求,监督项目实施。与此同时,企业作为市场参与的主体,利用智能手段满足多元化的养老需求,实现了养老服务的专业化和广覆盖。目前,菊园新区70岁以下老年群体利用新区社交平台的比例接近100%,更多老年人愿意走出家庭、走向社会,老年群体也更加自信,其老年生活也更有活力。

(二) 过程智能性不断强化

借助信息化建设和智能化应用,菊园新区将区域内现有养老资源进行科学整合,根据不同老年人的需求提供全方位、全时段的养老服务。针对高龄纯老家庭、高龄独居老人和失智老人等人群,建设集健康状况监测、紧急救援报警等功能于一体的救助服务场景应用,通过一部电话、一套感应设备、一个信息整合平台,就能详细掌握他们的情况,极大地延伸了养老服务供给的广度与深度,改善了养老服务供需的矛盾。在此基础上,菊园新区坚持"用而不奢,适度为宜"的理念,根据不同场景和差异化需求,有针对性地进行智能化产品的配置和应用,在保障数据有效采集的前提下,实现产品投入最小化,这种低成本路线精准契合了实际,反而增加了智能化产品的应用比重。目前,菊园新区已为425名老人家中安装了烟感报警器,及时发现火灾险情,保证独居老人的生活安全;为15户高龄独居老人安装居家宝,包括人体感知仪、煤气探测器、紧急按钮和主机等;为300户老年人家庭提供电话关爱;针对3 000名老年人或其子女发布各类便民信息。

(三) 服务个性化逐步普及

菊园新区打破传统以养为主的养老服务模式,统筹推进助养结合发展,针对轻度、中度老龄化群体,通过构建文化、教育平台等方式,助力他们与社会再融合,提高老年群体社会活动的参与度。针对重度老龄化群体和特殊老人,制定"百岁老人""高龄纯老家庭社区医养照护"服务包,用心、用情打造集健康状况监测、紧急救援报警等功能于一体的救助服务场景应用，使这部分老年群体通过信息化手段得到全天候的看护和帮助，实现了"出事有人知晓、看病配药有人陪、医疗服务不出门、健康状况随时知"。菊园新区提供的服务产品具有灵活性与多样性的特点，老年群体能够从中自由选择，这也为今后探索定制化养老服务提供了先行先试的样板。

四、启示·展望

菊园新区智慧养老建设遵循产业的发展规律，结合自身现状，全面系统考虑当下发展情况和未来趋势，纵向构建完整面向老年人的全要素链条，横向引入智慧化产品及技术作为支撑，具备可复制、可推广性：① 针对不同年龄段老年群体进行分层式供给，形成菜单式的产品和服务，以满足本地区老年群体的个性化需求。对于轻度老龄化人群以文化、教育为突破点，增强群体活力；为中度老龄化人群搭建社交平台，鼓励他们走出家庭、融入社会；为深度老龄化人群提供更多种类和更优品质的服务，让他们获得更多关怀和支持。② 针对老年群体普遍关注的安全、健康、生活、娱乐等问题，提出了近10种智能化产品应用，产品的设计具有普适性，其可靠性已经得到了验证，使用量的提升可以进一步降低产品成本，形成产业的良性循环。③ 从现有的社会化应用中提取适老化元素，通过平台进行二次整合，形成适应老年群体的一键操作。这种模式一方面确保了应用与社会发展保持同步，提升老年群体的社会参与度；另一方面减少了重复投入，降低老年群体的应用成本，有助于推动智慧养老产业的快速发展。

随着老年群体对养老服务的品质、效率、便利性、均等化的要求和预期不断提高，菊园新区将继续坚持问题导向和需求导向，坚持政府主导和社会参与相结合，坚持设施建设和内涵发展并举，促进发展与规范管理协同增效，以更加优质的服务保障老年群体安居乐居：① 持续优化社区养老服务体系。推进社区服务建设，在"15分钟社区生活圈"建设的基础上再深化，探索打造集智慧公共服务、智慧交通、智慧经济等应用于一体的"菊园智慧小生态街区"，构筑智慧化、数字化实践区，形成步行15分钟可达、宜居宜业宜游的社区生活圈网络；加快美丽家园建设，打造智慧互通社区便民服务，促进社区商业与医疗、养老、健康教育等相关领域的互动发展；健全养老体系建设，加大养老设施建设力度，重点发展面向失能失智老年人的照料护理服务，打造"我嘉养老院"，满足多层次、多样化的养老服务需求。② 不断强化医疗卫生服务保障。优化公共卫生服务体系，充分发挥社区卫生服务中心和城北分中心的服务功能，提升基本公共卫生服务能级，新建2个社区卫生服务站，夯实基本医疗保障；推进"健康菊园"工程建设；加强卫生信息化建设和健康大数据的开发应用，探索建立健康大数据开放共享机制，支持健康管理服务、医联体建设和分级诊疗等改革在菊园新区先行探索，不断激发城市智能化治理的活力。

"梯"升品质：政府引导纾解"加梯难"

一、背景·缘起

近年来，"加梯"正逐渐成为上海的民生热词之一。在上海老龄化进程不断加快的背景下，为老旧住宅加装电梯，使老人免遭"悬空"之困，是对城市进行适老改造的重要目标。然而，老旧小区加装电梯始终面临着技术问题、政策问题和民意协商问题"三座大山"。对于嘉定区而言，辖区内存在大量需要进行适老改造的老旧房屋，如何帮助有加梯意愿的居民跨越"三座大山"，做好愿意加梯和不愿加梯的居民之间的利益平衡工作，引导老旧小区的居民群体建立电梯加装与运维机制，是嘉定区在基层治理中面临的重要议题。

自"加梯"问题进入公众视野以来，民主协商一直被各方主体视为突破"加梯"困局的"灵丹妙药"，各地政府均就此进行了积极探索。然而，从理论层面看来，"加梯"的本质仍然是通过筹措足够的社会资源去解决特定公共问题，在我国社会治理情境中，政府作为治理的核心主体之一，无疑应该在"加梯"议题中起着主导性作用，但"加梯"议题的特殊性在于，作为基于民众自愿原则的民生工程，政府的角色应该是"引导"而非"主导"。在这一背景下，如何通过合理投入治理资源，有效打破"加梯"中的各种僵局，从而更好地引导居民群体在民主协商中达成一致意见，化解"加梯难"问题，是政府的基本定位与核心工作。可以说"加梯"工作丰富和拓展了基层协商治理理念。

二、举措·机制

在"加梯"和之后的电梯运维均高度依赖民众之间的合意的情况下，政府若延续传统的"全能政府"思路，大包大揽地承担电梯加装产生的显性和隐性成本,必然会左支右绌,最终使加梯项目难以为继。嘉定区在加梯问题的治理实践中,发现了政府在制度供给、技术供给和资金供给方面的优势,并充分发挥了以上三方面优势,有效推动了辖区内老旧小区的电梯加装进度。

(一)"送法入户"打破"加梯"制度藩篱

"加梯"本质上是一种依申请提供的公共服务,在民众有较为充分的加梯意愿的情况下,政府应当为民众创造足够的条件,使他们能够充分表达自身意愿,从而精准识别其中的真实需求,而不是凭借主观认知去人为地"制造"甚至"创造"需求。在"加梯"这一具体治理情境中,有加梯意愿的民众需要克服的首要问题便是如何从各种庞杂的规章条例中找出与加装电梯有关的法律法规,并依法依规向各职能部门提出申请;在围绕"加梯"开展民主协商时,民众需要了解民主协商的基本规则以及必要的沟通技巧;在居民之间因"加梯"产生矛盾时,他们同样需要以法律法规为准绳来协商解决。然而,普通居民特别是有迫切加梯需求的老年居民往往缺乏获取这些制度的能力,各种庞杂的法律规章俨然成为"加梯"中的制度藩篱。

与此同时,政府作为大部分"加梯"相关规章的制定者,自然在信息方面具有相应的优势。倘若能有效发挥这一优势,精准识别、对接居民对相关信息的需求,向居民及时、准确地提供其所需的各种信息,无疑可以有效地帮助居民跨越"加梯"中的制度藩篱,使居民可以更有效地获取信息,并按照政策解读和说明,依法依规地向各相关部门提出加梯申请。同时,向民众提供充分的信息还有助于降低民主协商中的信息不对称性,尽可能地确保参与协商的民众掌握的信息大体相当。这样一来,也可以降低由信息不对称带来的沟通成本以及社会风险。由此可见,政府应当充分发挥自身在信息供应方面的优势,以简明扼要、通俗易懂的方式向民众提供加梯所需的各种信息,从而更好地推动老旧小区的加梯进程。

嘉定区在推动加梯进程的过程中,首先编制了《既有多层住宅加装电梯相关政策文件汇编》《加装电梯宣传手册》等加梯宣传材料,帮助基层工作人员和社区居民认识、了解与加梯相关的各种政策和办理流程；其次召开既有多层住宅加装电梯相关政策业务培训会，由市加梯专班专家向各街镇、社区的负责人授课，不仅讲授、解读相关政策，而且结合具体案例，说明在治理实践中如何运用这些政策解决加梯过程中遇到的各种现实问题；接下来充分运用"嘉定睦邻"微信号、"社区云"平台等宣传载体，对加装电梯的政策法规、操作程序、补贴政策等内容进行宣传；最后，发挥社区骨干在加梯引导和政策宣传中的作用，并挖掘培养社区能人，向他们宣讲加梯政策，指导他们如何与居民沟通，就加梯中的常见问题为居民答疑解惑。这些举措从政府端增加了加梯中的制度供给，有效打破了民众在加梯过程中面临的制度藩篱。

（二）"智能网络"清除"加梯"技术障碍

在民众心目中，加装电梯本质上仍然是个技术问题：在加梯开始前，要确定自己所在的楼栋是否适合加装电梯，即电梯能不能"装得上"的问题；在居民们达成加梯协议后，要寻找合适的电梯供应商提供安装服务，即"谁来装"的问题；在电梯加装完成后，还需要有物业或其他服务商对电梯进行安全检查和保养维护，以确保电梯能够正常运转，即"由谁管"的问题。这些技术问题必须得到妥善解决，才能确保民众能够正常使用电梯。相反，如果此类问题未能得到有效解决，往往会引发民众之间的进一步争执。例如，电梯供应商的选择问题便是加梯过程中居民矛盾的高发点之一。对政府来说，清除此类技术障碍，同样是减少加梯阻力、推动加梯协商进程的重要举措。

在此类技术问题中，民众面临的主要障碍仍然是由技术的专业性带来的信息不对称问题。政府如果贸然地以包办的形式解决此类问题，那么由信息不对称引发的矛盾就会向政府转移，导致民众对政府产生诸如"官商勾结""小舅子工程"一类的质疑。因此，政府消除加梯技术障碍的思路应当是设法帮助居民打通获取技术信息的渠道，让民众自己了解、比较各种与加梯相关的技术信息。正所谓"不怕不识货，就怕货比货"，由民众自主获取、辨析各种加梯相关的信息形成的认知远比由政府灌输形成的认知更为可靠。在这一过程中,政府也可以引导和培养民众自主搜集、获取信息的能力,避免其形成"等靠要"的消极心态。鉴于此,政府需要打造相应的技术信息平台,将个体无力获取的信息汇集其中,便于民众进行分析和比较,并为其提供必要支持。

嘉定区政府围绕加梯中的主要技术问题,向居民提供房屋加梯条件评估,建立了电梯供应商信息库,并将已完成安装的电梯并入电梯智能维护系统。其中,加梯评估由取得政府认定资质的专业第三方公司进行;电梯供应商信息库则收录了由区相关职能部门提供的品牌响、质量好、口碑佳、服务优的电梯制造单位的信息,以供居民比较选择。这一信息库的内容还在不断丰富中,以增加居民们的选择空间;电梯智能维护系统则对电梯的运行状况进行监控,并与上海市智慧电梯平台联网,以保障电梯的安全运营。由以上三者组成的智能网络解决了加梯过程中的主要问题,为民众提供了必要的技术信息和选择空间,并解除其后顾之忧。通过智能网络清除加梯的技术障碍,的确有效推进了社区的民主协商进程,加快了嘉定区的加梯进度。

(三) 专项资金填补"加梯"经费缺口

资金问题同样是加梯面临的重大问题之一。从既有的加梯案例看来,即便是全楼居民就加梯达成协议,也经常会在如何分担电梯加装费用和运维费用方面产生矛盾,甚至导致原本达成的协议无法落实。特别是存在迫切加梯需求的群体多为中老年群体的情况下,经费缺口便成为加梯的一大痛点。老旧小区中老年群体的整体收入水平通常不高,且不少老人还需要承担医药费用等多项固定支出。加梯需求最为迫切的群体却难以承担加梯所需的经济成本,这显然不利于加梯协商的推进。同时,老年群体相对较弱的经济能力也降低了其他住户的出资意愿,导致加梯协商更加难以为继。由此可见,解决好加梯的经费缺口,显然可以有效缓和加梯协商中的经济矛盾,进而推动加梯协商进程。

事实上,上海各区政府早已尝试通过提供各种经济补贴,推动加梯进程。但需要指出的是,由政府承担电梯加装过程中产生的所有经济成本在实践层面显然不具可行性。换言之，政府向电梯加装提供经济补贴的目的，不应是一味对居民的资金缺口进行补助，而是以此为支点，撬动居民的出资意愿，以"四两拨千斤"的效果推动民众就加梯的经济成本分担问题尽快达成协议。因此，当政府计划提供加梯补贴时，应当向民众及时准确地告知和宣传补贴政策，同时适当提高补贴比例，简化补贴流程，确保补贴经费能够尽快到位。通过以上方式，来鼓励居民申请、使用补贴，从而使经济补贴在电梯加装协商过程中发挥其应有的作用。

为了鼓励有条件的楼栋居民加装电梯，嘉定区财政局分别从资金分担比例、拨付流程和预算安排三方面入手，向居民提供资金补贴。在资金分担比例方面，嘉定区为了提高街镇在加梯工作方面的积极性，取消了原有的政府补贴区与街镇2∶8的分担比例，并决定2021年新开工的加装电梯项目政府补贴资金由区级财政全额承担。在资金拨付流程方面，嘉定区对符合补贴条件的项目按照工程审价金额及政府分担比例拨付补贴资金；市级补贴资金由区财政先行垫付，区财政局完成资金拨付手续后，将资金拨付情况报市财政局，市财政局按年度将市级补贴资金下达区财政。在预算安排方面，嘉定区的加梯预算也逐年提升。

三、创新·成效

通过从制度供给、技术供给和资金供给三方面发力，嘉定区从政府端有效地解决了加梯民主协商中的痛点问题，显著推动了社区加梯协商的进程。嘉定区在推动老旧小区加装电梯方面的成功经验表明，在加梯过程中，政府端助力下的社区民主协商是突破"加梯"困局的不二法门，可以有效加速"加梯"进程。

（一）"加梯"示范效应开始显现

当某一座楼栋、某一个社区加梯取得成功时，便会产生示范效应。这种示范效应是由两方面构成的：一方面，加梯成功的楼栋既会成为有意加梯的居民实地参观对象，也会成为对加梯心怀疑虑的居民评估潜在负面影响的主要参照对象；另一方面，加梯成功的社区居民和基层工作人员也可以通过交流为其他居民提供相应的经验,帮助有加梯意愿的居民解决其遇到的各种问题。换言之,要想做好加梯工作,从以上两方面入手,形成更为广泛的示范效应,既可以为有意加梯的居民提供参考和指导,又可以有效打消对加梯有所保留的居民的疑虑。

嘉定区在推行加梯工程之初,便注重打造样板楼栋和样板社区。各街镇在前期的加梯可行性评估过程中,便已筛选出一批加梯可行性较高、居民加梯意愿较强、社区民主协商基础较好的社区作为潜在的样板楼栋和样板社区。嘉定区通过政府端发力,为这些"种子社区"提供必要的资源和技术支持,推动它们顺利完成加梯工作。目前看来,完成加梯的社区楼栋的电梯运维妥善,运行状况良好,此前居民预想的噪声、遮光等问题的影响也明显小于预期。正所谓"百闻不如一见",通过参观这些已经成功加梯的"样板楼栋",不仅有效鼓舞了有加梯意愿的民众,而且也在一定程度上打消了对加梯持保留态度的民众的疑虑,有效发挥了的示范效应。

由"样板楼栋(社区)"在技术层面产生的示范效应显然不足以完全解决加梯面临的各种问题。因此,嘉定区还通过对"样板楼栋(社区)"中主持和带动协商的基层志愿者与工作人员进行培训,并对他们的成功经验进行系统整理。嘉定区组建了在加梯协商方面富有经验的"社区达人"队伍,通过他们来宣讲加梯中的沟通协商经验。为了进一步发挥"样板楼栋(社区)"的居民和基层工作人员在加梯协商中的示范效应,嘉定区还多次组织、召开加梯经验交流会,让这些加梯"明星队伍"向其他街镇、社区的工作人员宣讲其成功经验,同时也派遣加梯"样板团队"深入社区,向民众宣讲加梯协商的实际体验,以期进一步发挥示范效应。

(二) 社区加梯速度显著提升

嘉定区通过政府端发力打通社区加梯的堵点、难点收到了明显的成效,其中最具说服力的证据便是各老旧小区的电梯加装速度明显提升。越来越多的小区的加梯协商取得了成功,投入使用的电梯也在各方提供的资金、技术支持下保持着安全运营;同时,也有不少小区就电梯加装达成了协议,确定了开工时间和施工模式;还有更多小区将电梯加装纳入了社区民主协商日程，或是开始对小区内的楼栋进行加梯状况评估。小区居民对加装电梯的兴趣和关注程度显著提升，也为加梯提速创造了良好的氛围。

从嘉定区各街镇的统计情况看来，安亭、华亭、江桥、马陆、嘉定工业区、菊园新区等街镇已基本完成了老旧小区电梯加装的可行性评估。各小区的加装可行性不尽相同，但大多数维持在50%上下。换言之，各小区约有半数的楼栋具有加装电梯的条件（部分小区较少）。到目前为止，各街镇已陆续在重点小区（主要是加装条件具备、民意基础良好的小区）的电梯加装工作中取得了一定进展，有一批楼栋已在2020年至2021年间陆续完成了电梯加装工作，还有若干楼栋的加梯施工规划也在进行当中。

（三）"加梯"协商引导模式逐渐形成

在打通老旧小区加装电梯的堵点、痛点，推广老旧小区加梯的实践中，嘉定区逐渐探索出一套系统、有效的加梯协商引导模式。从嘉定经验看来，包办式加梯不仅无助于培养民众协商解决加梯问题的能力，而且会助长民众的依赖心理，使电梯后继运维难以为继。加梯协商引导的关键在于两方面：一是为民众提供充足的外部支持，使他们能够克服各种仅凭社区资源无法解决的困难；二是要积极、耐心地培养民众的协商能力，使他们在协商实践中学会化解各种邻里矛盾，协调不同居民间的利益冲突。这样才能有效保证加梯协商的顺利进行以及加梯协议的长期有效性。

在引导民众进行加梯协商的过程中，嘉定区总结出制度供给、技术供给以及资金供给三项个体居民和社区难以独立解决的问题焦点，并以此作为协商引导的立足点。以上三个难点本质上是信息和资源的痛点，从经济与社会治理理论看来，由政府承担相应的治理成本显然是最有效率的。由此也可以为民众节省时间和精力，让他们更加专注地投入加梯协商，在实践中锻炼自己沟通、协调、平衡各种利益关系的能力，推动居民以更快的速度达成更稳固的加梯协议，有效地将民众的加梯意愿转化为实际行动，在解决"加梯难"的实际问题的同时，锻炼民众的协商治理能力，可谓一举两得。

四、启示·展望

自从老旧小区加装电梯的问题进入公众视野以来,学界相关研究以及基层治理实践一直围绕着加梯中的民主协商进行。诚然,社区民主协商和由此取得的一致或多数同意的确是老旧小区加装电梯无法回避的问题,也是加梯工作的重点之一,但少数关注加梯的居民和社区本身在面对加梯问题背后的制度藩篱、技术障碍和资金缺口时,往往无能为力。这时就要由政府端发力,积极作为,解决个体和社区仅凭自身力量难以解决的各种问题,为加梯民主协商铺平道路。换言之,不能因为民主协商在加梯问题中具有重要作用,便弱化政府在其中应当扮演的角色和应发挥的作用。

嘉定区在加梯工作中取得的成绩表明,恰当的协商机制与协商方式,可以有效打通加梯过程中的痛点和堵点,推动社区加梯民主协商尽快达成共识。特别是政府应当合理定位自身在加梯等基层治理中应当扮演的角色,起到关键的引导性作用,利用自身在信息和资源方面的优势,为居民在加梯民主协商等复杂的利益协商中达成共识尽可能地创造条件。不同于传统的"家长制""包办式"干预,这种适度干预与有效引导是嘉定区加梯工作能够取得成功的关键所在。

引领"食"尚："我嘉餐厅"
构筑为老助餐新体系

一、背景·缘起

作为全国老龄化速度最快、程度最高的城市之一，老龄人口的照护问题始终是上海各级政府的重点工作。以嘉定区为例，截至2017年底，全区户籍人口达62.52万人，其中60周岁及以上老年人口有20.42万人，占户籍人口的32.66%，而且该数字还在随着时间推移不断上升。可以预见，嘉定区今后对各种老龄照护服务的需求也将持续增长。鉴于此，嘉定区政府未雨绸缪，高度重视辖区内的助老配套服务，通过各种措施在基层建设老龄照护服务体系，不断引入老龄照护所需的各种服务，以期能够有效回应民众对此类服务与日俱增的需求，在增强老年居民满足感、获得感的同时，也帮助更多家庭减轻照护负担，为子女免除后顾之忧。

正所谓"民以食为天"，让老人吃得安全、放心、舒心更是老龄照护的重中之重。由于老年居民的身体机能普遍衰退，自我料理餐饭时难免存在一定危险，甚至引发房屋失火、煤气中毒等重大事故。同时，随着年岁的增长，老年人更倾向于清淡、健康的饮食，为老年人提供更加营养、科学的膳食可以有效提升其健康水平。为了解决好老人们对餐饮服务的需求，嘉定区政府设立了"我嘉餐厅"，为辖区内的老人们提供助餐服务。这一服务有效改善了老年居民的饮食条件，受到老年人的普遍认可和欢迎。

二、举措·机制

在打造"我嘉餐厅"这一助餐服务品牌时，嘉定区政府首先通过社会调查，收集和分析老年群体对助餐的需求；随后根据各社区实际情况，建立多元化且符合社区实际情况的餐厅运营模式；接下来，布设覆盖辖区的送餐网络，为老人提供及时便捷的送餐服务；最后，建立餐厅运营监督机制，确保餐厅的食品安全情况位于公众的监督之下，让前来就餐或订餐的居民们吃得安心、放心。

（一）深入调查精准识别老人助餐需求

在打造服务品牌前，应当进行市场调查，以充分摸清顾客的需求，只有这样才能有的放矢，生产出适销对路、受到消费者欢迎的产品，为老助餐虽然具有公益性质，但同样适用于这一原则。唯有通过深入调查精准识别老年居民群体对助餐服务的需求，包括饭菜口味、餐食数量、期望的服务方式和理想价格等，才能向老人们提供他们真正想要的助餐服务。嘉定区在建设"我嘉餐厅"之前，预先深入社区，针对目标群体进行了详尽的社会调查。通过这次调查获取的信息对"我嘉餐厅"的建设工作提供了宝贵的参考意见，使得餐厅建设避开了许多弯路。

对嘉定区老年群体的助餐需求调查，在调查对象的选择上，按辖区内年满60周岁老年人总量的10%抽样，且必须遍及每个村（居）委会。此次调研共发放问卷21 977份，回收问卷21 953份，问卷回收率达99.89%。接受调查的对象中有90%为本区户籍老年人，老人大多与老伴同住或与子女同住，低保、低收入老年人约占11.8%，大部分老年人每月收入水平接近全市养老金的平均水平，失能和半失能老年人约占10%，无须照料或只需由配偶、子女照料的老人约占76%。以上数据表明，嘉定区老年群体的整体健康状况和收入水平尚可，老年助餐点面临的潜在配送压力和经济压力应当可以保持在可接受范围内，建立助餐点具有可行性。

调查结果还表明：近一成的老年人有助餐需求；不吃助老餐的主要原因是喜欢自己做；超过六成的老年人表示居住地无社区助餐点；绝大多数老年人希望能够送餐上门；近四成的老年人表示不了解助老餐政策。从这一结果看来，嘉定区助餐点位仍然处于分散状态，不少老年人对助餐政策缺乏了解，助餐需求也相对较低。不过，这种低需求在很大程度上是因为嘉定区内的助餐点不够多，助餐服务的可得性不强。从绝大多数老人希望送餐上门这一点看来，老年居民对助餐的客观需求是存在的（或至少有消费意愿），如果能增设配餐点，完善助餐配送网络，或许可以有效激发老年居民对助餐的需求。

（二）多样化运营理顺"厨房"管理脉络

在对老年居民进行调查走访和需求分析后，嘉定区政府发现，大部分社区（约60%）没有助餐点，仅有一成左右的老年居民对助餐存在刚性需求，但绝大多数老人都希望助餐点能够送餐上门，由此可以推测：当前老年居民对助餐服务的需求在相当程度上是受到服务可及性限制的。要想培养、激发广大老年居民对助餐服务的需求，必然需要建立致密的助餐网点。然而，仅凭嘉定区政府的一己之力显然无法有效完成助餐网点的建设，因此各街镇必然要参与其中。为了充分照顾到各街镇的实际情况，调动街镇参与助餐点建设的积极性，嘉定区设立了多样化的运营模式，以理顺各助餐点的管理脉络。

目前，嘉定区各街镇的助餐点主要有三种运营模式：①利用社区自有资源运营，即由社区提供场所和设备为社区老年人提供膳食服务，同时在老年活动室或居委会设置分餐点，方便老年人就近用餐；②利用既有养老机构、综合为老服务中心的空间和厨房设施为老年人提供膳食服务；③以政府购买公共服务的形式，通过招标遴选，委托有资质的餐饮公司，为社区老年人提供膳食服务。这些多样化的助餐点运营模式有效适应了各街镇的实际情况，使得助餐服务可以真正下沉至基层。特别是在嘉定区地域辽阔、社区实际管理面积较大的情况下，这种多元化运营模式在构筑助餐网络中功不可没。

当然，以上各种助餐点运营模式各有利弊。例如，社区运营虽然标准统一，便于监管，但规模和资源有限的社区难以承受其运营负担；利用既有养老机构提供助餐服务虽然最为便捷，但可能增加此类机构的配餐压力，导致助餐服务质量下降；通过第三方机构提供送餐服务虽然省心省力，但会增加相应的公共开支，且面临着政府和社会的监管透明度不足的问题。针对以上问题，嘉定区政府近年来提出了"中央厨房"的概念，开始基于地域空间设立中央厨房，为各助餐点统一配餐。这种运营模式可以保证配餐质量,有助于加强食品安全监管,或将与既有运营模式整合,形成新的助餐点主流运营模式。

(三) 打造助餐网络惠及老年群体

在老年助餐服务中,既要有用于生产餐食的"厨房",也要有完备的配送网络,将营养餐送到老人的手中。嘉定区的辖区面积(与上海市其他区域相比)较为辽阔,少数既有助餐点显然难以有效覆盖辖区内老年群体对助餐服务的需求。此前针对老年群体的需求调查也表明,大多数老人对助餐服务的需求受制于服务可得性。在以上情况下,唯有织密助餐网络,才能将老年居民的助餐需求从隐性需求转化为显性需求。换言之,助餐网络的建设情况决定着助餐服务能否真正下沉到基层。在理顺助餐点的运营管理脉络后,嘉定区政府针对既有助餐网络的覆盖问题进行了优化。

为了解决嘉定区助餐网络的构筑问题,嘉定区政府在全区大力推行"中央厨房"模式。这些"中央厨房"的运营模式多样,既有原有的社区大型助餐点,也有部分养老机构的自带厨房,还有些则是由具有资质的第三方机构经营的。嘉定区的"中央厨房"选址规划一方面要考虑地域空间布局,另一方面则要考虑助餐点是否具有供餐资质和足够的供餐能力。目前,嘉定区全区的12个街镇共设立了18个中央厨房,日均供餐能力达8 000客。这些"中央厨房"主要承担助餐餐品的制作工作,通过集约化的生产方式以更高的效率满足全区老人对各种餐品的需求。

在建设"中央厨房"的同时,嘉定区同样没有忽视社区助餐点的建设工作。由于嘉定地处郊区,地域面积较大,老人居住分散,送餐路途遥远,所以冬夏季节的饭菜保温和保鲜问题比较突出,给助老配餐带来了严峻的挑战。部分街镇受制于配送力量瓶颈,只能向居住在城市的老人提供配餐服务,无法照顾到农村老人。为了解决这类问题,嘉定区进一步加强了社区助餐点的建设工作,并尽可能地为各助餐点增派运力。嘉定区政府对既有助餐点进行改造,为其增加堂食、分餐和送餐功能,并积极增加助餐点数量或是通过政府购买物流服务的方式提升运力。目前,嘉定区为老助餐已成功实现了村居全覆盖。

（四）监管补贴保障长者食有所安

在为老助餐方面，保证助餐的食品安全和物美价廉，让老人吃得起，吃得安心、放心，无疑是老年助餐服务的重中之重。针对老年群体经济收入相对有限，难以全额承担助餐成本的问题，嘉定区出台了相应的助餐补贴政策，并根据老人的经济状况不断调整补贴力度；同时，为了确保老年助餐在降低成本的同时保持应有的质量，嘉定区制定了一系列措施对老年助餐的食品安全进行监管。通过以上两方面措施，嘉定区政府在尽可能扩大助老配餐的惠及面的同时，也保障了助餐的质量和食品安全，使得老人们能以承担得起的价格获得足量、新鲜、营养的餐食。

为设立"我嘉厨房"而进行的预调查表明，老年群体的平均收入水平普遍较低，居住在农村的老人尤甚。较低的收入水平显著影响了嘉定区老年群体对助餐服务的需求。鉴于此，嘉定区政府为老年助餐制定了相应的补贴政策，以有效释放老年人对助餐服务的需求。老年助餐补贴遵循"低偿服务、适度减免"原则，在全体老人普惠的基础上，针对老年人的年龄段、生活困难程度等情况，分别给予每餐1元至5元不等的就餐补贴。为保障助餐服务点的可持续发展，根据实际供餐量和送餐距离给予2元/餐（街道）和3元/餐（镇）的运作补贴。仅2021年，嘉定区便发放了超过600万元的老年助餐补贴，有65.14万老人因此受益。

对于为老助餐而言，食品安全更是重中之重。嘉定区为了保障"我嘉厨房"的食品安全，主要采取了以下措施：① 设立和推广中央厨房，使食品安全监督更加集中、便捷；② 建章立制，制定老年助餐服务的配餐标准、管理规章和监督条例；③ 所有助餐点要做到"明厨亮灶"，并接受社会监督；④ 由民政和市场监管部门对各助餐点进行定期检查和随机抽查，并将检查结果向社会公示；⑤ 委托第三方评估机构对各助餐点进行设施设备、食品价格、饭菜质量、服务信誉等情况的综合评价，每月或每季度定期进行监督检查。以上举措保障了为老助餐的食品安全，使老年居民们能够真正吃得舒心、放心。

三、创新·成效

"我嘉厨房"自建立以来,高效地向辖区内的老年居民们提供了令人满意的助餐服务,并取得了良好的社会效益。这一效益具体表现为为老助餐的服务范围和惠及群体不断扩大,助餐的运营配送模式在不断完善的过程中趋于成熟,助餐服务更加定制化、个性化三方面。

(一)"我嘉厨房"化身"万家厨房"

衡量老年助餐服务的重要指标之一,便是这项服务的惠及群体是否在不断扩大。唯有惠及更多老人甚至其他社会群体,助餐服务才能创造更多社会效益,展现自身的公共价值。自"我嘉厨房"建立以来,嘉定区一直通过政策宣传、经济补贴等措施,努力提升"我嘉厨房"在社会面尤其是老年居民群体中的知晓度,以持续增加该助餐服务的惠及群体。目前,"我嘉厨房"不仅凭借其优良的服务质量和良好的政策宣传推广在嘉定区的老年居民中积累起较好的口碑,而且在社会上也有一定名气,并在供应能力充足的情况下向社会提供配餐服务,满足其他社会群体对餐饮服务的需求。

截至2022年8月,嘉定区设立了社区长者食堂9家,各类助餐服务场所380家,日供餐能力达到9 400客,每日实际供餐4 800客。这些助餐点向老年居民提供从堂食、自助取餐到送餐上门的服务,具体服务标准取决于老年居民的身体健康状况,同时兼顾其主观意愿。在供餐能力存在富余的情况下,部分助餐点还适当引入市场机制,向社会开放餐饮供应。随着服务范围的不断延伸和服务群体规模的不断扩大,"我嘉厨房"的服务不再仅仅局限于老年群体,也开始向其他居民提供餐饮服务。换言之,"我嘉厨房"已不再局限于"长者厨房",而正在向更具公益性、惠及更多社会群体的"万家厨房"转变。

(二)"中央厨房"成为"样板厨房"

对于带有公益性的老年助餐机构而言,采取合理的运营模式,在高效提供助餐服务的同时,有效控制助餐运营成本,无疑是关乎其生存发展的重中之重。"我嘉厨房"在向社会提供助餐服务的实践中,不断根据实际情况改进自身的运营管理模式，经过不同运营模式的碰撞和迭代，在这一过程中逐渐形成了以为老服务为导向，便于运营监管的"中央厨房"模式。该模式在综合考虑助餐点的地理位置和供餐资质、能力的情况下，选择点位合适、供餐条件较好、能力较强的助餐点设立"中央厨房"，向其余助餐点集中供餐。这种运营模式已被实践证明是成功的，成为助餐服务的"样板厨房"。

嘉定区"我嘉厨房"的运营经验表明，"中央厨房"运营模式具有如下优点：① 可以充分利用既有助餐点，有效降低改造工作产生的各种经济、人力成本；② 可有效形成规模效应，在摊薄各种原料、运营成本的同时，通过集约化生产提升供餐能力；③ 便于对餐品质量进行监管，在降低监管成本的同时提升品控工作的效率。此外，由于对原有运营管理关系的改变相对有限，"中央厨房"可以有效包容各种既有的助餐点运营模式。自嘉定区开始推广"中央厨房"模式以来，原有的三种运营模式逐渐与之整合并陆续融入这一新模式。未来，"中央厨房"将会成为为老助餐的"样板厨房"，继续高效地为老年居民提供助餐服务。

（三）定制服务满足多元需求

不同于面向不特定群体的商业化餐饮服务，带有公益性质、以老年居民为主要服务对象的为老助餐服务需要充分考虑到其目标群体对健康饮食的需求。通常而言，老年居民对餐量的要求往往低于餐饮供应的平均水平，但对餐食的适口性和营养均衡程度却有着更高的要求。这就要求老年助餐服务要根据老年居民的饮食需求，不断优化配餐的制作和供给流程，确保能够满足不同老人对餐食的多元化需求。"我嘉厨房"在供餐服务过程中不断积累经验，调整优化相应的配餐流程，目前已具备了向广大老年居民提供定制配餐服务的能力，可充分满足老人们多元化的助餐需求。

在老年助餐供给方面，"我嘉厨房"秉持为老助餐的四个"一点"（热一点、软一点、酥一点、淡一点）理念，增加面食、杂粮、粥食的供应比例和品类；同步提升配餐与送餐服务水平，满足老年居民对餐食的软、烂、嫩、清淡、温度方面的需求；建立"嘉定区助餐服务管理平台"，在对全区老年人助餐工作进行统一管理的同时,精准统计、识别不同老人对助餐服务的多元需求,并在配餐、送餐过程中予以满足。目前"我嘉厨房"在为老助餐服务中已形成了标准化与定制化的动态统一,通过经验积累和智能管理,在为老年居民提供标准、营养、健康的配餐的同时,有效满足其多元化的助餐服务需求。

四、启示·展望

目前,"我嘉厨房"已在嘉定区的为老助餐服务领域形成了品牌效应和示范效应,其成功经验主要有三点:第一,为老助餐服务要精准识别老年居民的餐饮需求,特别是要找准供餐服务的痛点、堵点;第二,"中央厨房"的集约化运营模式可在降低为老助餐的运营、监管成本的同时,有效提升助餐点的供餐能力和品控工作的效率;第三,为老助餐服务需要做到标准化与定制化的辩证统一,在为老年居民提供健康适口的餐食的同时,满足其多元化的餐饮服务需求。

"我嘉厨房"还将进一步提升自身的供餐能力和服务质量,增设中央厨房,构筑覆盖范围更广、更为完备的配送网络体系,进一步扩大其惠及群体,甚至从为老助餐转化为具有更强公益性质的社会助餐。同时,"我嘉厨房"在实践中形成的"中央厨房"运营模式也将在今后的运营管理中进一步完善,也可为其他老年助餐体系的建设工作提供参考和借鉴。秉持"让老人吃得安心、舒心、放心"这一运营理念,"我嘉厨房"今后还将持续为老人提供高效、便捷的助餐服务。

筑巢引凤：住房政策体系保障人才居有所安

一、背景·缘起

人才是引领城市发展的第一动力，对于嘉定等以技术产业为主导的新城区而言更是如此。随着嘉定区的不断发展，汽车制造业、电子工业以及其他各种衍生产业也日渐兴盛，这些产业对各种技术人才的需求更是与日俱增。随着嘉定区各种技术产业的进一步发展，人才缺口也随之扩大，唯有保持对人才的吸引力和凝聚力，才能为辖区内各种产业的发展提供其所需的人力资源。从政策角度而言，唯有制定更有吸引力的人才政策，才能确保嘉定区今后的发展中能获得稳定、持续的人才支持。

正所谓"有恒产者有恒心"，嘉定区要想让人才"引得来""留得住"，就需要解决好人才的住房问题。早在1999年，嘉定区便建设了10套租赁式的人才公寓，为当时的国际汽车城等重大项目建设所需的高层次人才解决住房问题。很多曾入住该公寓的人才日后都成为支撑嘉定经济社会发展的骨干力量。此后，嘉定区一直专注于构建、调整人才住房政策保障体系，以确保人才能够居有其所。2008年，嘉定区便开展了关于人才吸引政策的社会调查，调查发现超过80%的调查对象认为"房价过高"是阻碍自己留居的首要原因。同年，《嘉定区优秀人才住房优惠实施意见》出台。

鉴于上海市房地产市场的热度的持续上涨，嘉定区也不断从租住两方面加大住房补贴力度，完善人才住房政策。2013年，《嘉定区人才公寓建设和管理实施意见（试行）》出台，嘉定区开始依托区公租房公司运营管理区级人才公寓。2015年，《嘉定区优秀人才购房货币化补贴实施办法（试行）》出台，嘉定区的配售房政策正式过渡到购房货币化补贴政策。2017年后，嘉定区面对房屋租售价格的上涨，进一步加大了政策补贴力度。目前，嘉定区已形成了覆盖面更广、支持力度更大、更具竞争力和吸引力的住房政策体系。这一住房政策体系让更多人才来到嘉定区安居乐业，为区域发展做出他们应有的贡献。

二、举措·机制

嘉定区调整和完善住房政策体系的方式主要包括：一是根据房地产市场状况加大政策对人才群体的扶持力度；二是根据人才的住房需求，不断扩大住房政策的覆盖范围，并以多元化的方式为人才提供住房方面的补助和支持；三是不断向有住房需求的人才群体宣传住房政策，并调整、简化住房政策补助的申请流程，从而不断扩大住房政策的惠及范围。这些举措使得嘉定区住房政策体系日趋完善，并有效提升了该区对各类人才的吸引力。

（一）随行就市提升住房政策支持力度

嘉定区的住房政策体系设立的初衷，便是通过为人才提供相应的住房补贴，吸引人才来嘉定定居，为本区的经济和产业发展做出贡献。在上海市房价不断上涨、各区人才竞争日益激烈的情况下，为了保持住房政策体系对于广大人才的吸引力，嘉定区政府也在不断根据房地产市场的行情，随行就市地为人才提供富有竞争力的住房补贴政策。嘉定区不仅逐渐提升对人才租房的补贴力度，而且持续增加对人才购房的补贴力度，使之能稳定地跟上住房租赁市场的平均增长速度，从而维系甚至提升本区住房政策体系在同类政策中的竞争力及对各类人才的吸引力。

在租房补贴政策方面，2009年，嘉定区印发了《嘉定区优秀人才专项租房补贴实施细则（试行）》，按照600元/人/月和400元/人/月的标准向通过审批的优秀青年骨干和优秀应届毕业生发放租房补助。到了2017年，补贴标准已逐渐提升到1 200元/人/月和800元/人/月，在8年间增长了一倍。此外，嘉定区还投资建设人才公寓，以低于市场平均水平的价格向通过评定的人才出租。嘉定区在租房补贴上的调整，客观反映了当地房屋出租价格不断上升的趋势，更反映了嘉定区政府通过持续提升租房补贴留住人才的诚心。嘉定区持续提升的住房补贴不仅帮助人才解决了租房中的燃眉之急，更提升了人才"留下来、留得住"的信心，为嘉定区组建、保有稳定的人才队伍提供了坚实的保障。

在购房补贴政策方面，嘉定区最早的购房补贴政策可追溯到早期的人才住房配售政策。根据这一政策，符合条件的高层次优秀人才可按户申请配售房，每户按市场销售价格的60%优惠申购70～90平方米的配售房。但这一政策的适用对象稀少，惠及面狭窄。随着嘉定区经济的不断发展，越来越多的人才收入水平持续提升，其购房需求也日益迫切起来。鉴于此，嘉定区政府也审时度势地推出了新的购房补贴政策。2015年，嘉定区发布了《嘉定区优秀人才购房货币化补贴实施办法（试行）》，两年内实际向77人发放购房补贴共2 313万元。随后，嘉定区根据补贴对象的反馈，进一步调整补贴标准，加大补贴力度，将购房货币补贴分为70万元、60万元、55万元及45万元4档，以更好地满足引进人才对购房补贴的需求。

在过去的十余年间，嘉定区不论是租房补贴还是购房补贴，其标准与政策确立之初相比都有了明显的提升。不断提升的租房和购房补贴标准，有效缓解了房价上涨给人才带来的经济压力，在帮助人才解决眼下急难的同时，也树立了人才对嘉定未来发展的信心。这保障了嘉定区在日趋激烈的人才竞争中能够获得本区经济和产业发展所需的人才支持。

（二）扩大政策惠及面满足多元住房需求

人才对于住房政策的需求并不是一成不变的。除了传统的租购需求外，人才的住房需求还会随着当地经济发展变得更加多元化。例如，嘉定区出台创业和小微企业利好政策，势必会吸引更多人才和小微企业进入该区。新流入的人才需要租赁住房，新入驻的小微企业也需要租用价格相对低廉的办公场地。由于小微企业对人力成本更加敏感，所以流入人才的租房成本也会通过影响人才的居留意愿，间接地影响入驻企业的运营状况。在这种情况下，唯有系统、全面地调整和完善住房政策体系，才能真正有效地满足辖区内人才和企业的住房需求，进而带动区域经济和产业发展。嘉定区一直以来都在与时俱进地对住房政策体系进行调整和完善，以满足各类人才日益多元的住房需求。

早在1999年，嘉定区就开始试行各种人才住房补贴政策。在当时，嘉定区住房政策补贴的方式相对单一，主要以配售房和货币补贴为主，也仅有少数得到认定的"高端人才"才能享受到相应的待遇。到了2009年，嘉定区出台了《嘉定区优秀人才专项租房补贴实施细则（试行）》，开始扩大住房政策体系的惠及范围。2013年，嘉定区出台了《嘉定区人才公寓建设和管理实施意见（试行）》，通过兴建人才公寓，进一步扩大租房补贴政策的惠及面，提升补贴方式的灵活性。2015年，随着《嘉定区优秀人才购房货币化补贴实施办法（试行）》发布，配售政策正式被购房货币补贴政策所取代，也标志着继租房补贴政策后，购房补贴的政策惠及范围也开始扩大。2017年，《嘉定区创客客栈补贴实施办法》出台，自主创业、小微企业也被纳入了住房政策体系的补贴范围。

纵观嘉定区住房政策体系的发展历程可知，嘉定区始终在实际条件允许的情况下，不断扩大住房政策的惠及范围。从租房政策到购房政策，从少数"高端人才"到通过审定的广大人才群体，从作为个体的人才到小微企业，嘉定区住房政策体系的不断完善，使各种政策可以惠及更多人才群体，满足他们随着社会发展而日益多元化的住房需求。经过十余年的不断调整和完善，嘉定区建立了由《嘉定区优秀人才住房工作实施意见》《嘉定区优秀人才租房补贴实施办法》《嘉定区人才公寓建设和管理实施办法》《嘉定区创客客栈补贴实施办法》组成的"四位一体"优秀人才住房政策体系。此外，还有《嘉定区优秀人才配售房售后管理实施办法》和《关于嘉定区优秀人才住房工作的职责分工及保障办法》，用于处理住房政策体系中的历史沿革问题。

嘉定区住房政策体系的完善，其背后是嘉定区政府一直以来与时俱进地根据人才住房需求的变化，不断调整和改进住房政策的结果。持续完善、惠及范围不断延展的住房政策体系不仅可以为流入嘉定的人才提供更为坚实的住房保障，满足其多元化的住房需求，而且可以吸引更多人才来到嘉定落户生根，为嘉定的经济发展和社会建设添砖加瓦。

（三）精简申请流程为人才降下"及时雨"

就住房政策体系而言，相对广泛的惠及面和具有竞争力的补贴力度固然是政策制定和调整过程中的重要考量因素，也左右着人才对定居地域的选择。相比之下，住房补贴政策的申办流程是否便捷，却往往受到政策制定者和人才群体的忽视。住房补贴政策的申办流程是否便捷，意味着人才能否及时获得政策提供的经济补贴。如果补贴政策的办理流程冗长繁杂，不论其补贴力度多么大，覆盖范围多么广，都会因作为补贴对象的人才未能及时获得相应的经济补助而显得"口惠而实不至"。为了解决住房政策体系流程繁杂的问题，嘉定区始终根据政策评估结果和人才反馈，不断从"台前"与"幕后"简化、优化住房补贴政策的申办流程，为需要住房补贴的人才降下"及时雨"。

资金保障是任何住房补贴政策实施的关键。唯有确保住房政策的资金能够及时到位，才能确保申领住房补贴的人才及时获取所需的补贴。因此，在精简优化住房补贴政策体系的"幕后"，充足的资金保障无疑是其关键所在。倘若没有足够的政策资金，住房补贴的发放流程也只会一拖再拖，乃至遥遥无期。为了给住房政策体系提供稳定的资金保障，嘉定区政府在财务层面不断调整、优化预算资金来源。其中，租房补贴的资金都是来自一般公共预算，按照税收户管由区镇两级财政各自承担50%，其他由区财政局统筹安排；住房补贴的资金则来自"嘉定区优秀人才住房基金（配售房配套资金）"，由原人才配售房政策用人单位10%配套资金、配售房剩余房源自行销售的政府回收资金构成。以上稳定的资金来源为嘉定区住房补贴足额、按时发放提供了必要保障。

在资金充足的情况下，对于政策申办流程的精简、优化便成为使引入人才能及时获得住房补贴的关键。嘉定区政府在改进、完善其住房政策体系的过程中，高度重视政策流程的精简和优化。嘉定区不仅定期通过各种方式对享受各类住房补贴的人才进行政策满意度调查，而且收集他们对政策办理流程的评价和建议，在保证审批过程公平性、审批结果可靠性的基础上，最大限度地精简和优化政策申办流程。嘉定区的这一努力在人才群体中得到了普遍认可。嘉定区对各类住房政策申办流程的精简和优化,有效提升了各类人才在住房方面的满意度和获得感,也增加了本区住房政策体系对人才的吸引力。

在补贴力度和政策惠及范围之外,嘉定区颇有预见性地注意到了住房补贴政策申办流程对人才满意度和获得感的影响,在打牢政策资金保障基础的情况下,积极收集政策惠及群体的意见和建议,不断精简、优化住房补贴的申办流程。这一做法及时满足了亟需政策补贴的人才群体的住房租购需求,有效提升了人才群体的政策体验,显著增进了其满足感、获得感。

三、创新·成效

嘉定区住房政策体系自实施以来,经过不断调整和完善,在人才竞争中始终保持着一定的竞争力和吸引力,有效保障了嘉定区能够获得足够的人才支撑其经济发展和社会建设。自住房政策体系建立以来,嘉定区不仅在人才和科研成果的吸引量上连创新高,而且住房政策的惠及面也在持续扩大,资金利用效率更是不断提升。

(一) 人才成果引入量逐年攀升

在房屋租购需求日益成为当前上海市人才引进的"痛点""堵点"的今天,衡量嘉定区住房政策体系的实效究竟如何的最佳标准自然是人才和科研成果的引入量。事实表明,随着嘉定区住房政策体系的建立和不断完善,嘉定区在经济发展、人才引进和科研专利方面也取得了显著增长。以上成果有效推动了嘉定区的经济和社会发展,也是嘉定区住房政策体系成效的有力证明。

统计数据表明,嘉定区2016年引进人才增长率为27.44%,授权专利数增长率为7.94%,技术贸易额增长率为23.75%;2017年引进人才增长率为9.60%,授权专利数增长率为20.51%,教育人才增长率为2.46%,卫生技术人才增长率为7.15%,技术贸易额增长率为67.94%;2018年引进人才增长率为12.74%,授权专利数增长率为37.83%,教育人才增长率为2.17%,卫生技术人才增长率为7.39%，技术贸易额增长率为152.79%；2019年教育人才增长率为5.06%，卫生技术人才增长率为5.44%。

在人才学历构成方面，2017—2020年评定的2 065名人才中，学历为硕士的人才最多，达1 200人，占比为58.11%；其次是本科学历的人才，数量为781人，占比为37.82%；博士学历的人才数为73人，占比为3.54%；大专学历的人才共10人，占比为0.48%；技校人才（二级技师）1人，占比为0.05%。由此可见，在嘉定区评定、引入的人才中，超过60%的人才具有硕士及以上学历；具有本科及以上学历的人才占比更是达到了近99%。嘉定区住房政策体系对人才的吸引力和对当地经济发展的重要贡献由此可见一斑。

（二）住房政策的惠及人数不断增长

在人才竞争日趋激烈的今天，住房政策惠及人数无疑是衡量政策效能的又一重要标准。一项住房政策必须能够不断惠及更多人而不是少数人，才可以发挥吸引人才而不是排斥人才的效果。诚然，人才的评定标准不宜过滥，但住房补贴政策在纾解人才的住房压力的同时，还需要考虑到"千金买马骨"的政策导向问题。唯有不断延伸住房政策体系的惠及面，才会吸引更多优秀的人才前来定居。嘉定区也一直致力于此。

在租房补贴方面，嘉定区优秀人才专项租房补贴政策自2009年开始实施，截至2020年底，共审批18批次共5 754名人才，覆盖嘉定区高校、科研院所，教育、卫生等事业单位，中小微、高新技术等企业单位。在购房补贴方面，嘉定区购房货币补贴政策出台于2015年，2016—2017年计划评定优秀人才500名，经领导小组审核通过获得资格的共310人；2018—2019年度计划评定优秀人才400名，实际完成评定的对象有396名。与早期政策相比，嘉定区的住房租购补贴惠及的人群范围均出现了显著增长。

（三）区域人才储备更加雄厚

嘉定区的住房政策体系自草创开始，便不断为嘉定区吸引其发展所需的人才。随着嘉定区经济和产业的发展，这些人才也陆续成长起来，走上了领导岗位，甚至为嘉定培育出下一代人才。正是住房政策体系提供的稳健保障,使得第一代人才能够居有所安,在嘉定落地生根,稳定发展,在为嘉定区产业经济发展做出贡献的同时,将自己的经验传授给新一代人才。为人才提供稳定的居住环境,这种代际知识传承才有可能得以实现。知识和经验的传承提升了嘉定区人才的整体素养,也从个体层面增强了人才的综合能力。如此一来,嘉定区人才储备的综合能力便得到了有效提升。

随着嘉定区住房政策体系的不断发展和完善,其为人才安家落户提供的帮扶力度也与日俱增。这种实效在人才群体当中逐渐积累、转化为口碑,也使得更多人才产生了来到嘉定工作、定居的想法。特别是嘉定区政府能够顶住房地产市场的压力,随行就市地提升政策的补贴力度,始终保持住房政策体系在同类政策中的竞争力。这既向人才群体传达了嘉定区求贤若渴的信号,也为有意来嘉定工作生活的人才提供了稳定的预期。这种效应显著提升了嘉定区对尚处于观望状态的人才群体的吸引力,扩充了其潜在的人才储备量,使区域人才储备变得更加雄厚。

四、启示·展望

早在2008年,嘉定区为吸引人才,确保人才居有所安,便开始未雨绸缪,打造符合自身发展需要的住房政策体系。经过十余年的调整和完善,嘉定区的住房政策体系保持了在同类政策中的竞争力和对人才的吸引力,持续纾解人才在住房租购方面遇到的各种困难,有效引进了嘉定区产业发展所需的各类人才,为嘉定区的经济发展和社会建设提供了坚实的保障。可以说,嘉定区能取得如今的发展成绩,有赖于众多人才的加盟;而一套多维覆盖、体系完备的住房政策体系在引入人才方面显然功不可没。

嘉定区构筑住房政策体系的成功经验表明,一套有效的住房政策体系,首先要与时俱进、随行就市地提升自身的补贴力度,以确保跟上住房市场的发展速度,保持自身的竞争力和对人才的吸引力;其次要不断扩大政策的适用群体和惠及范围,满足各类人才对住房的多元化需求;最后要不断精简、优化政策申办流程,确保人才能够在申请之后及时获得其所需的经济补贴,从而提升人才对政策的满意度、获得感。以上三点不仅是嘉定区住房政策体系的成功经验，而且也可以为类似政策的制定、改进提供参考和借鉴。未来，嘉定区还会进一步完善其住房政策体系。有道是"锦上添花易，雪中送炭难"，在国计民生压力增大、就业形势严峻的情况下，嘉定区应尽己所能地根据本区人才的实际情况，积极调整和完善现有的住房政策体系，以有效纾解人才群体面临的住房难题。

老有所依：长护险守护桑榆暮景

一、背景·缘起

随着上海老龄化程度不断加深，民众对老年照护的需求也逐年攀升，嘉定区也不例外。随着嘉定区产业发展和人口涌入，辖区内老年人口的数量也随之迅速增长。不同于养老照护相对完善的中心城区，嘉定区老年照护服务的供给体系仍有待完善。虽然嘉定区政府一直在努力加强辖区内为老基础设施建设，但由于地广人稀，要想实现老年照护基础设施的全面覆盖仍需时日。老年照护工作，特别是失能、半失能老人的照护工作，不仅需要耗费大量时间、精力，而且需要专业知识和技能。对于缺乏时间、精力和专业技能的普通家庭而言，老年照护无疑是一项沉重的负担；对政府来说，全面负担失能、半失能老人的照护成本也不太可能。在这种情况下，通过引入来自社会的多方助力，填补嘉定区老年照护空白，其重要性不言而喻。

保险作为一种社会共济方式，无疑是解决这一广大居民急难愁盼问题的理想机制。为了让老年居民老有所依，也为了让青壮年居民能够减轻照护负担，长期护理险（以下简称长护险）便应运而生。长期护理险是以社会互助共济的方式筹集资金，对经评估达到一定护理需求等级的长期失能人员，为其基本生活照料和与基本生活密切相关的医疗护理提供服务或资金保障的社会保险制度。长期护理险照护开支主体由长护险基金承担，其余部分则由参保人承担。作为新生事物，长期护理保险如何实现健康运行，可持续地为老年人口提供照护服务，仍面临诸多挑战。经过不断的实践探索，嘉定区形成了一套相对完备的运作和管理机制，为广大银发群体的桑榆暮景提供了坚实的保障。

二、举措·机制

承前所述，维系长期护理保险的稳健运营绝非易事，需要解决以下问题：① 老龄居民的健康状况评估问题；② 照护机构的资质审核问题；③ 照护质量的评估和监管问题。以上三项问题彼此之间又有关联，例如老年居民的需求评估问题会影响到照护成本，进而影响到保险费用分担比例。唯有针对这些问题做好平衡工作，同时根据实际情况不断调整规制措施，才能有效维持长护险的稳定运营。嘉定区政府主要通过优化评估流程、照护机构实施属地化管理、设立监督和失信惩戒制度来对长护险进行规制，以确保其健康运营。

（一）需求评估客观公正服众心

长护险的主要服务对象是失能、半失能的老年居民。而如何评估老年居民的健康状况，则是长护险需要解决的首要问题。如果评估标准过于严苛，不仅无法使长护险惠及目标群体，而且还会导致参保人群不断萎缩，使得长护险因参保人数过少而难以为继；如果评估标准过于松散，则会导致参保人数过多，进而导致长护险开支增长过快，运营负担过重。同时，将资源用于照料尚有余力自持的中老年居民，不仅意味着最需要照料的老年群体未能得到应有的照护，而且还会引发社会公平问题，损害长护险在民众中的口碑和政府的公信力。确保健康评审的客观公正，不仅需要专业知识，而且需要结合政府的经济能力，更需要有相应的监督机制。嘉定区政府着力优化评估流程，确保需求评估结果客观公正，让评估对象和其他民众都能信服。

首先，对老人健康状况的评估应当由具有专业知识、了解评估对象基本情况的医务工作者负责。在嘉定区，这一职责由各街镇社区卫生服务中心家庭医生团队（包括团队护士）承担。家庭医生既具有一定的专业知识，又因长期从事社区保健工作，积累了较多的老年照护工作经验，而且由于长期的工作接触，他们对老人的基本情况较为了解，因此是理想的需求评估主体。同时，居民对当地社区家庭医生团队的情况也较为熟悉，彼此之间有着相对稳定的社会关系,其评估活动也处于民众的监督之下,这有助于提升参保老人需求评估工作的透明度和可靠性。

其次,为了尽可能地保证评估能够全面、客观、真实地反映评估对象的健康状况,需求评估的流程由预评估和正式评估两部分组成。评估团队会对申请参保的老人三个月以来的健康状况进行全面评估,这样既可以避免老人因健康状况突然恶化而无法申领长护险,又可以避免参保群体在评估中可能发生的各种道德风险。在评估过程中,评估团队会在提前明确告知并征得评估对象同意的情况下,对评估过程录音录像,作为评估依据。这些措施有效减少了评估结果的偏差,增进了民众对长护险需求评估的客观性和可靠性的信任。

最后,为了充分发挥广大居民群众的监督作用,在需求评估结束后,嘉定区会在社区事务受理中心、村居或者养老机构对评估结果进行"双公示",并第一时间对民众的质疑进行回应。"双公示"作为整个需求评估流程中重要的一环,通过对需求评估流程中存在的各种问题查漏补缺,既可以避免评估工作中的疏漏导致失能或半失能老人无法获得应有的照护,又可以避免少数尚有余力的申请者通过不正当手段挤占养老照护资源。此外,"双公示"也可以向民众证实评估流程的合规性和评估结果的公正性,从而增强民众对需求评估的信任度,增进民众对长护险的了解。

(二) 严格遴选过程打造照护精品

在照护服务供给方面,长护险主要委托有资质的护理机构为参保老人提供各种规格的老年照护服务。但护理机构作为政府与参保人之外的"第三方",本身具有一定的逐利动机。唯有对各照护机构进行有效的监督和规制,才能确保它们有效地为参保老人提供高质量的照护服务。嘉定区政府根据老年照护服务的特点,强化纳保遴选制度,加强对服务机构的遴选和监督,从而确保各照护机构能够保质保量地为参保老人提供相应的服务。

首先,嘉定区为长护险居家护理机构划定了服务片区,并以此为基础开展机构遴选。在老年照护中,服务的可得性与照护质量息息相关。为了确保各护理机构能够在自身的服务范围内专心致志地为照护对象提供优质服务，嘉定区根据参保老人的居住分布和护理机构的资质与服务供给能力，划定了相应的服务片区。有意参加遴选的机构必须遵守协定，在特定服务范围内提供老年照护服务。这有助于督促服务机构深耕服务区内的老年照护业务，为老人提供更加优质的护理服务。服务区的划分可谓纳保遴选的管理基础。

其次，在提供老年照护服务的机构之间实施纳保遴选制度，通过建立"能上能下"的竞争和评估机制，督促机构做好老年照护服务的供给工作，确保参保老人能够享受应有权益。纳保遴选是由政府对有意提供长护险居家照护服务的机构进行考察评选，中选机构纳保后方可在规定的服务范围内开展长护险居家服务。通过了纳保遴选并不意味着护理机构就此端上了"铁饭碗"，嘉定区政府会对入选机构的照护服务供给工作进行监督，并与无法达到服务标准的机构解除协议。这种竞争性选拔机制的引入，有利于调动护理机构的积极性，使它们不断提升照护服务的质量，从而惠及参加长护险的老年居民。

最后，为了更好地向老年群体提供护理服务，嘉定区在加强对护理机构监督规制的同时，还向它们提供必要的支持，帮助其解决服务供给中遇到的各种困难。就长护险提供的老年照护服务来说，最为迫切的问题莫过于缺乏训练有素的护理人员。针对这一问题，嘉定区积极帮助定点护理机构开展护理人员培训工作，不仅组织了多次护工集体培训，而且还帮助定点护理机构建立起系统、规范的人员培训机制。随着更多新入职的护工接受岗前培训，以及在岗护工接受再教育，护工队伍日益壮大，护工的平均素质也有了提升，嘉定区长护险的照护服务质量获得了更加坚实的保障。

（三）监督惩戒为"长护"保驾护航

正所谓"无规矩不成方圆"。长护险在运行过程中存在诸多"灰色地带"，亟待建章立制加以管制，以保障其健康运行。参保老人会为了获得更高级别的照护服务隐瞒自身真实的健康状况，或是要求照护机构提供照护范围之外的各种服务；政府管理部门和下级经办机构可能会挪用长护险资金，或不按规范对长护险资金使用状况进行记录；照护机构及其护理人员则可能在提供照护服务时"短斤少两"，而老人由于身体状况欠佳、认知能力下降而对此求告无门。针对以上潜在问题，有必要建立监督惩戒机制，规制长护险项目中各方的行为，尽可能地降低长护险运营面临的风险，避免其演变成另一种层面的"公地悲剧"。嘉定区针对参保人、机构管理人员和定点护理机构，分别制定了相应的监督惩戒机制，以确保长护险的稳健运营。

从长护险的运营实践经验看来，作为参保人的老年群体，其存在的潜在问题主要有二：一是隐瞒自身的真实健康状况，试图通过装病等方式获得更高的护理等级；二是改变长护险的实际用途，不少老人在护理需求不高的情况下，会将上门服务的护工视为家政人员，并要求他们提供打扫卫生等家政服务。由于失能照护对护工的素质要求和服务成本要明显高于家政服务，这种做法显然会浪费宝贵的照护资源。针对以上问题，嘉定区通过强化对照护服务的"时间印记"的监督管理，确保老年照护服务契合其初衷与实际目的。所谓"时间印记"，由打卡、照片、短视频等组成，嘉定区通过这些印记对护工和护理机构进行监督，以保证他们将照护服务落到实处。

在长护险的运营过程中，如何确保定点护理机构按时且足额足量地提供照护服务，是监督惩戒机制需要解决的另一问题。嘉定区制定了明确且严格的违规积分计分制度，相关部门会根据照护机构的上门时间表，在相应的时间段对照护机构的服务提供状况进行随机抽查，同时也会通过对签约老人进行走访、电话回访等方式核实照护机构的服务提供状况。对于检查不合格的机构，嘉定区政府会根据情节轻重，对其采取暂缓结算、限制其服务规模等惩处措施，严重者则与之解除协议。同时，嘉定区还成立了质控组，对老年照护服务实施全过程进行管理，通过监督及时清除服务过程中的隐患和疏漏，以"奖掖先进，鞭策后进"的方式提升定点护理机构的工作积极性和服务的规范性。

为了进一步约束长护险项目中的各方行为，嘉定区政府还开展了各类专项行动,打击长护险运营中的各种违法违规行为。2021年6月,嘉定区开展了打击"三假一骗"("假评估、假服务、假结算,骗取医保基金")的专项整治行动,对辖区内的所有评估机构、定点服务机构等进行了全面检查,并从存在违规行为的11家机构追回资金1.05万元。2021年11月,嘉定区针对一起欺诈骗保事件启动全市首例行刑衔接案件,相关机构在自查后,以行刑衔接的方式将涉案线索移交上海市公安局嘉定分局,并抓获4名犯罪嫌疑人。对此类违法违规行为的专项打击,不仅直接清除了长护险运营中的不稳定因素,而且对潜在的违规行为产生了震慑作用,进一步规范了长护险的运营。

三、创新·成效

通常而言,长期护理保险(特别是对失能、半失能老人的照护保险)作为一种高福利社会保险,往往会因为照护成本高昂和各种道德风险而难以为继。嘉定区在长护险的运营管理中,对长护险中的各参与方进行了有效规制,显著降低了长护险的运营成本和潜在风险,使其得以持续运营,惠及千家万户,守护广大老年居民的桑榆暮景。

(一) 长护险普及推广惠及万家

随着长护险的规制逐渐完善,其运营也渐趋成熟。最为直接的表征便是长护险的受益老人规模和结算费用在逐年增加。截至2021年12月,嘉定区全区共有长护险定点护理服务机构51家,其中养老机构(含长者照护之家)33家、居家服务机构18家、长护险定点评估机构1家。2021年,全区累计受理长护险评估申请24 039人,完成评估22 140人;累计有28 830人享受长护险服务(其中,享受养老机构照护服务的有6 051人,享受居家护理服务的有22 779人)。长护险结算总费用达3.09亿元,其中医保基金支付2.79亿元(包括评估费用364.21万元、养老机构照护服务费用4 198.41万元、居家护理服务费用2.33亿元)。

与此同时,嘉定区政府还采取各种措施,通过多种渠道,向广大居民宣传长护险,以进一步扩大长护险的覆盖范围。这些措施包括:编印长护险申请流程图、政策解读三折页、海报等,并将其发放至各街镇、村居、长护险定点机构等;在"上海嘉定"App平台推出"关爱失能老人 提升城市温度"嘉定区长护险政策有奖问答线上活动;在嘉定人民广播电台《民生热线》栏目上由专人为市民详细解读长护险的试点政策。需要指出的是,这些宣传推广措施不仅仅是将长护险送到需要老年照护的居民手中,而且要消除民众对长护险不切实际的期望,确保有余力自持的居民不会挤占宝贵的长护资源。

(二) 长护险照护质量稳中有升

有效的监管是长护险取得成功的重要保障。随着长护险的持续运营和覆盖范围的扩大,有效的监管更是成为保障和提升长护险照护质量的重要方式。嘉定区政府未雨绸缪,通过纳保遴选试点制度避免长护险定点服务机构陷入恶性竞争,并通过各种智能化技术不断发现长护险运行过程中存在的各种问题,努力提升服务质量。具体来说,长护险照护质量的提升主要包括服务质量的提升和服务品类的增加两方面。嘉定区在长护险监督中,通过采用RFID射频技术、无线通信技术等,建立了一套稳定、可靠、及时、完整的护理员智能签到系统。该系统的监控范围覆盖整个照护服务流程,从护理员到岗到完成照护工作,并可以将相应记录作为对护理员个人及其所属机构进行绩效评估的依据。

在对长护险照护服务的监管过程中,嘉定区政府不断总结和分析监管经验,改进和完善纳保遴选试点制度以及"时间印记"管理工作。这些举措确保护理机构及其护工能够向作为照护对象的老年居民提供标准化、规范化的护理服务,从而避免照护服务质量因服务范围扩大和服务对象数量增加而出现滑坡。基于已有管理经验,持续优化监管机制,是嘉定区寻找老年照护服务提升空间,提升照护服务的供给效率和整体质量的重要方法。

嘉定区还通过对照护工作人员和作为服务对象的老年群体进行调查访谈,不断收集老年群体对照护服务的需求,从而在长护险项目框架内,向参保老人提供定制化照护服务,以满足老年居民日益多元化的护理服务需求。定制化的老年照护服务可以更好地满足不同年龄层次、不同健康状况的老人对照护服务的需求。"一人一（照护）方案"对于嘉定区参与长护险的老年居民来说，已从愿望变为现实。

（三）长护险提升家庭整体幸福感

嘉定区推出长护险，不仅对改善广大老年居民的晚年生活质量有着直接影响，更是对提升家庭的整体幸福感有着重要意义。在上海老龄化程度日益加深的背景下，家庭陪护的负担也不断加重。不少家庭在生计压力下，不仅缺乏照顾老人必需的时间和人力，而且也不具备老年照护所需的专业技能。这无形中导致家庭照护陷入耗时费力、效率低下的死循环，既给家庭主要劳动力造成了沉重的负担，也使家中老人的照护质量难以获得有效保障。而长护险的出现则有效改善了当前家庭养老面临的困境。

嘉定区长护险在向老人提供照护服务的同时，还通过"政策找人"，在扩大惠及面的同时，以定制化的方式向老年居民提供更加适合其健康状况的照护服务。通过以相对低廉、普通居民可以负担得起的成本向不同健康状况的老人提供专业化、标准化和定制化的照护服务，长护险不仅提升了家庭照护的效率，改善了家中老人的生活质量，而且减轻了家庭主要劳动力的照护负担，使他们能够放心工作，改善家庭的经济状况。如此一来，家庭的整体幸福感便得到了有效提升。

四、启示·展望

大城市的老年照护问题一直是千家万户的"难念的经"。在当前老龄少子化背景下，政府有必要采取措施，减轻家庭照护压力，长护险便是这类举措之一。长护险的成功不仅显著提升了嘉定区内的失能、半失能老年居民的生活质量，而且降低了更多家庭的照护负担，避免因老年照护负担过重导致家庭陷入"失衡"的窘境。长护险项目的成功关键在于不断实施和完善各种规制措施，从而在有效控制长护险照护开支的同时，提升老年照护的服务质量，确保广大银发群体的幸福感和获得感随之提升。长护险的成功证明，在规制完备的情况下，高福利性质的社会保障体系仍然是可以持续惠及万家的。

　　尽管长护险的运行取得了阶段性成功,但长护险的高福利性质和对护理人员素质与数量的高要求意味着在可预见的时间段内,仍然要与时俱进地发展和完善长护险运营机制以降低其运营成本,并且要谨慎务实地扩大长护险的惠及范围,以免这一福利体系因盲目扩张而难以为继。目前长护险的运营经验表明,智能化系统的引入和对护理人员培训、聘用和监督流程的规范化,有助于降低长护险的运营管理成本;严格、客观地评定参保对象的照护等级,有助于合理控制长护险普惠范围,确保将资源投入最需要照护的老人身上。以上两点也将是今后长护险运营优化的主要方向。

书香空间："我嘉书房"送书香入万家

一、背景·缘起

社会主义精神文明建设是当代城市建设和治理中不可或缺的一环。书籍作为知识和思想的载体，更是向广大市民普及科技知识、传播时代思想的重要媒介之一。即便是在互联网等新兴传媒日益发达的今天，许多市民仍然希望能够拥有一个能让自己心无旁骛地沉浸于字里行间的阅读空间。从城市精神文明建设、促进全民阅读的角度来说，在城市建设中推进书香社会建设，为居民群体提供能够充分满足其阅读需求的场所、书籍，是建设阅读城市必要的物质条件；围绕这些阅读空间，还可以进一步拓展和丰富城市精神文明建设，提升市民的阅读水平和文化素养。城市阅读空间建设的重要性可见一斑。

随着上海产业发展布局的调整，嘉定区作为上海市重点建设的"五个新城"之一，吸引了大量人才入驻。在嘉定新城基础设施不断完善、物质水平日益提高的情况下，青年市民们对精神文化生活，特别是城市阅读空间的需求便日益迫切起来。然而，嘉定区的辖区面积较为广阔，既有的区图书馆、各街镇图书馆、居村图书馆以及百姓书社、农家书屋等一系列公共文化延伸服务点难以完全满足居民的差异化和多元化需求。年轻人为了解决工作和学业上遇到的各种问题需要查阅资料，孩子们需要各种童书，老年人也想在茶余饭后将读书看报作为消遣。因此，更好地满足辖区内民众的阅读需求刻不容缓。

二、举措·机制

2016年，嘉定区在调研中发现许多新建的大居、社区的公共文化服务设施相对匮乏的问题，于2017年启动了"我嘉书房"项目。"我嘉书房"是上海市嘉定区在创建国家公共文化服务体系示范区过程中，以社会化合作模式创新运营的多功能、自助化的城市公共文化空间。在多措并举下，"我嘉书房"在嘉定区迅速推广开来，并受到广大居民的普遍好评。

（一）"1+2+3+N"社会化运营扩充书房文脉

如前所述，与公共文化资源相对丰裕的中心城区相比，嘉定区作为正在建设中的现代化新型城市，既有的公共文化资源相对短缺，且由于空间区隔难以流通，这是"我嘉书房"在建设之初亟待突破的核心问题。然而，若由政府独力筹措公共图书服务资源，不仅在财政预算方面存在一定困难，而且提供的文化场地、读书活动也未必完全契合广大居民对公共文化资源的多样化需求。此外，书房作为公共文化服务平台，其运营和管理都需要各种人力、物力资源。针对以上问题，嘉定区政府根据在基层调研中掌握的情况和既有社区阅读空间的运营经验，创造性地提出了"1+2+3+N"的社会化运营模式，克服了书房在建设之初面临的资源短缺问题，为"我嘉书房"的建设推广打下了坚实的基础。

在"1+2+3+N"运营模式中，"1"即区委宣传部总体指导；"2"即嘉定区文化和旅游局、各街（镇）政府，其中区文化和旅游局牵头指导推进，各街（镇）政府协同支持推进；"3"即嘉定区图书馆、书房所在街（镇）文化体育服务中心、书房运行管理单位等3个主体，其中嘉定区图书馆以业务指导为主，所在街（镇）文化体育服务中心进行属地化管理，书房运行管理单位做好日常服务提供；"N"即由众多社会主体构成的合作伙伴，共同参与管理运营。此外，"我嘉书房"还积极引入各种企业、社会组织等，各参与主体在书房建设中或提供各种公共文化资源，或提供书房运营所需的人力与服务资源，有效解决了书房建设的资源短缺问题，大大扩充了书房的"文脉"。

（二）馆际借阅网络填补城市阅读空白

随着"我嘉书房"的建设工作逐渐展开以及民众阅读需求的增长，单一的书房显然无法满足周边群众的公共文化需求。为此，就需要建立馆际借阅网络。馆际借阅网络，一方面可以让书房之间互通有无，盘活各书房之间的公共文化资源；另一方面，也方便民众随时借还图书，通过为民众创造便利的阅读条件，增强民众的阅读意愿。为了建立完整的馆际借阅网络，"我嘉书房"项目采取了如下措施。

首先，"我嘉书房"项目在建立之初就已经为之后接入上海市图书借阅网络做好了提前规划。"我嘉书房"已被纳入上海市中心图书馆"一卡通"系统，并配有相应的查询和借还系统。居民可以自主查询所需图书的馆藏情况，并在任何一家"我嘉书房"自助办理借阅手续或归还图书。同时，嘉定区图书馆和各街（镇）文化体育服务中心根据"我嘉书房"服务人数和辐射半径开展资源配置工作，每季度至少更新一次馆藏，每次更新数量不低于总量的三分之一，确保民众对公共文化的需求可以得到及时满足。

其次，"我嘉书房"为搭建完整的馆际借阅网络，在运营管理和员工培训方面投入了大量精力，不仅在借鉴既有图书管理制度的基础上建立起一套行之有效的管理制度，而且培训出了一批训练有素、能确保馆际借阅网络顺畅运行的员工。"我嘉书房"项目自启动以来，便在嘉定区图书馆的指导下有序运行，除了专题业务培训外，还为各书房配置"派驻馆员"进行不定期指导，为常态化、优质化服务提供保障。专业的管理制度和图书服务工作者可以确保居民在任何一家"我嘉书房"都能便捷地借还图书，享受阅读推广活动。在馆员们的辛勤努力下，每家"我嘉书房"都是馆际借阅网络上的一个节点，维系着整张网络的稳定运行。

最后，"我嘉书房"通过多种措施，尽可能延展馆际借阅网络的覆盖面，以方便居民利用借阅网络，将"我嘉书房"真正转变为"我家书房"。建设更多规格统一、管理规范的"我嘉书房"，让居民在家门口就有书读，是从空间层面增加借阅网络的覆盖范围；延长借阅时间，打造"24小时书房"，是从时间层面拓展馆际借阅网络；通过在"文化嘉定云"上公开各书房的地理位置、服务项目、开放时间、联系方式、交通方式等信息，方便居民查阅并前往借阅，是从信息层面延展借阅网络。随着借阅网络在时空与信息层面的延展，公共文化对居民来说也变得触手可及。

（三）多元定制梯次满足民众阅览需求

社区中的不同居民群体的阅读需求往往是千差万别的：青年群体既需要针对工作和学习中遇到的各种问题检索和查阅各种资料和工具书，又需要在闲暇时阅读自己感兴趣的各种图书；不同年龄段的青少年则需要符合其成长阶段的读物；中年群体需要不时地通过阅读为自己"充电"，以应对来自工作和生活的各种压力；老年人则较为关注健康养生类图书，或是希望能在茶余饭后翻阅书籍报纸作为消遣。以上需求都是"我嘉书房"作为城市阅读空间和公共文化服务延伸点必须满足的。"我嘉书房"分别从意见征询、馆藏调整、打造特色三方面满足了居民多元化的阅览需求。

首先，"我嘉书房"普遍组建了志愿者团队，这些志愿者不仅承担着书房的日常运营管理工作，而且也是书房与读者沟通的桥梁。他们通过志愿服务与读者交流，收集不同读者群体对书房建设的意见与建议，同时也记录居民们的阅读需求。通过对志愿者收集到的民众需求进行整理分析，便可有针对性地增加相应的书籍品类，从而有效地回应民众对公共文化服务的需求。

其次，在信息化时代，通过分析"我嘉书房"的借阅记录，也可以从中实时了解民众的阅读需求。如前所述，"我嘉书房"已接入馆际借阅网络，可以为广大居民提供"通借通还"服务。民众的借阅记录便是其阅读需求的真实写照。依托馆际借阅网络，"我嘉书房"可以根据民众的借阅情况，及时调整各书房的馆藏书报刊类型，使民众能更为便捷地读到自己感兴趣的资料。

最后，"我嘉书房"根据周边居民的阅览需求，有针对性地打造自身的特色品牌，为居民提供更好的阅读体验。目前，已建成的30座"我嘉书房"都已围绕周边居民的阅读需求，形成了各具文化特色的阅读空间。这种"沉浸式"阅读体验正是纸质书报刊的独有魅力，而特色化的"我嘉书房"则将这种魅力进一步发挥出来，为居民提供具有不可替代性的公共文化服务。

（四）主题文化活动陶冶民众情操

"我嘉书房"在建立之初，便没有将自己框定在"城市阅读空间"的范围内。嘉定区政府希望在"城市阅读空间"的基础上，将"我嘉书房"进一步打造成集知识传播、文化交流、情操陶冶于一体的公共文化服务空间。随着"我嘉书房"的建设深入推进，各书房开始根据当地文化特点和民众对公共文化服务的需求，通过举办各种文化活动、打造书房主题文化等举措，更进一步地提升民众的精神文化需求层次，陶冶民众的情操，充分发挥"我嘉书房"作为城市公共文化服务平台，在弘扬主旋律和各种优秀文化方面的作用。

目前，各书房除引入和承接社区阅读组织建设、优秀传统艺术鉴赏、公民健康知识传播、当地历史人文展示传播、地方特色非物质文化遗产（节庆、民俗、手工艺等）传承等活动外，还围绕文化、文旅、文教、文商、文创5个系列服务品牌，建立了相应的主题场馆。这些主题馆中既有线上、线下"可借阅""可复制"的"真人书"阅读平台，又有古镇中古色古香的"非遗"连环画藏书馆，更有主打轻工业风格的智能金融阅览区。这些主题特色鲜明的"我嘉书房"，将海派文化兼容并蓄的特点展现得淋漓尽致。它们不仅通过沉浸式参与让居民有机会切身体验从书中得来的知识和思想，而且为广大居民打开了了解自己感兴趣的图书背后蕴含的文化底蕴的门扉，从而使民众越过书籍本身，望向更为广袤的知识海洋。这种公共文化服务的独特体验无疑是陶冶民众文化情操的良性模式。

三、创新·成效

随着"我嘉书房"在嘉定区落地生根，嘉定区民众对公共文化服务的需求进一步得到了满足，各种特色书房和主题文化活动更是有效陶冶了民众的情操，进一步提升了民众的精神文化层次。嘉定区政府也通过"我嘉书房"的建设工作积累了城市公共文化服务空间的建设经验，并形成了一套行之有效、可以广泛推广的公共文化服务模式。

（一）书香弥漫沁入万家

随着"我嘉书房"项目的持续推进，越来越多的社区拥有了自己的书房。这些书房填补了嘉定区在城市阅读空间方面的空白，也使社区居民的阅读需求逐渐得到满足。截至2018年,嘉定区全域已开设了30家"我嘉书房",为周边居民提供标准优质的图书借阅服务和各具特色的主题文化服务。这些书房提供的公共文化服务得到了民众的普遍好评,甚至还有更多居民通过"12345"热线,要求在自家社区周边尽快开设"我嘉书房"。所有的"我嘉书房"均在实施ISO9001质量管理的基础上,推行嘉定区基本公共文化服务标准化管理。这一系列举措确保民众能够在任何一家书房都能获得标准化服务,有效提升了民众的阅读体验。

截至2018年,嘉定区已建成开放30家"我嘉书房",建筑面积总计7 685平方米,拥有开架图书17万册,年接待读者169万人次,新办读者证近万张,借还图书逾62万册次,开展阅读马拉松等阅读推广活动近700场次。"我嘉书房"一经开设,便受到民众的热烈欢迎。部分书房自开设以来,一周接待读者数量超过1 700人次,同比增加了58.2%;有些社区阅览室在改造为"我嘉书房"后,日均到馆人次由原来的20人次上升至150人次。"我嘉书房"在民众中的受欢迎程度由此可见一斑。这份人气无疑是"我嘉书房"能够有效满足民众公共文化需求的最有力证明。

(二)活动丰富引人入胜

如前所述,"我嘉书房"在建设之初便将自身定位为综合性的公共文化服务平台,而不仅仅是城市的阅读空间。因此,"我嘉书房"在提供标准化借阅服务的基础上,根据当地特点打造了各自的特色主题,并积极开展各种文化活动,以丰富居民的精神文化生活。各书房根据自身文化特色,分别举办了读书分享会、旅行分享会、艺术分享会、生活美学分享会、社区睦邻活动等常规活动。这些活动丰富了社区居民的精神文化生活,陶冶了他们的情操。同时,丰富的常规文化活动也成为吸引更多民众了解并走入"我嘉书房",增加自己的阅读量,丰富精神文化生活的重要方式。

"我嘉书房"举办的文化活动多种多样,可以满足不同身份背景、年龄层次的居民对公共文化的需求。例如,在老年居民较多的社区,"我嘉书房"会组织开展"岁月人生"主题分享会,通过真人图书馆的形式讲述老年人自己的故事,使老年人有机会将自己的故事和人生经验分享给年轻的一代,这样既增加了老年人的社会交流,也对年轻一代的生活和发展有所助益;在青少年较多的社区,则开展以绘本为特色主题,面向家庭的互动活动。此外,各书房还会不时开展其他宣传红色文化、海派文化、江南文化、廉洁文化、家风建设的主题活动。这些文化活动陶冶了居民的情操,提升了他们的文化素养。

(三) 平台助力文脉赓续

从城市治理的角度来说,"我嘉书房"不仅是一个成功的城市公共文化服务平台,其在建设过程中积累的宝贵经验和在这一过程中产生并不断完善的城市公共文化服务平台管理体系,更是城市治理过程中不可多得的财富。事实上,"我嘉书房"项目的成功,可归因于嘉定区在经验总结和模式创新方面的成功。这种可复制、可推广的经验使"我嘉书房"在嘉定区内落地生根,并枝繁叶茂。具体来说,"我嘉书房"在创建城市公共文化服务平台方面的成功经验主要有以下三点。

首先,"我嘉书房"在阅读空间建设方面实现了标准化,确保各书房遵循相对统一的运营服务和质量管理标准。这种标准化管理可以确保民众在任何一家"我嘉书房"都可以享受到大体相同的阅读体验,在满足民众阅读需求的同时,大大增强了民众的阅读意愿。这种标准化建设主要通过对既有社区图书室或商业、半公益书房进行硬件改造、配备专业馆员、培养规范化的志愿者队伍来实现。而当形成统一标准后,推行"我嘉书房"的建设便有例可循,这也明显加快了"我嘉书房"在嘉定区内的普及速度。

其次,不断发展城市阅读空间,将其升级打造为城市公共文化服务平台。城市的精神文明建设始于阅读,但不能仅限于阅读。随着城市阅读空间的发展和完善,民众对精神文化的需求也会从最基础的阅读需求向其他更为多元的需求延伸。因此,要与时俱进地将具备条件的城市阅读空间升级为城市公共文化服务平台,通过引入文化交流、主题活动等,持续满足民众不断增长的精神文化需求;配备和改善硬件设施,加强对各种主题文化活动的孵化和培育,可将城市阅读空间升级为城市公共文化服务平台,更有效地满足民众的精神文化需求。

最后,依托城市公共文化服务平台,鼓励各类城市文化的传承、交流和创新,赓续城市文脉。城市在发展和建设过程中,必然会产生各种精神文化成果。城市公共文化服务平台的出现,为民众自发乃至自觉地传承、交流这些精神文化成果创造了良好的条件。在此基础上,城市文化创新也成为可能。"我嘉书房"不仅通过提供图书借阅服务、创建阅读空间和引入主题文化活动,传播和弘扬优秀文化,而且也成为不同文化爱好者沟通交流、滋养心灵,进行文化创新的平台。这种延续—交流—创新的过程正是赓续城市文脉不可或缺的。

四、启示·展望

当一座城市发展到一定水平时,广大居民对精神文化的需求也会自然而然地产生,并随着城市的发展变得更加迫切。但文化无形、多变、多元的特质使得民众分散的文化需求很难得到集中满足。为了应对这一挑战,嘉定区政府从打造社区阅读空间入手,逐步打造标准化与特色化并存的城市公共文化服务平台。这一举措不仅以标准化的形式有效满足了民众复杂多元的文化需求,而且为城市精神文化成果的存储、交流和创新提供了理想的平台,并使城市文脉得到赓续和发展。

"我嘉书房"项目的成功充分表明,通过标准化管理和改造,建立馆际借阅网络,开展特色化的主题文化活动,不仅可以创建进一步满足民众精神文化需求的城市阅读空间,而且还可以在此基础上将其打造成服务范围更全面、对民众更具吸引力、更能提升人们的精神文化层次的公共文化服务平台。可以预见,随着"我嘉书房"项目的深入推进和可持续发展,越来越多的特色书房会将书香送入嘉定区的千家万户,使"我嘉书房"真正变成"我家书房",也必将助力嘉定软实力的提升。

案例评析

公共服务体系的完善是国家治理能力与治理体现代化的重要场域，是提高人民群众获得感与幸福感的核心部分。嘉定区多层次、立体式地推进公共服务体系的建设，从宏观价值、中观政策、微观技术等多层面着手，立足于人民群众的现实需求，紧紧围绕人民群众的满意度，着力打造公共服务的我"嘉"名片。公共服务内涵复杂多元，涵盖民生领域的方方面面，嘉定区从现实区情出发，打造"集"与"散"立体交叉的公共服务体系，本篇选取的优秀案例涉及医、食、住、行、文等多个层面。

首先是规划先行。公共服务普及与进阶的基础是服务设施的科学规划与布局，而便捷性与可及性是设施规划的核心原则。嘉定区作为上海"五大新城"之一，当前正着力将自身建设为具有辐射带动作用、独立的综合性节点城市，以一个个"我嘉·邻里中心"串联起城市美好生活圈，逐步推动"15分钟社区综合服务圈"实现全覆盖。"我嘉·邻里中心"对标于"我家"生活，其服务内容涵盖多个年龄层次、全方位的服务需求，力求做到"足不出圈"便可享受到便捷优质的服务。更为关键的是，"我嘉·邻里中心"将服务职能与管理职能做到了有机衔接，深度融入"一网通办""一网统管"等系统，基于智慧手段，以管理为支撑，为民众提供高质量的公共服务。同时，"我嘉·邻里中心"延伸到产业园区，助推嘉定营商环境的改善。基于"15分钟社区综合服务圈"的逐步覆盖，嘉定区衍生性的规划布局也更为细化和多元，如助养结合的智慧养老服务体系也不断完善，为老年群体提供更为专业化、个性化的养老服务。

其次是理念注入。公共服务体系构建的出发点是为人民服务，而落脚点就是人民群众的满意度，所以"人民城市"理念贯穿于嘉定区公共服务体系构建的全过程。特别是在老龄化程度不断加深的背景下，对于老年群体的关爱深刻体现出了"人民城市"理念。住房问题一直是上海民生领域的核心问题，特别是老年人聚居的老旧小区的电梯加装问题，近年来成为上海市政府的重要民生工程。嘉定区创新工作模式，从"台前"转为"幕后",充分激发民众的公共参与潜能,搭建协商平台,政府则发力于制度供给、技术供给和资金供给,通过外在条件的创造,推动民众内在共识的达成。老年群体的餐食问题是另外一个可以"以小见大"的民生问题。嘉定区打造"我嘉餐厅"这一助餐服务品牌,瞄准老年群体的现实需求,建立多元化的运营模式,同时布设科学的送餐网络,为老年群体提供便捷的送餐服务。"我嘉餐厅"一方面为老年群体提供了健康的餐食服务,另一方面为其子女解决了后顾之忧,提升了家庭成员的整体幸福感。随着基础设施的不断完善,多元服务主体的不断引入,未来"我嘉餐厅"将逐步实现全年龄段的整体覆盖,为居民提供便捷、安全的餐饮服务。

最后是价值引领。价值引领基于引领性政策举措的践行,实现社会氛围的价值性塑造,夯实城市治理的价值根基。嘉定区公共服务体系的构建,旨在切实提高民众的归属感、获得感、幸福感。其核心竞争力的提升依托于人才的引进,而人才能否留得住,关键是住房保障政策体系的建设,有恒产者才能有恒心。嘉定区制定了多层次的人才住房补贴计划,并不断提升补贴标准,并且最大限度地简化申报流程,多措并举切实提高引入人才的归属感。老年群体的照护一直上海市公共服务体系构建面临的重要议题,嘉定区因地制宜,深度推行长期护理险,探索出一套行之有效的实践模式。相关职能部门严格照护机构的遴选标准,保证服务提供的专业化、人性化,完善监管流程确保服务过程的充分化、科学化,长期护理险的有效实施,不仅提升了老年群体的获得感,同时提升了其所在家庭的整体获得感。嘉定区公共服务体系还特别注重民众精神层面的需求,"我嘉书房"基本实现了全区全覆盖,在繁华都市中为民众提供了心灵的栖息地,为全龄人口提供了层次多元的精神产品,有助于提升社会整体的幸福感。

可以看出,嘉定区公共服务体系构建正在下沉基层、融入社区、贴近民众,力图打通"最后一公里",一系列的"我嘉"品牌项目,对标于"我家"的日常生活需要,这也代表了未来公共服务的基本方向。

PART 5

社会治理篇

引 言

党的十九大提出要"加强社会治理制度建设,完善党委领导、政府负责、社会协同、公众参与、法治保障的社会治理体制"。党的二十大进一步提出要"健全共建共治共享的社会治理制度,提升社会治理效能","建设人人有责、人人尽责、人人享有的社会治理共同体"。创新社会治理体制,完善基本公共服务体系,激活各类社会主体的治理活力,努力提高社会治理法治化、智能化、专业化和规范化水平,是提升社会治理水平的重要方式,也是城市精细化治理的重要路径。近些年,上海市一直在创新社会治理体制,结合网格平台、数据中心和城市大脑等智能技术,不断发展和完善政府职能体系,提高城市治理的精细化和现代化水平。嘉定区在精细化的社会治理工作中,进行了很好的探索和突破,形成了一些具有推广性的典型经验。

本篇选取了6个典型案例,其中,既有市场管理的案例,如"管理入格:违法违规经营整治的新探索""计量惠民:创建诚信计量示范集贸市场";也有环境整治的案例,如"管执联动:小区环境治理步入'快车道'""开放参与:环境设施开放的嘉定经验";还有基层执法和社区基层治理的案例,如"跨界联管:标准化协作破解'接合部'治理难题""依规而行:以标准化规范提升社区治理水平"。每个案例都是多方力量相互配合、协同共治的结果,都在既有的管理体系上进行了创新和突破,为我们进一步提高社会治理精细化水平提供了诸多启示。

管理人格：违法违规经营整治的新探索

一、背景·缘起

违法违规经营不仅扰乱了市场秩序，危害市民的身心健康，损害城市的市容风貌，也给城市执法人员和市场监管人员带来了严重的执法困难。为了有效整治违法经营现象，维护良好的市容秩序，嘉定工业区从2018年开始，推行违法违规经营综合整治行动，针对流动摊贩、占道经营、无照经营、跨门经营等违法乱象，进行了大力整改。2019年之后，工业区所辖地区已基本消除无证无照经营，生产经营安全、食品安全隐患得到了有效治理，整治工作也进入常态化运行状态。但违法违规经营整治难、回潮快的情形尚未根本改观，已经消除的违法经营点位时有回潮；配套业态不完善的住宅小区、工业园区、农村地区经常有新的点位出现；采用会销、旅游等方式违法推销老年消费品，侵害消费者权益等行为也屡禁不止。

如何尽早发现违法经营行为，一直是违法经营整治必须要考虑的重要问题。只有及早发现问题的苗头，及时治理违法违规经营行为，才能提高处置能效。2021年以来，根据违法违规经营行为具有流动性、反复性和多样性等特点，嘉定区市场监督管理局结合创城长效管理工作，根据上海市人民政府办公厅转发市工商局制定的《关于进一步加强本市违法违规经营综合治理工作的意见》和市政府关于"五违四必"的综合治理精神，与嘉定工业区相关职能部门形成联动，从源头治理出发，将违法违规经营发现机制融入城运全勤网格平台，充分利用网格内村居、联勤等多方面力量，针对无证无照经营户集中分布的特点和行业类型，选定具有代表性的区域了解情况、剖析问题，以点带面，全面推进无证无照经营的整治工作。

二、举措·机制

为巩固无违街镇创建成果,持续改善人居环境,嘉定工业区聚焦"统一部署、联勤巡查、分类处置"三个环节,在总结多年城市网格化管理经验的基础上,将违法违规经营管理的全过程都纳入管理网格之中,充分发挥网格化管理平台的组织调节功能,探索创新基层违法违规经营治理的新模式。

(一) 全勤网格平台统一工作部署

嘉定工业区分南、北两大重点开发区域,南北区域战线较长,违规经营监管人员来回巡逻距离较远,且区域之间差异较大,外来人口较多,治安管理对象较为复杂,治理难度较大。为了解决监管人员的管理难题,工业区所将违规经营整治工作纳入全勤网格平台,将工业区北区划分为25个村居网格和4个园区网格,有效覆盖了村落、居民小区、街道、河道、绿地、夜市摊群、城乡接合部、车站、旅游景区、公众聚集场所、集贸市场周边、专业市场、校园周边等重点区域,形成一张无缝衔接的管理网。在网格内分为顶线、中线、底线三条治理线,顶线、中线由党政班子领导支撑,协同市场监管局等相关部门,解决违法经营行为的处置问题;底线由基层网格长支撑,巡查和监控街道的具体经营行为。

三条治理线互相配合,再通过全勤网格指挥平台,打通综合市级转办、智能推送、巡防发现、调研走访、社会参与、媒体监督等发现渠道,实现统一指挥、统一调度、统一管理。将所有违规经营管理问题来源归到统一入口,整合各类问题的上报渠道,实行"统一受理、发现上报、指挥派遣、处置反馈、任务核查、评价归档"六步闭环式工作流程。由网格指挥平台统筹推进各单位深入"多证合一"、个体工商户"两证整合"、住所(经营场所)禁设清单、"同城通办"、"局所通办"、"一次办成"服务等商事制度改革措施,落实"双告知、一承诺"制度,进一步放宽市场准入,降低准入门槛,推进便利化、高效化的登记注册服务,促进无证无照经营向持有效证照诚信合法经营转变,从源头上减少无证无照经营行为的发生,营造良好的市场环境。

（二）联勤队伍定期巡查考核

为了尽早发现和整顿违法经营行为，嘉定工业区形成"支部+网格员+N"的联勤队伍，由党总支定期督察，由网格员协同帮助，联合公安、市场监管、环卫、水务、城管等部门人员，组织和动员群众、志愿者等热心人士，共同应对社区的违规经营问题。党总支定期督察，对各片区日常巡查中发现的违规经营等问题，及时进行提醒和告知，压实网格长的包干责任，不断提高巡查人员的责任感、紧迫感和敏锐性。由网格长带领网格员每个月结合当月的检查任务开展网格巡视，加强与执法人员的互动和联络，及时发现违法行为，协同执法人员共同处置违法违规经营行为，将新增违建管控纳入全勤网格工作事项，整合网格内管理、执法力量，开展摊位巡查，做到一人多用、一岗多责。

各个部门的执法人员与网格员定期开展联勤活动，坚持宣传告知和及早发现并制止的两大原则，充分利用疏导员、调解员、公益宣传阵地、公众号等线下、线上途径，加大对拆违政策、违规案例的宣传力度，引导辖区居民形成正确认识。压实物业前置管理职责，把握二次装修、存量翻新等关键节点，第一时间向业主发放《物业服务企业宣传告知书》，杜绝新增违建，做到100%告知在先、管理在前。联勤队伍梳理辖区重点区域和高风险人群，做到一般区域每日两巡，重点高发区域定人、定点、定时、定路线巡查，并且每日上报巡查日志。此外，嘉定工业区还建立了立体化无缝隙违规巡防网络，启用视频监控网络、无人机等智能化设备，开展空中巡查，弥补人巡盲区。依托各区、街镇网格化综合管理系统，发动社会各界力量，扩大管理覆盖面，畅通社会公众对违法违规经营的举报渠道，形成早发现、早关注、早提示、早预警、早处置的违法违规经营社会化发现机制，切实将一部分违规经营苗头扼杀在萌芽阶段。

（三）网格平台协助分类整治

嘉定工业区利用城运全勤网格平台收集违规经营案例材料和备案信息，分析"多发"和"常发"的违规经营单位和类型，在既有的违规经营整治基础上，确定了"无照经营、无证食品、老年消费品、非法加油点、沿街商铺管理"5个重点整治项目。当全勤网格平台发现违规行为时,第一时间进行约谈、关停违法经营单位,随后配合相关部门进行后续的立案查处等整治管理,形成"网格联勤冲锋在前,相关部门接单即到"的合作治理模式。

1. 无照经营管理

针对无照经营管理,先由网格联勤队伍进行摸排,搜集信息,将无照经营单位及其基本信息发送到网格信息平台和微信平台。网格平台收到无证无照经营的工单后,如果属于本部门职责的,立即上门核实,对无证无照经营户采取约谈、限期关闭、联合整治、立案查处等方式予以处置;如果城运网格平台无法直接受理,便将工单转派到市场监管局、卫计(食安)办、安全办、综治办等部门进行整治。

2. 无证食品管理

针对无证食品管理,由全勤网格平台对存量的备案餐饮经营者、食品销售者、小经营户进行定期考察,对符合条件的存量经营户,采用备案的方式纳入监管范围。对新发现的地下食品加工窝点、无证无照经营户,采取先约谈劝退、后联合整治的措施治理,由网格平台联系市场监管部门予以查处,责令停产停业,查扣问题食品。同时,网格平台还设置了食品举报奖励专栏,对新发现的地下食品加工窝点、无证盒饭加工点、无证食堂等具有社会危害性、有重大影响的食品安全违法行为,网格员以及市民均可以通过平台进行举报。

3. 老年消费品管理

针对老年消费品管理,一方面由网格员以及联络员开展药品和保健食品安全知识"大讲堂",提高老年群众抵御不法分子"健康牌、亲情牌、礼品牌"等欺诈手段的意识和能力,为老年人提供基本的关怀和照顾;另一方面,市食品药品监督管理局联合市工商局和网格成员,开展多次执法行动,加大监督抽检力度,严厉打击非法产品会销等行为,开展"护老行动",鼓励群众对保健食品欺诈和虚假宣传等违法行为进行投诉和举报。

4. 非法加油点管理

针对非法加油点管理,由全勤网格平台监测主干道和公共区域,网格员和巡视员负责监察村内、街巷等零散区域。在发现违法加油点后，全勤网格与公安部门联合执法，查封油罐、汽油、加油机等设备，取缔非法经营窝点，构成犯罪的，依法追究刑事责任。

5. 沿街商铺管理

针对沿街商铺管理，在网格平台或网格员发现违规经营商铺后，先由网格员对违规经营商铺主进行约谈，并关停商铺，随后由相关部门进行处置。对正在装修的沿街店铺，由网格员约谈负责人，了解实际经营项目，并对其办照、办证、备案予以指导；对长期闲置的店铺，张贴宣传材料，引导承租人合理选择店铺，规避盲目投资。

三、创新·成效

违法违规经营整治，既是市场监管部门的法定工作，也是基层工作人员的一项重要工作，需要双方共同努力，互相配合。传统的违规经营整治主要依靠市场监管部门发现、查处和关停违规经营单位，社区工作人员往往承担"辅助者"的角色，配合相关部门的巡视和处罚工作，缺乏主动性和能动性。在实际治理中，由于市场监管部门对城市社区以及各个街巷角落并不熟悉，监管人员往往难以有效排查到每个街角和区域，加之市场监管人员责繁事重，而违规巡查周期较长，排查难度较大，导致违法违规经营行为屡禁不止。因此，只有充分发挥基层工作人员的治理积极性，让基层网格员、协调员、志愿者等对社区情况熟悉的工作人员投入违规经营治理之中，才能及早发现、及时治理违法违规经营行为。

自2021年初以来，嘉定工业区探索发展将违法违规经营融入全勤网格的治理模式，创新性地将违法违规经营处置融入城运全勤网格平台，充分利用网格平台的信息数据和人力资源，明确网格人员问题发现、监督检查的工作要求，将违法违规经营综合治理工作纳入执法队日常网格化巡查防控体系。全勤网格人员积极参与违规经营管理的相关工作，以网格为单位逐一全面排查，对辖区内的违规经营现象做到严查严处，不留死角，不留隐患，以网格前端巡查为基础，以联勤联动为手段，强化与各职能部门的工作联动,形成有效的部门协作,及时发现和防控违法违规经营,努力营造平安有序的社区环境。

（一）提高违规经营整治成效

全勤网格将网格内的人、地、物、事、组织有机整合起来,把工作重心从治标转向治本,从事后救急转向源头治理,从"被动应对问题"转向"主动发现问题、解决问题"。2021年4月以来,全区集中完成小餐饮备案99户,小经营户备案68户,食杂店备案20户,基本完成经营单位的摸查与备案工作。在城运网格平台的辅助下,全年定期开展网格内巡查工作,对沿街商铺开展动态管理,累计开展联合整治行动26次,消除无证无照经营户26户。嘉定工业区依托全勤网格对辖区内的经营单位进行了有效的备案和摸排,帮助执法人员清点违规经营单位,有效查处和取缔了一大批危害居民健康、存在重大安全隐患、威胁公共安全、破坏环境的无证无照经营单位。经过一年多的努力,嘉定工业区彻底清除了主城区的无证无照经营行为,有效遏制了无证无照经营行为在城乡接合部和城中村聚集,杜绝出现新的无证无照经营行为聚集区,减少了农村地区无证无照经营行为,将全部无证无照经营行为纳入监管视线,取得了良好的治理效果。

（二）健全违规经营综合管理体制

嘉定工业区利用全勤网格平台,从"统一部署、联勤巡查、分类处置"三个方面优化了违规经营管理体系,理顺了无证无照经营的发现机制、监管机制和处置机制,形成了"政府领导、属地管理、部门联动、协同整治"的工作体系。首先,执法部门整合各区网格化管理平台,开展数据归集、情况分析、调度分派、数据统计,加强动态监测,完善了"早发现、早关注、早提示、早预警、早处置"的违法违规经营发现机制。其次,执法部门进一步完善了巡查巡视制度,健全了网格员日常巡查和执法队伍联勤巡查的"双巡查"机制,有效完善了违法违规经营监管机制,缩短了执法部门的监管周期,提高了执法部门的监管覆盖率,有效防范违法经营行为再度回潮。最后,执法部门在城运全勤网格平台,建设并完善了违法违规经营整治专题功能模块,设置五个专项整治模块,分类攻破违法经营整治的难点和痛点问题,进一步完善了违法违规经营的处置机制。

（三）加强执法部门协调对接

联合执法是违法违规经营整治的重要内容,嘉定工业区利用联勤网格中心将各个治理部门和人员有机连接起来。基层党委带领执法队和网格员开展网格化管理,依托各区、街镇网格化综合管理系统,将市场监督管理所、房管所、卫计（食安）办、安全办、综治办、城管中队、交通局、派出所、卫监所、城改办等部门都纳入城运联勤网格中心。由网格中心发现问题并通知和召集各个部门进行联合执法。依托网格化系统,全区以网格为单位,划分为29个网格,每个网格配备专职的网格员,负责对网格的事件巡查,网格员一旦在巡查中发现"两违"问题就迅速上报平台,由平台转交相关部门进行查处。网格平台直接对接城管社区工作室和居村联勤联动工作站,有效实现了各类监管执法部门与村居社会防控网络的有效衔接,充分发挥了基层网格员、基层党员、村居委、物业公司、社工机构和志愿组织的作用,让各个职能部门和各层级治理人员都参与违规经营的整治工作中,互相配合,及时发现和防控违法违规经营,形成多方参与、群防群治的工作局面。

四、启示·展望

无证无照经营是扰乱市场经营秩序的违法行为,也是嘉定城市管理的痼疾,尤其是在部分城乡接合部等地区,无证无照经营行为聚集,不仅严重扰乱了嘉定经济社会秩序,也成为损害人民群众利益、影响公共安全、危及社会和谐稳定与经济健康发展的突出隐患和社会问题。为此,嘉定工业区围绕市场内经营秩序混乱、环境脏乱差、消防安全隐患丛生、群租、无证无照经营、户外广告不规范、占道经营、老年消费品传销等乱象开展综合整治,将违法违规经营治理融入城运全勤网格中心,对辖区内经营单位存量情况进行调查摸底,努力做到早发现、早制止、早处置,无证无照经营的蔓延势头也得到了有效遏制。

目前,嘉定工业区根据各个网格的面积以及工作量,合理配备执法人员和网格人员,各网格之间互相协同,联合治理边界区域。针对违规经营户"钻空子""搞突击""回潮快"带来的"发现难""处置难"等问题,嘉定工业区注重发动群众,利用微信公众号、公开信等形式向社会公开违法建设举报电话,建立和落实举报奖励机制,对发现和处置网格巡查不到位的工作人员进行严格问责。下一阶段,工业区城运中心还将持续推进违法经营整治工作,落实属地化管理责任,强化动态巡查监管,对学校、医院等公共场所,以及商业中心、主要交通枢纽、主要道路沿线、无证食品经营相对集中的路段和重点区域进行重点巡逻、排查,防止回潮反弹现象的发生。

未来,嘉定工业区推进违法违规经营整治还应注重以下三个方面:第一,违法违规经营的长效管理机制仍需要进一步完善,加大对重点行业和重点地区的治理力度,采取固定值守和流动巡查的方式,加强街面管控力度,防止跨门经营现象的反弹,努力营造整洁优美、和谐有序的良好城市环境。第二,联勤网络中心的政务微信系统仍然需要进一步完善,优化违法违规经营的整治模块,完善政务微信的派单流程,加快政务微信平台的监测能力和统筹能力,缩短各个执法部门的处置周期,提高违规经营的处置效率。第三,对违法行为轻微且无严重社会危害的无证无照经营行为,要在治理的同时加强教育,积极引导经营户开展合法经营。各行政审批部门要按照商事登记改革的要求,降低市场准入门槛,优化办证、办照流程,引导经营范围、经营条件符合法律法规规定的经营户办理相关手续,使其合法经营。

计量惠民：创建诚信计量示范集贸市场

一、背景·缘起

诚信计量与人民群众的生活密切相关，覆盖人民生产生活的各个领域，直接关系到人民群众的安全健康和切身利益。诚信计量建设是政府改善民生、为民服务的必然要求，也是确保市场公平、实现放心消费、保障人民生活福祉的"第一道防线"。为了贯彻落实国务院和上海市《计量发展规划（2013—2020年）》的工作要求，打造良好的诚信计量格局，嘉定区市场监督管理局（以下简称区市场局）积极开展诚信计量示范创建工作，先后指导了安亭镇、江桥镇、真新街道成功创建"上海市诚信计量示范社（街）区"，成功建立了经营者自我承诺、政府部门推动引导、社会各界监督三位一体的诚信计量管理模式，有效提高了嘉定区的诚信计量管理水平。

为了进一步巩固诚信计量建设成果，区市场局针对部分集贸市场内缺秤少量、标价不清、以次充好、配秤不统一、使用不合格自备秤或者超期未检、水产摊位计量作弊、使用非法定计量单位等问题进行专项整治，力求从根本上规范集贸市场的计量工作，规范市场计量秩序。2020年底，区市场局在全区试点开展以标准化集贸市场为主体的诚信计量创建工作，有针对性地开展市场计量作弊防范和查处方法研究，严厉查处集贸市场的计量作弊行为，严厉整顿存在计量作弊的经营单位。经过长期的管理和整顿，嘉定区打造了一批具有示范性、代表性和引领性的诚信计量示范集贸市场，有效增强了市场主体的诚信经营意识，净化了消费环境，提升了商业、服务业计量管理水平，构建了竞争公平、消费放心的宜居生活环境，打通了计量惠民服务的"最后一公里"。

二、举措·机制

2020年12月,区市场局根据《上海市诚信计量示范社(街)区创建实施办法》,发布了《嘉定区诚信计量示范集贸市场创建实施办法》,将诚信计量示范街区创建办法转化应用到市场行业领域之中。以集贸市场为突破口,开展诚信计量集贸市场创建活动,全面提高全区诚信计量水平。2021年4月21日,区市场局召开2021年嘉定区诚信计量示范集贸市场创建工作会,向参建单位及市场所重申了创建工作的相关具体要求,对计量责任协议、计量承诺、计量投诉处理、诚信计量信用分类监管、诚信计量示范和顾客满意度等核心内容提出明确的标准,进一步提高参建单位对计量管理创建的重视度,稳步推进诚信计量示范集贸市场常态化发展。2022年,嘉定区又有7家集贸市场申请创建诚信计量示范集贸市场,目前各项创建工作正在有序推进中。

(一)统一计量器具的配备及管理

区市场局依据《嘉定区诚信计量示范集贸市场创建实施办法》对集贸市场的计量器具和计量管理进行严格管控。针对市场管理者,完善计量器具的抽查制度、计量器具的报废更新制度、惩处非诚信计量制度、诚信档案制度等。集贸市场内的所有计量器具必须进行"四统一"管理,即"统一配备、统一管理、统一检定、统一维修"。集贸市场必须设置公平秤,建立器具台账,台账内容应包括计量器具名称、型号规格、唯一性标志(如出厂编号)、使用档位、检定/校准日期、检定结论等。计量管理人员按要求登记每位消费者的复秤记录,针对负偏差超范围的情况,由主办方先行赔付给消费者,再向经营者追究责任。

此外,市场主办方还建立计量器具定期自检制度、计量器具进货验收制度、计量器具日常维护和保养制度,公开接受社会监督制度,等等。经营户必须使用法定计量单位,明码标价,杜绝短斤缺两的作弊行为。所有贸易结算用电子秤必须经法定计量检定机构检定合格,粘贴合格标签后,方可投入使用。市场内的经营户不得使用未经检定、超过检定周期或者经检定不合格的计量器具，做到强检合格标志完好，不得使用破坏计量器具准确度的电子秤，市场配备一定量值的砝码，专人负责，定期对在用的计量器具进行自校，做好记录并对出现偏差的计量器具及时送修或更换。

（二）完善计量承诺和投诉举报机制

区市场局积极引导市场主体参与诚信计量建设，建立以企业自我承诺、政府部门推动引导、社会各界监督三位一体的诚信计量管理模式。嘉定区政府积极推进诚信计量示范单位培育创建工作，引导市场管理类企业参与诚信计量示范单位创建，协助指导企业建立健全诚信计量管理制度，健全经营者承诺赔付、先行赔付、失信警示等计量承诺制度。参与诚信计量承诺的企业，依据行业诚信计量建设规范开展企业自评，自查自纠。计量科依据诚信计量建设系列标准，及时对诚信计量创建单位提交的材料开展完整性审核，深入了解企业在计量工作方面存在的困难，听取企业的意见和建议，为企业提供计量指导和服务，引导和督促企业主动承担计量的责任和义务，营造"重信誉、守信用、讲信义"的良好市场氛围。

创建区域内的集贸市场张贴企业诚信计量自我承诺书，公开接受社会监督，向社会公布投诉举报电话，畅通投诉举报渠道，建立诚信计量申投诉处理机制，及时有效地处理各类计量投诉、举报工作。区市场局定期开展计量法律法规和《商业服务业诚信计量行为规范》的宣贯活动，充分利用报纸、社区宣传栏、微信公众号、"5·20"世界计量日等渠道，积极宣传计量法律法规、计量科普知识和诚信计量工作，提高诚信计量的知晓度和群众参与度。集贸市场主办方对计量违法行为多发、诚信计量意识差的经营单位增加监督检查的频次，加大处理力度，对其进行黑榜公示，公示时间不少于7天，让违法企业和违法行为暴露于公众视野，以惩戒相应的计量违法经营户，增加其失信成本，发挥警示作用。

（三）改进诚信计量综合监管体系

区市场局积极发挥街道社区管理、综合治理的职能优势，将计量诚信创建、计量日常监管、社区综合治理有机融合，探索发展出"监督局依法监管+街道社区合作监管+市场自律监管+群众社会监管"的综合监管体系。

区市场局安排诚信计量监督员,依法检查经营单位是否按照《商业服务业诚信计量行为规范》的要求,在经营场所内张贴承诺书,并向社会承诺诚信计量。监督员定期巡回监督各经营单位的计量器具的使用情况,包括器具是否存在未检定、检定过期的情况,是否有破坏计量器具或伪造数据的情况,严厉打击短斤少两、计量作弊、欺诈消费等违法违规行为。市场所每季度开展一次专项检查,计量科每半年开展一次明察暗访,按《诚信计量示范集贸市场考核验收评分表》逐项对照检查,发现有个别商户存在使用非法定计量单位和定量包装商品缺量超规定的情况,及时督促商户落实整改。

街道社区工作人员积极与区市场局沟通联系,配合区市场局做好前期排摸调研和不定期的检查整改工作,汇总考核验收材料,对创建活动的组织工作进行自查,组织专家对参建单位进行核查。街道社区组织召开创建工作动员大会,承办创建活动启动仪式以及各类宣传活动的组织,广泛发动居民区和区域内商家参与活动。街道办事处组建诚信计量群众监督员队伍,邀请人大代表、政协委员、社代会代表等社会各界人士参与监督检查,对监督员队伍进行有效管理,建立联络沟通渠道和信息反馈机制。

集贸市场负责人与区市场局和社区工作人员联勤联动,积极配合监管人员的巡查、抽检、验收等工作。同时,集贸市场配备的专(兼)职计量管理人员,加强日常检查,督促市场内各经营者按照规范诚信经营;定期对计量器具、法定计量单位、定量包装商品等进行检查,重点检查在用计量器具精度是否存在偏差,是否有缺斤短两和计量作弊等违法行为,一旦发现作弊行为,立即处理并上报。

此外,嘉定区还积极建立起"舆论监督、行业监督、群众监督"多管齐下的诚信计量社会监督机制。区市场局一方面运用互联网技术和信息化手段,推动诚信计量工作公开,建立诚信计量投诉举报查处快速反应机制;另一方面,区市场局在街道社区的帮助下,有效建立起群众计量监督员队伍,探索创新群众共建队伍,充分发挥群众和社会的监督作用,聘请群众和社会人士担任计量监督员,建立相应的群众计量监督员队伍。

（四）建立"诚信计量示范集贸市场"评选体系

区市场局建立了一整套完善的诚信计量示范集贸市场创建审核和评选体系，严格把关每一个集贸市场。每年考核通过的市场至多5家，每个街（镇）至多1家集贸市场。计量建设齐全的集贸市场自愿提出创建诚信计量集贸市场的书面申请，填写《嘉定区诚信计量示范集贸市场创建申请表》。各街（镇）市场监管所、区市场局对创建申请进行资格审核，审核通过后对参选集贸市场进行为期一年的创建考核。创建期满前，参建单位进行自查，在此基础上，各市场监管所对参建单位进行现场核查，如通过自查和核查后具备验收条件的，由参建单位提出书面验收申请，包括创建工作总体情况、取得的成效、自查情况、核查情况、存在问题、采取的整改措施等。创建申请提交后至考核验收期间，在区局和基层所组织的监督抽查中，如发现使用超期、未检、作弊电子秤的计量违法行为的，取消创建资格。

区市场局依据《嘉定区诚信计量示范集贸市场考核验收评分表》对参建市场进行综合考核，有2项以上（含2项）考核不达标的，则不予通过验收；有1项不达标的，进行期限整改，达标后方可通过验收。区市场局向创建成功的集贸市场颁发证书或授牌，给予资金补贴，用于集贸市场日常管理和电子秤的更换及维修。区市场局对创建成功的集贸市场采取督查的方式，考核创建效果的有效性、持续性，创建成功后示范有效期为3年，每年不少于2次督查，对督查不合格或在2年内计量投诉、举报超过2件且查证属实的，将视情形撤销"诚信计量示范集贸市场"称号，收回授予的证书或铜牌，同时在2年内取消"诚信计量示范集贸市场"评比资格，并在嘉定区和区市场局网站及微信公众号公布撤销企业名单。

三、创新·成效

计量管理工作具有一定的复杂性，尤其是一些隐性的计量作弊行为，诸如不去包装袋称重、塑料袋过重压秤、蔬果不去皮上称等，均对市场管理提出了较大的挑战。一旦监管不到位，就会出现计量作弊问题，损害百姓的利益。嘉定区选择计量基础条件好、管理规范的集贸市场作为重点培育对象,精益求精,高标准、严要求,督促集贸市场建立健全计量管理制度,加强对计量器具和商品量的管理,建立诚信计量承诺机制,健全计量投诉处理机制等,引导创立了一批诚信计量示范单位。

嘉定区创新性地将诚信计量服务与企业承诺创建有机融合,以诚信示范集贸市场为抓手,推动诚信计量管理向诚信计量服务有机转型,改变过去强调强制检测和失信惩戒的治理方式,建立"政府引导、企业承诺、行业自律、社会监督"的新型诚信计量治理体系。诚信计量示范单位创建工作,有效转变了过去"监管你"的工作思路,转向"服务你""引导你"的工作思路,用更加柔和化的市场创建方式,让管理方做好自我管理,落实好市场方的主体责任,给予诚信市场更多的荣誉和服务,有效提高市场商户的诚信自律意识,提高商贸服务业的计量监管水平,营造了诚实守信的市场环境和公平有序的消费环境。嘉定区已有的5家诚信计量示范集贸市场,充分发挥示范带头作用,引领诚信计量建设,推动行业健康发展,为嘉定区计量质量提升和信用监管工作添砖加瓦。

（一）规范计量工作

区市场局对创建市场进行严格管理,完善计量器具管理、公平秤管理、人员制度管理、称重行为规范、定期监管抽检、失信惩戒处置、守信激励奖励、计量信息公开、群众举报反馈等一系列制度规范,加强对集贸市场的日常监督管理,建立完善的计量管理制度,出台一系列诚信计量的文件和规章,形成政府监管、企业自律、社会监督的诚信计量长效监管机制,有效规范集贸市场的计量工作。

（二）强化行业自律

诚信计量创建单位公开做出诚信计量承诺,主动减少计量欺诈、计量作弊等行为,倡导所有经营户自我检测、自我监督、自我约束,积极做到诚信自觉,保证消费者能够购买到合格正规的产品。市场负责人认真做好计量器具的日常周检工作,建立经营户之间的互评机制,鼓励经营户互相监督、互相批评,做好市场内的自律自查工作,有助于强化市场诚信经营的自律性和自觉性,发挥诚信经营的示范带动作用,引领其他经营户共同实现行业健康发展。

（三）营造诚信氛围

诚信计量示范市场致力于诚信文明经营建设，将诚信计量作为市场工作的重点，每年积极开展"诚信经营户"评选，对信誉较好的经营户进行表彰报道，号召广大经营户向诚信经营户学习。2021年，嘉定区市场局委托上海市计量协会从申报单位中评选出了符合创建要求的5家集贸市场，涵盖了数百个经营户，发放"诚信计量示范集贸市场"铜牌，给全区集贸市场做出示范，鼓励其他集贸市场积极申报"诚信计量示范集贸市场"，引领了一大批集贸市场效仿学习，形成了良好的诚信经营氛围。

（四）落实惠民服务

嘉定区市场局以诚信计量为抓手，对集贸市场进行严格管理，为经营户提供检测、调试和计量咨询宣传服务，为市民提供计量举报箱和申诉赔偿等维权服务，落实先行赔付制度，严厉打击使用不合格计量器具、缺斤短两和计量作弊等违法行为，着力保证交易公平，维护消费者权益，切实增强人民群众对计量工作的满意度，全面提升民生计量总体水平，促进市场计量环境持续优化。2021年以来，全区通过"12345"市民热线反映的市场计量投诉举报案件共18起，其中涉及标准化市场的投诉率仅有6起。嘉定区的诚信计量工作得到了市民的广泛认可和好评，市民也更愿意去诚信集贸市场购物消费，诚信计量理念逐步深入人心。

四、启示·展望

计量无处不在。诚信计量与百姓的生活息息相关。当前，诚信计量建设已经深刻融入城市精细化管理之中，是创建公平竞争的市场环境，保护消费者合法权益，满足人民群众对规范化市场建设期待，促进社会整体诚信意识提高的有效手段。嘉定区市场局作为全区计量工作的主管部门，始终将计量工作放在全区经济社会发展的高度来统筹谋划、高位推进，认真贯彻落实《上海市诚信计量示范社（街）区创建实施办法》，聚焦加强本区诚信计量体系建设，以打造"诚信计量示范集贸市场"为抓手，努力优化营商环境,以政府引导为辅,不断培养经营者的自律意识,提升经营者知法守法、诚实守信的自觉性,杜绝计量作弊、短斤少两等行为,逐步建立起"守信激励、失信惩戒"的诚信计量监督机制,营造行业诚信经营、公平竞争的和谐市场环境,让老百姓的"菜篮子"拎起来更放心。

为了巩固和扩大诚信计量建设成果,嘉定区应进一步贯彻落实"推进诚信计量体系建设"的相关要求,齐心协力、脚踏实地开展好诚信计量体系建设,培养经营者诚信经营意识,增强群众参与意识,提升经营者的服务质量,更好地服务百姓生活,实现诚信计量工作长效优质发展。这就要求区市场局:第一,要继续推进诚信计量集贸市场创建工作,积极培育诚信计量示范市场,为申报单位提供服务和技术支持,鼓励区域内更多集贸市场参与诚信计量创建活动;第二,要进一步创新计量监管方式,由现行的单一周期检定模式向状态评价、大数据实时监控、抽样检定、在线检定等多元化检定方式转变,不断提升监管水平;第三,做好诚信计量推广工作,利用报纸、杂志、电视、广播、网络等新闻媒体广泛宣传,努力做到诚信计量活动人人知晓、计量监督人人参与,让诚信计量体系建设不仅停留在企业层面,还要让广大人民群众参与其中,营造全民参与的良好社会氛围。

管执联动：小区环境治理步入"快车道"

一、背景·缘起

随着人民城市理念越来越深入人心,市民群众对生活环境的关注越来越多,对社区居住环境的要求也越来越高。物业作为小区管理与服务的主要提供者,其服务及管理质量直接关系到小区居民的生活质量。然而,作为住宅小区的一线管理主体,部分物业企业相关人员法律意识淡薄,管理混乱,责任主体意识不强,对野蛮装修、违法搭建、破坏承重结构、居改非等违法违规行为听之任之,对城管执法部门的监督管理视若无睹,严重破坏了住宅小区整体居住环境,引发了广大市民群众的不满和投诉,也给城管执法人员带来了大量管理难题,增加了执法人员的工作难度。因此,推进住宅小区物业履职服务改革,提高物业企业相关人员的监管能力和责任意识,就成为小区环境治理的必然选择。

2021年,嘉定区城管局举办"我为群众办实事"实践活动暨党建引领住宅小区环境治理现场推进会,总结推广江桥镇小区环境治理工作的先进经验和成功做法,借鉴"江桥模式"的管执联动经验。城管执法系统加强与房管物业部门联勤联动,打通"上海智慧物业"App和上海城管执法平台,聚焦住宅小区环境治理,积极探索住宅物业履职评价机制,建立物业不作为信用惩戒制度,依法整治个别小区物业服务企业未及时报告违法行为、未及时劝阻违法行为等三种突出问题,倒逼物业企业提升服务质量,培育一批优质的物业服务企业,激励物业积极履职,有力维护小区环境面貌和管理秩序。

二、举措·机制

嘉定区城管局联合物业企业,搭建住宅物业管理执法联动平台,依托住宅管理执法联动平台和移动端应用程序,推进小区"物业管理、城管执法"协作联动工作,建立健全小区环境问题"及时发现、及时劝阻、及时线上报告、及时到场处置、及时反馈结果"等工作机制,健全多元发现、规范处置、结果双向告知、及时反馈的工作闭环,从源头上及时有效遏制违法搭建、破坏房屋承重结构、群租等违章现象,避免产生"破窗效应"。

(一)完善物业履职评价机制

作为全市首家对物业履职开展评价的区级城管执法部门,嘉定区城管局深化落实《嘉定区城管执法住宅物业履职评价机制实施方案》(以下简称《方案》),明确履职评价范围、评价指标和评价方式,完善评价细则。《方案》建立了物业履职、市民诉求、社区意见、进社区队员评价、中队意见五项一级指标,针对物业履职内容,设立宣传告知、问题发现、及时劝阻、物业App问题上报、动态巡查、档案管理六项二级指标;属地管理中队采用日常管理留痕、台账累积、月度评价、半年度评价、年度评估相结合的方式对物业进行综合评价,将年度评价等级分为A、B、C、D四档,依据考核指标进行分类打分。

城管队员化身为物业管理"评价员",根据进社区巡查抽查发现问题情况、物业服务企业对于城管在处置小区相关投诉时的配合处置情况、住宅小区内相关投诉件数量、数据同比和环比情况、物业与社区的配合程度等内容进行评价打分。若有新增违建而物业没有及时劝阻、制止或未在规定时间内报告的,直接评为D档,进行处罚并上报房管物业积分征信系统平台。同时,嘉定区城管局也赋予了居委会、业委会、职能部门考核评价职责,监督物业服务企业按要求管好住宅小区事务。各单位部门围绕保修、保绿、保洁、保安等方面内容予以考评打分,对物业管理区域内的禁止性行为,做到早发现、早制止、早报告、早处置,努力维护好公共安全和公共利益,有效提升管理和执法效率,逐步形成小区各方协同合作、齐抓共管的党建引领小区综合治理新格局。

(二)打造"一站式"微治理平台

2020年10月,上海物业App和城管网上办案系统对接联动,联合打造住宅小区"一站式"微治理平台，通过科技手段打通堵点，积极部署各街镇指导物业企业认真履职，及时发现和处置破坏社区环境的行为。物业企业可以通过上海物业App将发现的违法行为及时上报，包括电瓶车进楼道、非投放时段出现小包垃圾、占绿毁绿、群租等问题，都可通过上海物业App一键上报，及时联动城管部门前来执法。城管网上办案系统，通过"管执联动模块"直接对接物业App，及时上传物业整改单、现场违规照片和巡查记录。城管队伍在后台接到通报后2小时内必须到场处置，现场取证调查，拍照留存，对当事人责令整改，从源头上实现对违法行为的早发现、早制止和早处置。

居委会和党员巡逻队也可以通过上海物业App进行小区整治。居委会巡查发现的违法行为都可以登录物业App，一键点击"违规事项上报"，交由物业企业核实对接，若物业企业无法处理，则上报城管部门；对于屡教不改或者拒不配合的居民，则进行行政处罚，确保整改到位，增强执法的精准度。此外，微治理平台还提供了详细的管执联动禁止性行为条例，包括违法搭建建筑物，损坏房屋承重结构，破坏房屋外貌，改变物业使用性质，擅自改建，占用物业共用部分，损坏或擅自占用、移装共用设施设备等内容。物业企业、居委会、业委会、群众都可以通过平台直接查询各个条例的内容，依据条例内容进行通报整治，监督物业企业和城管队伍的联勤工作，提高管理和执法的效率。

（三）优化物业企业荣誉奖惩机制

嘉定区执法局每年度根据评分和处罚次数，评定辖区内物业（小区）红黑榜，向区局推荐优秀的A类物业服务企业，对B类和C类物业企业进行整治，对D类物业企业进行通报处罚，进一步优化了物业企业荣誉奖惩机制。

一是落实优秀物业企业奖励机制。在年度评价档次的基础上，各街镇按确定的比例向区局推荐辖区内优秀物业服务企业，由区局公布名单并进行表彰，同时对小区物业项目负责人进行通报表扬。选拔标准是根据街镇中队对辖区内物业公司年度履职情况（主要是城管条线的工作）进行等第打分,按照一个街镇推选一家的方式推出候选企业。最后由区城管执法局执法协调科对一年内全区各街镇物业管执联动工作进行评价打分,在街镇推荐、充分调研的基础上,评选出10个物业管理小区作为本年度城管执法条线"十佳物业管理小区",向物业企业颁发荣誉证书和奖牌,并在城管开放日等主题活动中进行宣传。

二是落实物业扣分降级的联合惩戒机制。对于居民违法搭建、破坏承重结构等违法行为,综合运用处罚、房屋注记、信用惩戒等多种方式,严格处置居民的违法行为;对业主、使用人的违法行为未予以劝阻、制止或者未在规定时间内报告有关行政管理部门的物业,由区、县房屋行政管理部门依据《上海市住宅物业管理规定》《上海市居住房屋租赁管理办法》《住宅室内装饰装修管理办法》等法规责令整改,并处一千元以上一万元以下的罚款。对拒不履行法定义务、工作严重失职缺位的物业,进行扣分降级处罚,特别是针对个别纵容业主违法搭建、违规装修的物业,依法从严从重进行处罚,定期将物业企业的处罚信息报送市公共信息平台,实行信用惩戒。

(四)进行专项行动联合执法

嘉定区为了进一步深化拓展"物业管理+城管执法"联动模式,积极加强房管部门、环保部门、城运网格中心与市、区、街镇城管局的沟通协作。针对违建、群租、居改非、破坏绿化等严重影响社区环境的问题进行专项整治,各个部门单位紧密配合,实现物业前端发现、城管执法保障、多部门联动的无缝衔接工作闭环。以嘉定区江桥镇群租专项整治为例,区房管局和城管局牵头负责,发动居委会、业委会、物业公司组建群租快速发现巡查队,畅通信息渠道,形成"居委楼组查、业委公约查、物业日常查"的群租发现机制,向群租拉开一张疏而不漏的群防群治网,形成了一支由社区办、城管中队、房管所、公安派出所、安全办、市场监管所、居委、物业公司等骨干力量组成的工作队伍。

在"联勤联动"网格巡查的基础上,加强科技赋能,依托城运平台、上海物业App、"12345"市民热线、住宅物业"管执联动"平台等,对群租开展有效预防、精准发现、一户一档、闭环管理；采用"黑红黄绿"名单实现预警管理，将不配合自改的个人列入"黑名单"，定期进行专项整治；将多次回潮的个人列入"红名单"，增加复查频次；将有过群租行为的房屋和个人列入"黄名单"，加大工作关注度；将多次复查均未回潮的移入"绿名单"，坚决制止群租回潮。对安全隐患突出、反复"回潮"的个人，由物业企业和居委会进行重点标记和报备，及时交由城管部门进行处置，实时监督，实时告知，实时处罚，并按规定将行政处罚决定归集至本市公共信用信息服务平台，打好联合执法的群租整治组合拳。

三、创新·成效

推进小区"物业管理、城管执法"协作联动工作，对不作为的物业企业进行信用惩戒，是上海城管为加强住宅物业管理和执法，改善住宅小区环境质量的有力尝试。上海各级城管执法部门聚焦小区管理的薄弱环节和市民反映集中的违规违建问题，将整治工作落脚到物业企业，有效缓解了过去城管部门单打独斗的困境，将物业企业动员起来，共同负责，合作治理，扎实推进住宅小区环境专项执法行动，提升联合惩戒效果，建立健全小区环境问题"及时发现、及时劝阻、及时线上报告、及时到场处置、及时反馈结果"的闭环管理机制，着力创造整洁有序、宜居宜业的居住环境。

（一）提高物业履职能力

在嘉定区城管执法局制定的《住宅小区物业服务企业履职评价实施办法》中，对物业服务企业履职不到位的处罚标准做了细化，这等于给了全区229家物业企业一份标准化的履职指南，有效提高了物业企业的履职能力。在城管局的监督指引下，2021年度全区共有物业企业229家，被评为A档的物业企业有111家，占比达48.47%；B档有98家，占比达42.79%；C档有11家，占比达4.80%；D档有9家，占比达3.93%。2021年度，嘉定区城管执法部门共查处物业服务企业未尽管理义务的案件15起。其中，发现违法搭建行为未制止或未报告的有8起，改变物业使用性质的有2起，群租、临时占用绿地、损坏绿化、砍伐树木、损坏房屋承重结构的各有1起。对于拒不履行法定义务、纵容业主的物业企业,坚决立案处罚,处罚结果由市局推送至上海市公共信用平台,实施信用惩戒。经过一年多的整改,嘉定区从根本上改变了过去物业不履职、不负责、不作为的现象,让小区物业成为社区城管的"千里眼"和"顺风耳",成为小区环境整治的"建设者"和"主力军"。

(二) 提升小区环境治理水平

嘉定区城管局探索物业管理与城管执法融合发展,完善联勤联动机制,打通物业部门和城管的数据库,建立统一部署的信息平台,加强对物业企业的督导、引导,逐步规范和改善物业服务水平,发挥物业服务企业在社区治理中的作用,提高小区环境治理的综合水平。嘉定区重点针对市民群众最关心的小区违法搭建、占用物业共用部分、破坏房屋承重结构等居住环境问题,持续推进住宅小区环境治理专项行动,有效解决了2类10种小区管理堵点、痛点问题。一方面,依法查处少数小区居民违法搭建、破坏房屋承重结构等7种突出违章现象;另一方面,依法整治个别小区物业服务企业未及时报告违法行为、未及时劝阻违法行为等3种突出问题,有力维护小区环境面貌和管理秩序。通过联合检查,物业公司逐步认识到自身的不足,清理了楼道堆放的杂物,整治了小区内非机动车乱停乱放问题,处置了一批房屋违规搭建问题,开展了植绿补绿工作,有效改善了群众的生活环境。

(三) 提高管执联动成效

自2021年初以来,全市城管执法系统持续加强与房管物业部门的联勤联动,共受理住宅小区环境投诉案件14 452件,依法拆除小区违建3 122处,合计9.9万平方米,注记房屋536套,依法查处占绿毁绿案件506起,整改恢复510处,依法查处房屋管理类案件2 397起,其中浦东、宝山、杨浦、闵行、松江和嘉定等区的查处力度较大,案件数位居全市前列。在区级层面,嘉定区依托"上海城管"和"上海物业"App,打造"管执联动"服务模块。2021年度,上海物业App平台共上报有效案件200起,解决(结案)169起,案件类型主要是擅自搭建建筑物、构筑物,破坏房屋承重结构,破坏房屋外貌，擅自改变物业使用性质（居改非、群租）；占用物业案件共296起，改变物业使用性质的有113起，房屋违规出租的有42起，损坏房屋承重结构的有36起，房地产经纪违规的有25起，破坏房屋外貌的有22起，物业未履职的有15起，改建占用物业共用部分的有16起，损坏公用设施设备的有10起，房地产开发企业未取得资质等级证书从事房地产开发经营的有6起，其他类11起。经过一年多的联合管理，及时有效解决了违法搭建、损坏房屋承重结构、群租等市民群众急难愁盼的问题，提升了市民群众的获得感和满意度。

四、启示·展望

物业是小区名副其实的"管家"，在小区环境治理中发挥着不可替代的作用。近年来，地方政府一直在探索物业管理的延伸服务，赋予物业企业更多的社区治理权力，成立"物业联盟"等社区治理网络，让物业参与社区治理之中，缓解了政府的治理压力，也切实提升了小区的治理及服务水平。随着物业已经成为小区治理的一个关键主体，如何发挥物业的治理潜能，规范物业的经营管理行为，落实物业的责任义务，把物业与社区人员无缝衔接在一起，实现功能互补、职能互通和联勤联动，形成"管、执、政、民"多方治理合力，就成为社区治理良性运行的关键所在。

嘉定区把推进物业管理与城管执法融合发展作为创新城市环境治理的切入点和着力点，注重住宅小区内深层次问题的源头性治理，充分发挥"住宅物业管理执法联动平台"的统筹协调作用，将前端物业和后端城管有机连接，协同开展小区环境整治的改造工作。管执联动是嘉定区物业履职改革的有益尝试，初步建立了完备的物业履职评价机制，有效推动了物业履行发现、劝阻、报告违法行为等职责，同时明确城管中队派单、处置、反馈流程，健全了多元发现、规范处置、结果双向告知、及时反馈的工作闭环，从源头上及时有效遏制违法搭建、破坏房屋承重结构、群租等违章现象，努力在高品质城市建设中推进社区治理体系和治理能力现代化，达到以"小物业"撬动"大民生"的治理目标。

　　下一步，嘉定区仍然要进一步把物业服务融入社区治理中，推动物业管理服务高质量发展。首先，需要明确物业服务企业融入社区治理的定位，明晰物业服务企业的责任边界，加强党建引领，落实履职监管制度，给予物业服务行业政策支持和服务引导，让物业履职有法可依、有矩可循，为物业参与社区治理保驾护航。其次，要进一步完善物业行业征信系统，包括守信企业激励机制、失信企业惩戒机制和严重失信企业淘汰机制等，将物业服务企业的业务能力、服务水平、业主评价及街镇、社区和相关部门对企业的意见纳入企业诚信档案，将企业的诚信指数与企业评优、前期物业管理招投标相结合，积极培育一批具有责任心和主动性的物业企业。最后，要进一步完善联勤联动机制，用好"一网统管"平台，完善城管部门和物业企业的联动机制，共享信息数据，将"管执联动"模块纳入城运全勤网格平台中，与城市管理、行政服务和审批、便民利民等功能紧密结合起来，互通共享，更好地发挥城市大数据中心的统筹和分析预警功能，助力社区及早发现违法违规行为，切实做到早发现、早报告、早处置，提高社区治理和服务的水平。

开放参与：环保设施开放的嘉定经验

一、背景·缘起

公众既是城市生态环境治理效益的享有者,也是城市生态环境的保护者和建设者。公众参与生态环境治理已经是当前我国环境治理体系的一个重要方面。公众参与环境整治,既需要政府和企业提供合法的参与渠道和制度保障,也需要培育公民的环境保护意识和参与意识,这也是公众有序参与生态环境治理的前提条件。实际上,对于生态环境保护工作,公众往往表现出高认同度、低知晓度、低践行度的特点,往往"心有余而力不足",无法真正参与其中。针对这种现状,嘉定区积极推进环保设施和城市污水垃圾处理设施向公众开放工作,拓展公众参与城市生态环境治理的渠道,增加公众对城市生态环境治理工作的认同与支持,激发公众参与城市环境治理的积极性和主动性,将公众的环境保护意识转化为切实的生态环境治理行动,提高城市环境的治理水平。

为了改善城市生态环境和提升城市形象,进一步保障公众对环保工作的知情权、参与权和监督权,激励公众履行环保责任。2019年,根据《上海市生态环境局、市水务局、市绿化市容局关于全面开展本市环保设施和城市污水垃圾处理设施向公众开放工作的通知》(沪环办〔2019〕53号)要求,嘉定区生态环境局、区水务局和区绿化市容局联合印发了《关于全面开展嘉定区环保设施和城市污水垃圾处理设施向公众开放工作的通知》(嘉环发〔2019〕17号)。由区生态环境局牵头,区水务局和绿化市容局共同管理,推动环境监测设施、城市污水处理设施、垃圾处理设施、危险废物和废弃电器电子产品处理设施四类环保设施向公众开放,构建政府为主导、企业为主体、社会组织和公众共同参与的现代环境治理体系。

二、举措·机制

嘉定区高度重视环保设施和城市污水垃圾处理设施向公众开放工作,把环保设施开放作为公众深入了解生态环境治理现状,有效参与生态环境治理过程,监督生态环境治理成效的重要一环,加深公众对环保设施的了解和认同感,拉近公众与环保的距离,稳步推进环境整治公开工作走深走实。

(一) 完善设施开放方案

2018年12月,嘉定区召开环保设施向公众开放工作启动会,明确了环保设施开放工作的背景和意义,开放条件和具体要求,各设施单位于2018年底制订了开放计划。2019年,嘉定区生态环境局等部门对部分污水处理厂和垃圾处理设施,以及所有危险废物和废弃电器电子产品处理设施单位进行踏勘,指导企业进一步完善公众参与方案,优化开放条件。根据开放实施计划,每家单位需每2个月至少组织1次面向公众的开放活动,并向区生态环境局、区水务局、区绿化市容局上报活动信息、照片、视频等。

同时,嘉定区环保设施开放工作实行领导负责制,由区生态环境局局长亲自抓,分管领导具体负责,综合规划科牵头协调,统筹相关委办局共同推进,确保每家单位按照目标节点,稳步推进向公众开放工作。上海市生态环境局领导多次对区内环保设施和城市污水处理设施向公众开放工作开展实地调研,监督指导各单位环保设施开放工作。2019年4月底,符合开放要求的13家单位均按新要求完善方案并向区生态环境局和市生态环境局备案。

表1　上海市嘉定区环保设施和城市污水垃圾处理设施向公众开放单位名单

序号	类　别	设　施　名　称	开放年度
1	环境监测设施	嘉定区环境监测站(光明村环保业务基地)	2019
2	城市污水处理设施	上海安亭污水处理有限公司	2020
3		上海大众嘉定污水处理有限公司	2019
4		上海嘉定新城污水处理有限公司	2019
5		上海嘉定南翔水环境净化有限公司	2019

续　表

序号	类　别	设　施　名　称	开放年度
6	垃圾处理设施	上海环城再生能源有限公司	2019
7		上海嘉定再生能源有限公司	2019
8		上海恩超环保科技有限公司	2020
9		上海市固体废物处置有限公司	2019
10	危险废物和废弃电器电子产品处理设施	伟翔环保科技发展（上海）有限公司	2019
11		华福（上海）环保科技有限公司	2020
12		上海天成环境保护有限公司	2019
13		上海腾驰环保科技有限公司	2019

（二）丰富设施开放形式

设施开放单位通过线上、线下相结合的方式，以参观讲解为主，建立多元化的开放形式，包括现场观摩、对话交流、政策咨询、知识讲座、座谈会议等方式，也包括图书资料、影像、公益广告、模型、展板、沙盘、概况图等形式。

在线下，设施开放单位按照各场馆特色，设计参观路线，设置环保展厅和参观长廊，配备专业的讲解员，采用模型、展板、动画宣传视频等，结合互动小游戏等形式，让公众获得互动式、体验式的学习效果。除通过预约参观现场的模式外，部分开放单位结合当前疫情防控实际和自身资源特色，走进学校、社区、企业等，开展了各种类型的专题讲座、主题展示、互动体验、互动课程的科普活动。对于不同群体，设计不同的讲解内容和展示形式，如针对中小学生，讲解内容生动形象、浅显易懂，多采取动漫或影像等活泼形式进行展示；对于专业人群，讲解内容科学严谨、规范专业，多采用技术讲座的形式；对于环境影响的相关方，讲解内容深入浅出，以科普为主，多采用座谈会的形式，答疑解惑。

在线上，设施开放单位充分利用媒体、网站、微信、微博等平台主动向社会进行信息公开和设施开放。嘉定区生态环境局利用"嘉定环境"微

信公众号等新媒体平台,推送嘉定环保设施"云开放"系列短视频、设施开放科普宣传片、设施开放简讯等内容,让公众随时随地可以云参观环保设施。例如环保设施开放单位伟翔环保科技发展(上海)有限公司,设置了"云直播"科普课程和"云看馆"科普平台,发布了诸如"云游环保设施|电子废弃物去哪了?"等科普推文,让更多的社会公众轻松获得环保科普知识。

(三) 强化设施开放舆论宣传

嘉定区生态环境局以及各开放单位充分利用各类媒体资源做好事前宣传工作,在网站、微信公众号、设施开放小程序等信息平台公布开放活动参与办法、开放时间和地点、接待人数、参观内容、联系方式等信息;利用媒体资源,在电视、报刊、网站、微博、微信等平台和渠道宣传报道公众开放工作的情况,鼓励参观人员通过自媒体播报体验和感受,扩大公众开放活动的社会影响力,吸引更多公众参与。

嘉定区2019年、2020年"6·5"环境日主题宣传活动分别在环保设施开放企业上海嘉定南翔水环境净化有限公司、上海市固体废物处置有限公司举办。活动邀请政府、企业、学校、园区、社区等各界代表共同参加。嘉定电视台、《嘉定报》、"上海嘉定"和"嘉定环境"微信公众号等主流媒体也对此活动进行了相关报道。这类宣传活动,扩大了公众开放活动的社会影响力,让公众真正了解、支持、参与环保设施开放活动,从而提升公众对生态环境保护的认知度,激发公众对生态环境保护的责任感,提高公众参与生态环境保护工作的积极性。

嘉定区环保设施开放单位有序组织开放活动,邀请人大代表、政协委员、社会组织、学生、社区居民和企业员工等社会各界人士参与开放活动,并通过问卷调查、微信留言、意见信箱、电子邮箱、记录登记等形式,鼓励他们开展打卡点评,征求他们对开放活动的反馈意见,以此建立社会化的参与评估体系,提炼经验,查找问题,不断提升开放水平。同时,各开放单位也加强了对开放资料的管理,及时将总结材料上报到相关主管部门,形成部门联动、单位合力、全社会共建共享的运行机制,共同推进环保设施开放工作的良性发展。

三、创新·成效

嘉定区生态环境局秉持"强科普、广监督、破邻避"的设施开放工作理念，在政府的保驾护航下，积极引导企业向社会公众公开设施运行情况，让群众广泛参与生态环境治理，形成政府主导、企业实施、全员参与的开放模式。企业在以参观讲解为基本形式的同时，创新展示手段，注重渗透式教育及趣味式引导，增添互动体验环节，利用仿真、虚拟现实等现代多元的科技手段，让参观者通过触摸、操作、角色扮演等方式参与体验，把设施开放打造成一个集专业性、知识性、互动性、趣味性和艺术性于一体的特色阵地。

四类设施开放企业积极履行环境保护责任，采用线上、线下相结合的方式，不断创新开放内容、形式和宣传效果，打破了过去环保企业内容单一、平铺直叙、浮于表面的科普讲解。在生态环境、水务和绿化等部门的引导下，企业将设施场所打造成旅游参观的网红打卡景点，让群众可以在寓教于乐的过程中主动了解和参与生态环境保护，加强公众对环保企业的社会化监管，培养公众尤其是青少年的环保意识，增强环境保护治理成效，成功打造环保设施向公众开放的"嘉定品牌"。

（一）提高设施开放水平

目前，嘉定区符合4类设施开放条件的13家单位（包括1家环境监测设施单位、4家城市污水处理设施单位、2家垃圾处理设施单位和6家危险废物和废弃电器电子产品处理设施单位）均实现了国家要求的100%向公众开放的目标。2019年以来，嘉定区各环保设施开放单位通过主动邀请、公众网上预约、设施开放小程序预约等方式，共开展面向公众的开放活动782批次，参观人数达25 556人次，其中青少年参观场次175场，参观人数达8 725人次。经过环保局和企业的共同努力，嘉定区建立了规范且完善的设施开放平台，有效提高了环保信息的公开性、可见度和透明度，允许公众全过程参与和监督，让公众足不出户就可以了解企业的环保信息，提高社会对环境检测的认知度和认可度，打消公众对生态环境治理的疑虑，切实提高设施开放水平。

（二）发挥环保示范带头作用

嘉定区积极推进环保设施向公众开放工作，将设施开放作为展现企业环保实力和社会责任感的重要机会，组织企业参与评选优秀环保设施开放单位，为企业搭建交流学习的平台，相互借鉴，取长补短，发挥优秀环保设施开放单位的示范带头作用，建立了一批环保示范企业。目前，嘉定区有5家设施开放单位（嘉定区环境监测站、上海市固体废物处置有限公司、上海嘉定新城污水处理有限公司、上海嘉定南翔水环境净化有限公司和上海嘉定再生能源有限公司）分别入选第二批、第四批全国环保设施和城市污水垃圾处理设施向公众开放单位名单。其中，上海嘉定南翔水环境净化有限公司和上海市固体废物处置有限公司获评"2021年上海市优秀环保设施开放单位"，上海嘉定南翔水环境净化有限公司获生态环境部评选的2022年"十佳环保设施开放单位"。优势示范单位充分发挥榜样示范和价值引领作用，推动企业开展环保"领跑者"示范活动，引领环保开放的绿色"风向标"，增强企业环保责任感，发挥环境保护的正向激励作用，提高企业的环保荣誉感，有力消除"设施开放是企业的额外负担"的消极观念，进一步推动环境管理模式向"底线约束"与"先进带动"并重转变。

（三）激发群众的环保热情

"公众亲自参观环保设施远比单纯说教更有效。"环保设施向公众开放是提升公众环保意识、强化环境教育的重要措施，能够有效消除政府、环保企业与公众之间的信息壁垒，增强环保信息的公开度，保障公众的知情权、监督权、参与权，切实打通群众参与环境整治的渠道。嘉定区生态环境局稳步推进环保设施向公众开放活动，制作了10期"云开放"系列短视频，让公众足不出户就能在线上"云游环保设施"，轻松获得环保知识，尤其是让广大青少年积极参与环保活动，有效提高了公众对环境保护的认可度，也提高了环保设施的友好度。环保设施时刻处于公众的监督之下，有效激发公众参与生态环境治理的积极性和主动性。公众通过亲身体验和实地参观了解环保设施运行状况，增进对监管方和企业的信心与信任，缓解公众对既有项目环境污染问题的疑虑，改变了公众对于垃圾处理设施和城市污水处理设施"脏、污、臭"的既有印象，明确环保设施的重要性和必要性，提高公众的环境保护意识，有效破解"邻避困境"，让公众更加认同环保设施建设，更好地形成社会各界共同参与环境保护的良好治理氛围，推动生态环境保护事业的可持续发展。

四、启示·展望

城市污水垃圾处理设施和环保设施既是治理环境污染、保护生态环境的基础设施，也是重要的环境教育设施。环保设施向公众开放是我国生态环境保护事业走向公开、透明的重要手段，也是促进环保企业持续健康发展的必然选择，也是让公众更深切地体会建设公共环境基础设施的必要性，体会环保建设成果的来之不易，从而推动全民环境教育，提高全民环境意识的重要途径。

经过3年多的探索实践，嘉定区逐步建立了政府为主导、企业为主体、社会组织和公众共同参与的环保设施开放治理体系。各类设施开放企业坚持线上、线下相结合的方式，积极向社会公众公开设施使用情况，加大环保设施向公众开放工作的宣传力度，提高环保设施向公众开放活动的知名度，带动更多公众参与开放活动，把污染物处理场所变成吸引市民的社区活动中心，把"闲人免进"的封闭场所变为向市民全天开放的"城市客厅"，有助于真正消除环保设施在周围居民心里的负面印象，使得环保设施成为多方共赢的优质公共空间，形成"人人关心环保，人人宣传环保，人人参与环保"的良好治理氛围。

下一步，嘉定区将继续加强对环保设施向公众开放工作的指导，进一步拓展开放领域和范围，逐步增加环保设施开放的类型，提高开放频次，丰富开放方式，充分发挥生态环境、宣传、文明办、教育、团委、妇联等相关部门的作用，引导不同职业、不同年龄、不同界别的公众走进开放的环保设施企业,了解企业生产工艺流程、运行状况、污染物排放控制情况以及企业社会责任履行情况等,保障公众的知情权、参与权和监督权;进一步发挥行业协会和企业力量,充分发挥先进典型的示范引领作用,提升公民的环保素养,引导公众深入践行简约适度、绿色低碳的生活方式。

跨界联管：标准化协作破解
"接合部"治理难题

一、背景·缘起

区与区交界处的执法问题，历来是城市治理的难点问题。我国城市执法管理是围绕区域化管理模式展开的，区域内部责任主体较为清晰，管理边界较为明确，管理规则较为一致，管理事项落实较好，执法活动推行较为顺利。而区域交界地带却因区域归属不明晰、区域政策不统一、执法标准不一致、跨界联合执法制度不健全等，往往处于管理执法的真空地带和失管地带。

真新街道是上海市嘉定区东南角最边缘部位的街镇，与普陀区真如镇街道、桃浦镇、长征镇接壤，根据行政执法管辖权的属地规定，接壤处的万镇路、定边路、金鼎路、棕榈路等十余条道路均属于两区共管道路，尤其是共管区域有一块双河绿地，许多健身完的老人便会就近去流动摊贩处买菜。流动摊贩管理因而就成为交界处执法管理的一道难题。很多流动摊贩围着边界线"两边跑"，钻行政执法的漏洞，躲避城管执法检查，利用跨区转移与执法人员"打游击"，把单边城管部门的管理禁区变成"自由贸易区"。

这些占道设摊行为不仅影响市容市貌，破坏道路环境卫生，而且扰乱了市场经营秩序，更对周边居民高峰时段的出行造成困扰，严重影响周边居民的生产生活。因此，真新—普陀交界区域的占道经营问题，也成为周边居民投诉的热点问题。为解决摊贩"打游击"的乱象，真新街道与真如镇开展联合执法，将双手变作四拳，打出组合套路，变"两难管"为"两联管"，打穿了横亘在城市治理路上的"次元壁"。

二、举措·机制

为加强真新—普陀交界区域的城市管理,提升城市管理精细化水平,真新街道城管中队深化与普陀桃浦、真如中队的合作,从"执法规则、执法流程、执法数据"三个方面建立标准化合作框架,打通两个区域的执法壁垒,实现资源共享、优势互补、区域联动、互促互进,不断完善跨区域联合执法沟通协调、信息共享、案件移送、联合执法等机制,建立联勤执法队伍,齐抓共管接合部区域,共同破解城市管理难题。

(一) 制定明晰的执法规则

明确跨界协作原则,制定标准化、规范化和制度化的联合执法协作机制是实现两区联合执法的根本途径。真新街道在充分征询司法所等部门专业意见的基础上,以问题最严重的万镇路为试点,与普陀区真如镇共同制定《交界道路城市管理执法协作工作指南》(以下简称《指南》)。《指南》明确规定了共管路段的执法管辖区域、执勤模式、组织职责、执法流程、监督考核、装备使用等内容,基于统一的标准化工作导则,初步建立起一套较为完备的长效化、标准化联合执法协作规则。

第一,嘉定区对交界区的责任边界进行了明确划分,以交界道路的中心分割线为交界点,交界区域内发生的违法行为,由先发现的街道城管综合行政执法部门负责并处置。如果遇到对方区域内的违法行为也可在做好前期管控的基础上移交对方查处,需要立案调查的,由最先立案的街道城管综合行政执法部门管辖。

第二,嘉定区对交界区执法冲突做了明确规定,当双方城管队对对方的管辖处理方式有争议且无法协商时,两街道的共同上级城管执法部门主动负责出面协调,统筹把关执法活动,召集住房和城乡建设、房屋管理、交通、绿化市容、水务、生态环境、市场监管、规划资源等有关行政管理部门到场,就违法行为的现场检查和勘验提供协助,共同研判执法结果。

第三,嘉定区对执法对象的处置也做了明确规定,乡、镇政府积极配合城管队的工作,主动联系违法人员接受检查,如实提供个人身份或者组织名称等信息。当违法人员拒绝提供个人身份信息或不配合执法工作时，城管执法人员可以要求公安机关进行现场协助，共同查处违法行为。

（二）建立严密的执法流程

真新街道城管中队在《交界道路城市管理执法协作工作指南》的基础上，按照"积极预防、宣传劝阻、巡查发现、及时报告、快速处置、巩固成效"的要求，在交界区域内开展联合整治，从前端预防宣传工作，到中端巡查处置工作，再到末端应急监管工作，均做了详细的流程规划。

在前端预防宣传工作方面，真新街道城管执法局牵头召开联合执法工作部署会，召集交界区的相关执法单位派员参会，共同制订宣传普法方案、联合执法预案和应急处置方案。网格员配合执法队开展入户宣传和服务，定期在共管路段和交界路口设置宣传点，利用车载LED显示屏和提示牌进行普法宣传，向沿街经营户发送交界道路城市管理行政执法宣传单。此外，城管队还建立了微信群，对违规当事人进行教育劝导，积极宣传最新的法律法规和联勤政策，对经营户进行正向的引导和培训，打消当事人对交界处无人执法的侥幸心理。

在中端巡查处置工作方面，真新城管中队与真如城管中队积极打造联合执法队伍，共同出勤，实行"月值周治"的共同管辖制度，由两街道城管综合行政执法部门按月轮流牵头，每周组织开展专项执法行动。两区执法部门落实监管互通制度，制定统一的裁量依据和惩处标准，实行执法协作综合监管，重点针对交界区环境卫生、占道经营、跨门经营、占道堆物、垃圾不分类等违规现象进行监管整治。在交界区域内，两区执法部门要对违法行为的现场取证、案件调查、考核评价、处罚结果以及执法报备等执法程序相互认同，积极配合，切实解决双方人员重复执法或者执法缺位的问题。除了定期的联合执法外，平日双方的执法队员也会在道路上定岗巡查，"相互照看"，发现违规违法问题，第一时间联系执法部门并协商处理。

在末端应急监管工作方面，两区综合行政执法部门密切配合，共同制定统一的、标准化的突发事件应急预案，完善发现问题、建立台账、发单告知、挂账督办、整改反馈、检查验收、通报曝光、约谈移送的闭环工作机制。

所有执法人员严格遵守执法工作程序，禁止随意执法和违规执法，建立交界地区环境治理交叉监督机制。两区执法部门互相监督、互相问责，及时纠正一方违背合作协议、推诿不理等行为。积极发挥社会监督的作用，构建"12345"平台举报、执法队员巡查、网格队员发现、市民信访举报、视频监控"五位一体"的监管体系，确保交界区执法活动的有序落实。

（三）建立统一的执法数据平台

真新街道充分利用已有信息库的数据资源，大力推进行政执法信息化建设，积极建立行政执法信息数据化、动态监督化、分析可量化的数据库体系。目前行政执法数据库已初步建立，共享了交叉区域城管局的数据信息，统筹了各部委办局、城管执法的办案、勤务、诉件等系统数据，建立了执法数据可查询、执法数据可互通、执法数据可分析的基层执法数据平台。

第一，执法数据可查询。真新街道牵头建立行政执法数据库，搜集市、县两级行政执法部门的执法主体、行政执法人员、行政执法事项清单、行政执法决定等数据。数据库提供了执法视频和执法判决信息的专用保存平台，上级城管部门及相关监察部门可以通过调阅执法视频和执法数据信息，随时检查联合执法队的执法情况，监督执法规范的落实，及时发现执法活动中存在的问题，有效预防执法人员玩忽职守、消极不作为等情况的发生。此外，两区执法部门每月进行一次联合执法工作通报，将交界路段内的违法活动的人员、时间、地点、种类等信息，以及执法的过程和结果信息进行公开公示，确保执法数据公开透明。

第二，执法数据可互通。两区执法部门牵头负责打通两区的信息数据库，建立交界地区执法信息互通机制和案件线索移送执法协作机制，通过统一线索移送口径和标准互认证据，实现终端数据共享。两区的执法设备搭载互通数据应用程序，有效记录和搜集执法过程的语音、图像和视频数据，打破案件信息共享壁垒，进行执法信息"跨区追踪"，破解违法人员"跨区流窜"难以查处的难题，实现案件信息在不同部门互通互联和实时共享，为联合执法监管提供信息支持，有效震慑和打击违法行为。

第三，执法数据可分析。嘉定区真新街道依托数据库就对接报案、现场执法、办案区使用管理、讯问、涉案财物管理等执法办案全流程、各环节进行全面记录，通过对每季度动态调整数据的量化分析，着力打造全面覆盖、有机衔接、闭环管理的执法记录链条，实现执法活动全过程留痕、可回溯管理。数字执法平台有效整合了城管资源、社区资源和警务资源，优化勤务模式，拓展服务功能，通过信息化手段远程采集证据，捕捉违法事实，锁定违法证据，依法启动处罚程序，使执法办案"绿色廊道"更通畅。

三、创新·成效

过去城管人员往往是自行协商解决接合部的执法问题，但由于交界区责任边界不清楚，管理界限不明晰，缺乏统一的领导和部署，在实际执法中，往往会出现执法力度不足、互相推诿扯皮或者执法人员越界执法、互相不认可执法结果等现象。当前真新街道执法人员数量比较少，满编人员才29人，加上疫情期间执法人员还需要参与疫情防控工作，交界处的执法力量就更为薄弱。而真如街道执法力量较为充足，有60多名执法人员。两个街道开展联合执法，融合真新、真如两街道的执法力量，合理调配执法资源，能够有效化解接合部执法力量不均衡的现实难题。

为此，嘉定区真新街道创新性地制定了全市首个跨区域执法标准——《交界道路城市管理执法协作工作指南》，从执法规则、执法流程、执法数据三个方面，制定了清晰的、规范的、全面的联动方案。《指南》明确了共管路段的执法管辖区域、组织职责、执法边界、执法标准、数据管理和监督考核等内容，覆盖了前端预防宣传工作、中端巡查处置工作、末端应急监管工作的全过程，为破解管辖原则限制、克服执法体制障碍，探索区域交界路段执法协作机制，开拓出了一条有效路径。

（一）提升执法处置效率

嘉定区真新街道协同真如街道共同推进联合执法工作，打破地域界限，提高跨区域执法效率，对接合部的违规乱象做到快查快处，消除执法盲区，推动接合部城市管理工作实现由突击性管理向长效化管理的转变，综合提升边界区域的市容环境卫生和城市管理质效，进而提升周边居民的安全感和满意度。从2020年至今，居民投诉举报量明显下降，治理工作取得显著成效。两地开展联合执法，统筹交界处的行政执法力量，建立起信息共享、联合指挥、部门协同的联合执法机制。双方城管队相互支持、相互补位，紧密对接开展管理执法工作，有效突破区域壁垒，消除执法盲区，成功填补交界区"无人问津"的管理漏洞，取得了良好的治理效果，为今后的常态长效治理奠定了基础，也给其他地区执法部门提供了示范指导。

（二）改善市容市貌

随着真新、真如镇两地城市管理执法协作融合发展日渐深入，对街区卫生"脏乱差"和经营"小散乱"问题，全域无死角推进违法经营整治，筑牢区域管理屏障，全面改善接合部环境卫生面貌。如今，嘉定、普陀交界处流动摊点、占道设摊、跨门经营、店铺外溢等违法违规经营现象已基本消除，杂物乱堆乱放、挂牌乱牵乱挂、垃圾不分类现象已基本清除，共享单车、机动车、非机动车随意停放现象得到有效控制。此外，真新街道双河社区党总支与真光新村第八居民区党总支联合开展"我为群众办实事"项目，加强环境卫生的巡查检查和劝导力度，增强临街店铺相关人员的环境卫生责任意识，协力完成共管路段路面维修工程，为市民创造了干净整洁的经营消费环境，回应和落实了广大百姓对"管理有序、环境优美、文化繁荣、宜居宜业"的现代化新型社区的美好期待，营造了美丽和谐的生活环境。

（三）提高城市精细化管理水平

真新街道党委与城管执法局深化合作，秉承"执法为民、服务为先"的执法工作理念，共同推进共管路段的基层社会治理，全方位隐患清零、高效供给政务服务、多维度排忧解难，用心、用情、用力解决群众的急难愁盼问题，将执法管理与执法服务相融合，稳步推进共管路段的市容环境整治工作。真新街道统筹城管部门，建立联合执法平台，负责汇总梳理各条线、各渠道所搜集的违法违规问题，然后将执法信息分区通报，解决区域之间信息交换和共享滞后问题，通过执勤时间两区互接、交界区域责任互补、标准互通、结果互认，解决监管与执法脱节问题，形成"统一派单、联动处办、全程督办"的工作闭环，变"矛盾反复提"为"问题立即改"，有效提高城市管理精细化水平。

（四）提高数字执法水平

真新街道积极打造联合执法数字平台，不仅纳入了两个街道的城管执法数据，而且陆续纳入了"12345"市民热线、"12319"城管热线等信息平台的数据，打破了部门间的"信息孤岛"。借助信息化技术、数字监控设备和城运 App，行政机关和执法人员可以通过移动行政执法终端、执法记录仪、全网通对讲机等数字设备及时发现违法线索，远程取证，实时监控，不仅可以为行政执法提供直观、可靠的证据和支撑，让行政监管执法更智慧、更便捷，而且有助于解决行政执法监管"人少事多"等难题。未来，真新街道还将进一步扩充执法数据库，将沿街经营单位经营信息、餐厨垃圾和废弃油脂产生运输处置单位、餐饮企业、沿街广告和店招店牌、生活垃圾管理责任人等多个数据子库都纳入城管执法监管对象数据库，不断完善线上执法模块，实现执法业务掌上一站式办理。

四、启示·展望

行政区划是有边界的，但是执法服务是可以跨边界的。过去，嘉定区真新街道和真如街道执法队各管一边，信息不共享，步调不一致，力度不统一，权责不清晰，对交界区域监管力度不足，产生了很多占道经营的问题。为解决共管区域的执法缺位问题，上海市嘉定区真新街道与真如街道以"标准化规范+智能化手段+精细化管理+平台化服务"为核心，加强执法检查联动，不断增强基层执法工作合力，初步形成社区标准化治理"嘉定镇街道模式"。这一协作模式为打破行政监管和执法地域、领域、部门等阻隔创造了条件，为监管和执法实现违法线索互联、监管标准互通、处理结果互认奠定了坚实的基础，有效避免了多头执法、重复检查、推诿扯皮等问题，还有利于推动部门、地域之间的有效合作和深度融合，有力提升了社区治理体系和治理能力的现代化水平。

未来，真新街道应当继续在跨区域联合执法、处罚裁量基准统一、信用联合惩戒、队伍建设等方面加强探索创新。首先，要加大执法宣传力度，强化全民参与综合执法意识，引导群众共同为综合执法建言献策，积极检举违法经营单位，发动市民群众积极参与综合执法。其次，要进一步开展透明执法活动，公开执法程序和执法标准，邀请公众对城市管理执法活动进行事前、事中、事后监督，做到执法规范、裁量公正、处罚公正，让人民群众在具体执法案件中感受到公平正义。最后，"打铁还需自身硬"，需要从切实提高执法人员的综合素质入手，努力建立一支"纪律严、作风正、素质高、战斗力强"的城管队伍，引导城管队员依法执法、文明执法、人性化执法，让基层执法既有力度也有温度。

依规而行：以标准化规范提升社区治理水平

一、背景·缘起

党的十八大以来，我国持续推动实施"国家标准化战略"，不断将标准化治理手段融入城市社区治理之中。这就要求基层人员能够根据特定的目标、标准以及方法，将不同的治理要素和人群组织起来，以稳定的方式协调不同主体之间的关系，就各个管理事项确定统一的标准和规范，统一管理和服务口径，制定标准化的问题解决机制，规范化地解决各种社会矛盾纠纷，实行标准化管理和服务。标准化是衡量社区规范治理的一把"尺子"，能够为社区治理提供统一性和有序性的规则指导。

近年来，嘉定镇街道以实施《上海市标准化条例》为契机，在社区治理中首创"发现问题—形成共识—制定标准—推广实施"这一标准化治理新模式，借助标准化手段，细化、量化、固化工作职责、措施流程和工作要求，运用规范化文本载体，为社区治理提供解决问题的标尺和依据。特别是新冠疫情防控期间，面对疫情形势不断变化、防控要求不断调整的实际，嘉定镇街道依据"标准化治理"模式推出一系列疫情防控标准，开辟"睦邻驿嘉"互联网服务平台，用以指导基层、协调各方、统筹资源，有效指导各单位提升疫情防控措施的科学性和有效性，有序推行防疫管理，维护人民基本的生活秩序，有效提升社区治理科学化、精细化和智能化水平。

二、举措·机制

嘉定区从疫情治理标准化管控出发，不断延伸和拓展标准化手段在社区治理中的运用场景，以"标准化规范＋智能化手段＋精细化管理＋平台化服务"为核心，围绕突出问题的精准研判、居民需求的精准回应、小区矛盾的精准调控等方面，对社区治理的相关政策、文件和制度进行梳理，增加标准化治理的应用场景,用标准体系来夯实社区自治共治基础。

(一) 从"社区防控标准"向"小区整治标准"延伸

2020年,嘉定区发布真正意义上的全市第一个街镇标准化文件——《嘉定镇街道社区居家隔离观察工作指南》(以下简称《指南》),为疫情防控工作制定了详细的流程和标准,形成了规范化、精细化的治理范本。《指南》对辖区各单位的组织职责、基本要求、服务规范和工作流程等方面都做了不同的量化标准,对人员排摸、居家隔离观察对象的管理,乃至工作人员的个人防护都做了细致规定,为社区实施科学防控、精准防控提供了指导和依据。

疫情防控进入常态化阶段后,嘉定镇街道考虑将"社区防控标准"的理念和做法进一步延伸,探索制定"小区整治标准"。嘉定镇街道致力于解决老旧小区加装电梯和高楼飞线充电两大社区居民普遍关注的棘手问题,出台《嘉定镇街道口罩网上预约登记工作指引》《既有多层住宅加装电梯工作指南》等一系列标准化方案,从住房楼层、电梯规格、电桩配置、底楼补偿、实施阶段、安装流程、协调会议、经费保障等各个方面,制定了能够共同遵循的"标准规则"。

(二) 从"传统技术标准"向"智能科技标准"延伸

在疫情防控初期,嘉定镇街道依托"一网统管",按照社区防控守好小区、楼道、家门"三道门"的要求,将科技化手段应用于重复率较高、覆盖对象较广的工作中,实现防疫工作的减量化和小区治理的精细化。

一是创建"睦邻驿嘉"服务号,实现返沪人员信息登记自主化。疫情防控初期,嘉定镇街道推出"睦邻驿嘉"服务号,返沪人员进入小区时,只要扫描二维码即可在线登记信息,完成"重点地区返沪人员自动识别、居家隔离和自我观察人员签订承诺书、14天体温申报及提醒,以及小区电子出入证认证全流程闭环式线上管理"等事项。这样既减少了返沪高峰时段集聚填写纸质信息登记表的交叉风险,又节约了社区工作人员汇总信息的时间。疫情常态化防控时期,社区工作人员通过后台完成小区出入人员信息数据汇总、梳理和核实,实现小区来沪人员信息登记流程标准化,将

"以数管人"与"以房管人""以证管人""以约管人"结合起来，进一步提升来沪人员管理的精准性、时效性和长效性。

二是结合 AI 智能防疫系统，优化人员信息排摸方式。对尚未返沪的社区居民，引入 MoAgent AI 智能疫情防控系统，针对租客、房东、业主三类主体，分别设计三种不同标准的信息排摸底本，循环拨打电话和联系居民了解其活动轨迹、返沪时间，向居民普及上海防疫要求和防疫知识，建立动态更新、信息完整的小区人口数据库，为重点地区返沪人员回归小区提前做好准备。嘉定镇街道依托楼组长、志愿者、居民骨干等群防群治力量，及时反馈返沪人员信息，形成数据后台与楼道现场可比对、互为印证的人口信息两张网，做到人员信息全覆盖、无遗漏。同时，探索采用 AI 智能语音系统，制定口罩预约登记服务的流程和标准。比如，各社区网上口罩预约的身份信息录入系统，AI 智能语音系统会自动通过打电话的方式，通知预约登记的居民凭有效编号前往指定药店按规定数量购买口罩，不仅减轻了社区工作的压力，更降低了交叉感染的风险。

三是设置智能门岗门磁，实现自动测温和隔离措施标准化。一方面，嘉定镇街道在 66 个小区出入口安装门禁测温系统，在 21 个开放式楼道安装热成像测温探头，每日测温数据接入"一网统管"信息后台，随时调取温度数据，追踪人脸信息。社区同步制定温度异常情况的处置流程、信息追溯和工作督查机制，并将该系统融入疫情常态化防控时期的社区综合治理网络。凡是进入小区的外来人员，"智能门卫"切实做到逢进必须测量体温，体温异常者必须当场核测。另一方面，根据"睦邻驿嘉"服务号自动识别出的需要居家隔离的对象，社区人员第一时间上门张贴告知书，安装门磁系统，通过远程报警模式掌握隔离对象居家隔离状态。社区人员了解居民生活所需，代收代送必要生活物资，保障居民在居家隔离期间不出家门也能生活无忧。

（三）从"线下服务标准"向"在线服务标准"延伸

早在 2007 年初，嘉定镇街道就开始探索社区睦邻点建设，先后形成包括"一个发起组织者、一间活动室、一本活动记录台账"等睦邻点建设标准。如今嘉定区依托智慧化手段,将线下睦邻点服务网络和线上"睦邻驿嘉"公众号融合起来,以标准化引领打造全新的线上、线下零距离服务平台,打造群众"家门口"的优质公共服务。

一是老年助餐双"线"齐下。对于老龄化社区而言,做饭难、吃饭难是辖区内老年人特别是"空巢老人"生活的大问题。为此,在线下,嘉定镇街道在建立全区首个社会化养老助餐模式的基础上,于2019年积极尝试推进老年助餐标准化示范建设,并探索引进"ISO22000国际标准食品安全管理体系"和"HACCP危害分析和关键控制点体系"双系统管理体系,通过邻里中心集中用餐、社区分餐点就餐、送餐上门等方式,逐步建立了标准统一的老年助餐制度,较好地满足了老年人的用餐需求。在线上,为了让更多老年人享受到为老助餐服务,嘉定镇街道探索推出"助老餐服务"线上一键办理服务。老人只需关注"睦邻驿嘉"服务号,进入"便民服务",点击"助老餐服务",选择"注册登记"即可进行个人信息的填报,让老人足不出户就能完成办理手续,也方便子女为自己的父母办理相关手续。最快在提交申请的第二天,老年人就能享用热腾腾的饭菜了。

二是开通居民家庭装修"问候信"。针对复工复产后不少小区新装修入住的居民日益增多的情况,"睦邻驿嘉"服务号根据每个小区的不同情况,通过"一小区一码"的方式,生成65个线上通道。居民只需扫码即可获取其所住小区的"问候信",内容包含小区所属居委信息、物业信息、小区内垃圾分类点位、垃圾投放时间、大件垃圾及装修垃圾处理方式等。获取"问候信"的居民,随时随地都能在"睦邻驿嘉"服务号的对话框内查看,拥有这样一份随身备忘录,既减少了居民往返居委、物业的次数,也无须担心自己遗忘垃圾投放等重要信息。

三是拓展便民服务模块。"睦邻驿嘉"服务号还为受疫情影响无法参加大型招聘会的居民提供招聘信息和就业渠道。此外,该服务号还上线了"入学信息登记线上预约取号"功能,做好疫情期间小学入学信息登记工作;开通"AI救助顾问"平台,给予困难群体更及时的帮助;开通"睦邻e直播",打造云端睦邻点,为居民提供就业信息咨询服务。

未来，嘉定镇街道还将探索从"规范管事标准"向"规范管人标准"延伸，尝试依托"睦邻驿嘉"服务号，设置"社工社区走访痕迹跟踪管理""居民在线民主评议"等功能，提高社区治理的可量化、可视化、可追溯管理水平，推动社区干部进一步改进作风、提升能效。

三、创新·成效

嘉定区作为社区自治共治标准化建设的试点，正在深化探索可复制、可推广的标准化治理经验。既有的标准化建设，多从管理制度和信息技术出发，强调对治理主体职能和责任的限定及约束，强调数据的标准化筛选和计算，注重形式的规范性，而往往形成更加烦琐和僵硬的治理程序，降低了社区治理的效率。嘉定区从疫情防控标准化出发，逐步将标准化应用扩展至社区党建、社区管理、社区服务、社区自治、社区共治等场景，循序渐进，重服务、轻形式，重协商、轻管治，从社区制度供给和社区服务需求两个角度出发，涵盖社区组织体系建设、居民自治工作、社区共治工作、社区设施保障与信息支撑、社区自治共治评价等五大标准，既让社区治理做到"有标准可依，有目标可循"，也让社区治理更加有温度、有力度。

（一）增强社区治理程序的规范性

社区治理标准化让基层人员在管理和服务居民时有标可依、有据可考，有效解决了不同治理主体各自为政的困局，统一了不同部门的管理口径和标准，避免出现治理效能的差距过大。比如，"口罩网上预约登记工作指引""大件垃圾分类指南"的实施，在特殊时期有效避免了因操作口径不一致而可能引起的群体矛盾，有效规范了口罩供给和垃圾处理的流程和内容，为群众提供清晰可见的工作流程。比如，"社区居家隔离观察工作指南"的及时出台，有效避免了疫情防控期各单位部门隔离标准不一、隔离信息自由裁量以及隔离政策反复多变等问题。以标准化治理化解朝令夕改等问题，便于引领基层操作规范有序实施，也便于群众按照指南自行隔离，减少烦琐的隔离程序，提高疫情管理的规范性和科学性。

（二）提升社区综合治理的系统性

嘉定区在疫情防控期间打造线上、线下相结合的"睦邻驿嘉"融合服务平台，统一各类服务部门的供给标准，理顺部门之间的合作关系，促进不同治理部门的联动和数据互通，打破不同部门之间的合作壁垒，实现系统化治理。比如，门岗智能测温系统，不仅在人员测温、门禁管理和异常报警上实现标准化流程管理，同时在接入"一网统管"信息后台后，与街道综合治理系统融为一体，将疫情防控期间门禁管理与小区治安管理、人员流动管理和居民信息管理相结合，既减少了基层工作人员的管理压力，也整合了不同部门的治理资源，实现跨部门合作和联动，一定程度上解决了社区治理原有的"头痛医头、脚痛医脚"等问题，提升了社会治理效能，促进了部门、人员、信息、资源之间的共享与互动，提升了社区综合治理的系统性和整体性。

（三）突出社区为民服务的便利性

标准化治理，说到底要坚持"以人民为中心"，为人民群众提供规范化、便捷化、可触及的社会服务，而非为人民群众设置条条框框，徒增群众获取服务的成本。嘉定镇街道将标准化治理与社会服务供给相结合，进一步减少服务供给的审批流程，优化服务供给来源，制定了详细且清晰的服务诉求获取渠道和规则，有效减少了事务流转和办理时间，提高了社区治理效率，较好地满足了居民多元化、个性化的需求。比如，就"社区老年助餐点标准化建设"和"网上助老餐服务"等，嘉定镇街道制定了详细的助餐规则和服务流程，将老年人的就餐需求分门别类，按需供给，不仅缩短了老年人助餐服务的申请周期，统一服务标准，提高办事效率，解决了社区养老、居家养老的老年人，特别是独居老人和"空巢老人"吃饭难的问题，得到广大居民尤其是老人子女的普遍认可。

（四）激发社区治理主体的能动性

嘉定镇街道通过标准化治理方式，不仅在疫情期间发挥了较大的效能，维护社区秩序，更是激发了社区治理主体参与社区治理的积极性和能动性。比如，多层住宅加装电梯，嘉定区通过"睦邻驿嘉"平台开设问候信模块，把加装电梯的标准和政策内容用通俗易懂的"家常话"推送给居民，向低楼层住户耐心解读利弊，促使他们慢慢认同电梯加装工作。在商讨电梯外观、费用分摊、售后保障等核心问题时，"网格自管会"耐心听取居民建议，楼宇党小组上门一对一听取低楼层住户的特殊要求，业委会梳理出本楼加装电梯的优势、难点和堵点，与居民一起找根源、对政策、想办法，集思广益，提出符合本楼实际的加装对策。一家家沟通、一条条解决，助推电梯加装项目顺利实施。标准化的治理方案，为各类主体都提供了参与治理的渠道，激发了社区治理主体的能动性，进一步增强了"党建引领、居委负责、社会协同、公众参与、科技支撑"的社区自治共治活力。

四、启示·展望

习近平总书记指出："标准决定质量，有什么样的标准就有什么样的质量，只有高标准才有高质量。"标准化治理是标准化介入社会治理领域的重要实践形式，对实现基层治理体系和治理能力现代化有重要的理论价值和实践价值。嘉定区从疫情标准化管理出发，引导社区工作人员按章操作，实施科学防控，同时也将基层工作经验固化形成标准，逐步运用到社区治理的其他场景之中，为其他社区推进标准化治理提供了范本和经验。

标准化是衡量社区规范治理的一把"尺子"。没有规矩，不成方圆。嘉定镇街道的做法说明，"标准"虽不及法律法规的约束力强，但也不是一般的规矩，而是一把宽严相济的"戒尺"，用它既要能丈量社区治理的精细度和精准度，也要能衡量社区服务的满意度和弹性。实施社区标准化治理，必须突出程序性和规范性，必须建立可量化、可固化、可遵循、可复制的流程体系、指标体系和制度体系，做到有标可依、有规可循、有矩可蹈。

标准化是引领社区高水平治理的一面"旗子"。嘉定镇街道的探索实践说明，社区标准化治理就是目标，就是方向，就是制高点。我们要站在上海打造卓越全球城市和嘉定建设创新活力之城的高度，站在提升社区治理体系和治理能力现代化的高度，站在打造"人人有责、人人尽责、人人享有"的社区治理共同体的高度，对标国内外最高标准、最高水平，用高标准体系引领高水平治理,不断提升社区治理的科学化、精细化、智能化水平。

标准化是实现治理为民的一剂"方子"。嘉定镇街道的经验证明,实施社区标准化治理的核心在人,必须坚持人民至上、生命至上,把群众的生命安全和身体健康放在第一位,突出需求导向和效果导向,以推进"人的标准化"为核心,开出良方、制定良策、实施良计,着力解决群众家门口"最后一米"的服务问题,不断增强广大居民群众的安全感、幸福感和获得感。

案例评析

　　嘉定区在推动社会治理精细化发展上，取得了诸多成就。本章的6个案例覆盖了城市环境整治、社区管执联动、市场监督管理、区域联合执法等多个方面，体现了嘉定区在社会治理精细化方面做出的探索和努力。嘉定区社会治理案例的创新性和先发性在于，应用新技术和新思维创新社会治理体制，将各级党组织、政府职能机构、物业企业、社会组织、网格员以及社会公众均纳入治理平台之中，完善全社会共建共享的综合治理体制，打造标准化、多元化、立体化的治理模式。

　　一是制订标准化、规范化的制度方案。良好的制度设计和顶层架构能够更好地助力基层社会治理体制的转型升级。嘉定区非常重视制度设计在基层社会治理中的引领作用，制定了诸如《嘉定区诚信计量示范集贸市场创建实施办法》《嘉定区关于建立健全文明城区建设工作长效机制的意见》等规章，为嘉定区推行治理改革提供了有益指引，制定了详细的治理流程和行动规范，让各个治理主体在治理过程中有规可循、有法可依。

　　二是用好数字化技术。上海作为超大城市，要以治理数字化推动治理现代化。嘉定区不断提高治理数字化的广度和深度，积极使用城运联勤网格中心、上海物业App、"睦邻驿嘉"服务平台、"嘉定环境"微信公众号等新媒体平台，强化数字化应用场景开发和不同数字平台的模块联动，发挥数据终端的统筹协调作用，打通执法部门、管理部门、物业企业等主体的数据库，实现数据互通和资源共享，提高社区处理基层事务的效率和水平，让科技赋能城市治理。

　　三是打造基层社会治理示范样板。嘉定区高质量打造治理示范点，从创建"示范巷""示范街""示范区""示范单位"等"微"治理出发，在市场管理、环境治理、社区执法等领域发挥示范点的引领带动作用。无论是8个"美丽系列"示范点建设活动，还是"诚信计量示范集贸市场"评选活动，都起到了良好的榜样示范和价值引领作用，激励其他治理主体积极参与治理工作，有效建立了"政府引导、企业承诺、行业自律、社会监督"的良性治理模式。

四是加强部门之间的联勤联动。随着城市社会治理的复杂性日益增强，跨部门、跨区域、跨领域综合治理已经成为社会治理的基本趋势。嘉定区聚焦不同部门之间的联勤联动，不断探索部门之间、政社之间、区域之间的联合治理模式，通过"联合出演"的方式，将各种社会主体整合到统一的治理界面中，协商解决基层治理的突出问题，探索出诸多行之有效的合作治理模式。

五是发挥人民群众的治理力量。社会治理，重点在基层，关键靠群众。现代化的基层社会治理要充分发挥人民群众在社会治理中的主体作用，不断拓宽公众参与渠道，延伸公众参与深度，发挥人民群众的治理作用。嘉定区深入践行"人民城市人民建"的治理理念，让人民群众在社会治理中"唱主角"，以群众需求为中心，综合施策，标本兼治，解决发生在群众身边的突出问题，打通联系服务群众的"最后一公里"，打造人民城市建设的上海样本。

上海市嘉定区先试先行，在社会治理领域探索出一些精细化发展的有益实践，为城市精细化治理改革提供了参考和借鉴。首先，基层政府应当建立起党组织统一领导、政府依法履责、各类组织积极协同、群众广泛参与，自治、法治、德治相结合的基层治理体系；其次，基层政府应当统筹推进电子政务和大数据平台建设，加速推进行政管理和社会治理数字化转型；最后，基层政府应当深化行政服务中心标准化建设，推广社区服务综合体建设，为企业、群众提供更加统一规范、优质高效的政务服务，全面构建"一网通办、一网统管、一网优服"三网融合的"社区综合服务圈"。

总之，基层治理精细化发展并非一朝一夕之事，需要各个治理单元和部门的联动配合，协同共治，需要基层政党发挥统筹引领作用，引导社会组织、物业企业以及人民群众依法、理性、有序地参与基层治理和社区公共事务，构建"人人有责、人人尽责、人人享有"的社会治理格局。

PART 6

乡村振兴篇

引 言

由于在全球范围内城乡差异的急剧扩大,劳动力和资本从乡村向城市大量转移,乡村面临着多功能发展的转型需求。上海作为国际化大都市的代表,更需要解决好城郊乡村地区的发展问题。联合国《2030年可持续发展议程》中提到,要以平衡和综合的方式实现经济、社会和环境的可持续发展。而乡村土地的多功能利用,作为近些年探索出的有效解决城乡用地矛盾、平衡土地资源冲突、应对城市化挑战的重要路径,更是成为实现乡村振兴的有效途径。

上海经历了快速城市化的过程,而上海的乡村也面临着如何以可持续发展的方式,实现乡村振兴的目标。党的二十大报告指出"全面推进乡村振兴","坚持农业农村优先发展",要以"中国式现代化"指引乡村振兴,开启了建设中国式乡村现代化的新征程。与城区相比,上海乡村的发展面临着多方面的需求,有赖于产业、生态、文化、生活多方面的协调和共同进步。

上海的乡村具有两面性:一方面,"熟人社会"的关系结构仍然在乡村具有一定的普遍性,"熟人社会"的积淀和习惯已内化在乡村人民的内心;另一方面,科学技术的持续进步,使得乡村得以转变发展方式,以更为现代化的手段、专业化的视角推动乡村发展。近年来,嘉定区肩负着让人民群众有更多幸福感和获得感的重任,围绕乡村振兴战略,持续探索乡村不同的发展模式,因地制宜地进行探索实践,形成了各具特色的工作机制和实施路径。嘉定区各个街镇以及委办局在充分挖掘自身特色和了解自身实际的情况下,赋予了乡村振兴不同的内涵。

无人农场：数字化农场助推
农业高质量发展

一、背景·缘起

当今时代，以数字化、智能化为特征的新一轮工业革命蓬勃兴起，物联网、大数据、人工智能等新一代信息技术与农业农村加速融合，推动了农业生产迈向智慧农业时代。中央网信办、农业农村部等10部门也多次出台政策文件，对智慧农业进行了战略部署，推动智慧农业发展。作为国际化大都市，上海面临着劳动力成本上升、农业劳动力日益短缺以及老龄化问题凸显等窘境，如何在有限的耕地上提质增效，是新时期农业发展面临的重要挑战。2020年底，上海市人民政府出台《上海市推进农业高质量发展行动方案（2021—2025年）》（沪府〔2020〕84号），并在科技装备提升行动中提出，"以区、镇为单位建设一批基于数字化管理的农机社会化服务组织，打造10万亩粮食生产无人农场"。这一方案的出台，对乡村提出了发展智慧农业的要求。

长期以来，嘉定区外冈镇坚持以质量兴农、绿色兴农为导向，以促进粮食生产转型升级和农民持续增收为目标，加快推进无人农场的建设。2021年，全镇水稻种植面积达20 438亩，机械化播种率达到97.4%，12 000多亩水稻实现了全程机械化管理。万亩高水平粮田田块整齐、连片成方，农机设备、配套设施齐全，土地流转程度较高，为机械化、规模化经营打下了坚实的基础，也为农业生产由机械化向智能化转型升级开辟了道路。外冈镇承担建设的万亩规模数字化无人农场，被列为全市13个绿色田园先行片区之一，是上海首个数字化无人农场，通过先行先试引领都市农业的高质量发展，为智慧农业的探索实践提供了先决条件。

二、举措·机制

外冈镇的数字化无人农场,是上海首个无人化农场试验基地,也是嘉定数字化无人农场产业片区的重要组成部分。该农场位于外冈镇的西北片,涉及葛隆村、泉泾村、周泾村、望新村等村,以水稻种植区域为主,通过在耕、种、管、收等环节,实现插秧机、拖拉机、自走式打药机、收割机等农业作业机械的无人化管理,融合先进的数字农业发展技术,建设具有先进水平的水稻无人化智慧农场,旨在成为引领智慧农业进一步发展的先行区和示范区。作为现代农业建设的重要内容之一,无人农场主要实现的是在人不进入农场的情况下,采用物联网、大数据、人工智能、5G、机器人等新一代信息技术,通过对农场设施、装备、机械等进行远程控制,或通过智能装备及机器人自主决策、自主作业,完成所有农场生产、管理任务,是一种全天候、全过程、全空间的无人化生产作业模式,其本质是实现机器换人。

(一) 实践经验与智能技术的双向赋能

外冈镇数字化无人农场建设项目的承接单位为上海外冈农机服务专业合作社(以下简称合作社),技术支撑单位为上海联适导航技术有限公司(以下简称联适导航公司)。上海外冈农机服务专业合作社作为全国农机合作社的示范社,承担着外冈全镇2万亩粮田的社会化服务重任,拥有收割机、插秧机、植保机等农机设备上百台,设备品类齐全,能满足不同的耕作需要,在粮食全程机械化生产方面拥有丰富的实践经验。上海联适导航技术有限公司则是一家集研发、生产、销售、服务于一体的高新技术企业,立足于北斗卫星导航,不断探索北斗在精准农业领域的应用,致力于提供耕种管收全流程的智能化、无人化解决方案,深耕数字农业,关注农业生产中的数据,充分挖掘数据价值,构建数据分析平台,指导农业生产。

合作社在无人农场建设方面拥有长期的实践经验,但缺乏智能化技术;而联适导航公司则专注于智能技术的研发,缺少实践经验。为了实现优势互补,双方在农机农艺、自动驾驶以及农业信息化等方面实行合作运营。其中,合作社负责提供整体思路,包括农作物的种植范围、耕作深度、农机行驶速度、喷洒频率等行动规划。联适导航公司则根据合作社的诉求，负责技术设计、算法模型的构建以及设备的改装和升级等。无人驾驶运行过程中的路径偏差、卫星信号丢失以及机器故障等技术性问题，也由联适导航公司立即整改、实时监控和定期检查。双方通过交流、联动与长期合作，促进了实践经验与智能技术的紧密结合，最大化地发挥了双方的优势，在耕、种、管、收等环节，推动了插秧机、拖拉机、自走式打药机、收割机等农业作业机械操作的无人化，打造万亩规模的现代农业智能化生产集成区。

（二）建立无人农场智慧管理云平台

无人农场智慧管理云平台是无人农场运行的核心，具备基础数据采集、传输、分析、加工、处理、决策等功能，是无人化农场智控管理的指挥中心，统领和服务于整个无人化农场。

首先，平台设置了信息查询功能，可以查看所有自动驾驶系统的用户信息、车辆信息、自动驾驶参数信息、安装信息、速度坐标面积等作业信息，作业轨迹，报警信息，作业类型等。

其次，平台还负责对农业生产任务进行科学规划。平台内含整个农场的高精度数字作业地图，能够确定机库、作业田块的准确位置信息，从而对作业任务进行合理的规划，包括机库至田块的最优行驶路径、调用何种作业机械、挂接何种农具、农业生产资料（种子、化肥、农药）的补充等，形成相应的无人作业方案、侧深施肥方案、喷洒方案等，实现全过程的无人化作业。相应地，无人农机会按照云平台规划的最优路径进行作业，其作业轨迹实时上传到智控平台，后台管理人员就能收到实时的无人农机发动机的转速、油耗，作业速度、作业面积等作业信息，便于对生产作业及其效率进行总结、优化和提升。

此外，该平台还开发了智能感知系统，在田块上配备了农业信息采集传感器，便于对环境因素、土壤肥力、作物生长、产量进行智能感知，从而制定科学的基肥、追肥作业处方图，实现对作物全生长周期的长势监测、作物产量分析以及全年度综合作业分析，得出全年度的分析报告，为提升农场产量、提高种植效率提供指导依据。同时,平台也可以积累多年份农业生产大数据,结合专家分析,建立农业生产模型、作物生长模型、病虫害预测模型等,实现作物生产灌溉、施肥、植保等作业过程的科学化、精细化和精准化,达到精耕细作的目的。

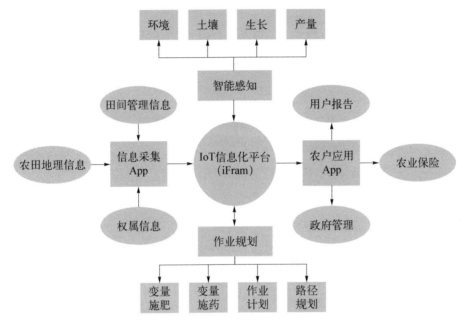

图1 无人农场智慧管理平台架构

(三)对传统设备进行智能化改造

智能农机是无人化农场的具体载体。为了配合无人农场建设项目的顺利推进,合作社本着节约资源、机器利用效率最大化的原则,与技术公司、设备生产厂家进行对接,对原有的传统农机设备进行了智能化的改造和升级。首先,合作社增加了既有设备的使用功能,比如安装了定位定向系统,可以实现云端车辆控制、自动导航、自动出入库等功能。其次,合作社为农机设备植入了智能算法,根据田块的实际情况,包括作业幅宽、最小转弯半径和交叉限制等,实现农机作业路径最优化。在田间的追肥和植保作业过程中,智能农机还可以对农药的喷洒量和喷洒路径自动进行规划,使车轮在作物苗行之间行进,避免了传统作业过程中农机对农作物的破坏,实现精准施肥和施药,从而实现整个植保过程的无人化。

除此之外,合作社还对农机设备进行了远程控制和多机协同的改造。智能农机在无人驾驶的过程中,通常还需要人工干涉。合作社将农机设备与移动设备进行连接,农技人员只需轻点手机App上的启动键,数十台无人插秧机械便开始自动插秧作业。通过手机App,农技人员不仅能够对农机发布停车、减速、掉头等指令,还可以查看农机当天耕作的轨迹、范围、作业时长等,对耕作相关数据进行历史查询和实时可视化。为了提升人工操作的便捷性,手机App目前可以同时添加多台农机设备,实现同一时间对不同类型农机的远程操控、规划和协同;如果单个农机临时出现了故障,其他设备也能够通过远程操控实现快速响应,实现人机结合的高效协同作业。

（四）循序渐进推动试点建设和发展

在技术和机制的支持下,无人农场的建设得以充分落实。无人化农场建设项目的目标是实现万亩良田无人化耕作,而无人农场的建设并不是一蹴而就的。合作社采用总体规划、分步实施的原则,让无人机先"用起来"再"快起来",通过循序渐进的方式,先从试点开始,再逐步打造万亩规模的数字化无人农场。无人农场一期于2020年初开始实施,合作社通过对现有部分农用作业机械进行无人化改造、调试和升级,具体包括旋耕机、播种机、插秧机、植保机、收割机等农机设备,涵盖了耕、种、管、收等环节,在周泾村规划了300亩核心试验区,尝试初步实现各个环节的无人化作业。

无人农场二期于2021年开始实施。合作社在一期工作的基础上,进一步提升无人作业的精确度和稳定性,扩大无人农场的运作范围。由此,合作社增加了对无人拖拉机、无人插秧机、无人植保机、无人收割机的改装和升级,完善和加强各种农机设备的无人化协同作业、机群协同作业,同时建设了智慧管控水田灌溉系统,优化了无人农场的数字化平台,通过前端的数据采集、云端的数据管理和分析,形成一套完备的大数据专家分析决策系统,用以指导下一年农业作业生产。

目前规划至"十四五"末,无人农场完成三期建设,进入稳定发展和产业推广阶段。合作社将项目前期示范应用的技术进行有效的成果转化,扩大到万亩规模,并形成数字化无人农场建设规程,争取实现耕、种、管、收等生产环节的全覆盖;机库田间转移作业全自动;自动避障异况停车保安全;作物生产过程实施全监控;智能决策精准作业全无人,推动无人农场建设项目从示范研究到产业化推广应用。

三、创新·成效

数字化无人农场的建设是从"会种地"迈向"慧种地"的探索过程,更是解决"谁来种地"的现实问题的新尝试,为嘉定区外冈镇农业的转型升级探索出一条智能化的新途径。目前,外冈镇的数字化无人农场一期建设已完成,300亩核心试验区实现了水稻生产耕、种、管、收全流程的无人化作业。在二期建设中,数字化无人农场目前也已完成了1 600亩示范区的土壤养分数据采集和无人化插秧作业等工作。此外,在无人机械配套、农田信息采集、各环节无人作业精度和稳定性等方面,也得到了明显提升或突破,无人化农场建设已初见成效。

一是提高了土地的利用效率。随着耕地的逐年减少,提高土地的利用率,增加单位面积的产量势在必行。而北斗卫星导航在精准农业领域的应用,实现了精准化作业。北斗导航自动插秧机直线误差在2.5厘米以内,直线度保持良好,相比于人工驾驶插秧机,可提高土地利用效率2.3个百分点。

二是大大降低了农业生产成本。粮食作物生产成本逐年上升、从事农业生产的工人老龄化严重、劳务用工短缺及效率低下等问题直接影响农业生产进度。数字化无人农场采用智能驾驶系统,一天能作业300～400亩地,是传统人工作业效率的15～20倍,在提高生产力的同时,减少了劳务用工的数量以及人工开支,尤其是在目前人工开支越来越高的趋势下,节约人工开支的意义是非常显著的。总体来看,与传统人工作业相比,无人农场的人力成本降低了55%以上,燃油成本节省了15%以上,种子使用量下降5%,农业生产的成本明显降低。

三是农机设备作业时间更加灵活。在智能化、自动化技术的加持下,无人农机设备突破了传统"日出而作,日落而息"的时间限制,诸如植保无人航空驾驶器等,在晚上也可以对农田进行喷药,及时防治农场的病虫草害。在2021年稻纵卷叶螟、褐飞虱、叶瘟大暴发的情况下,植保无人航空驾驶器的防治效果堪比自走式喷药机,飞防不碾压田埂,田间保水性能较好,更能提高药效。

四是农业管理和运营方式跨越式升级。在上海本地传统农民极其短缺的情况下,数字化无人农场改变了农业生产对传统劳动力的深度依赖,把农民从"面朝黄土背朝天"的辛苦劳动中解放出来。相应地,无人农场对人才的需求量增加了,熟悉耕作知识、具备智能设备操作技术的复合人才成为无人农场的主力。农场的运作和管理也不再需要人力经常走进田间,而是在可视化智慧平台上,在人机交互对界面上,通过实时搜集、整理和发布的大数据,进行综合的监测、分析和决策,实现更快速、更精细的农业生产。

五是智慧农业模式形成示范引领效应。外冈镇在上海全市范围内率先开展了数字化无人农场试点实践,取得初步成效后,市、区以及外省市相关领导多次来此进行考察调研,充分认可了外冈镇无人农场当前的工作模式和工作成效。外冈镇的示范应用,推动了无人农场项目在更大范围内的应用,从示范区真正落实到大规模农业生产中,不仅为嘉定区的现代农业提供了可复制、可操作的经验,也为本市及外省市有条件的地区提供了有效参考。

四、启示·展望

习近平总书记指出:"要把发展农业科技放在更加突出的位置,大力推进农业机械化、智能化,给农业现代化插上科技的翅膀。"数字化无人农场建设正是农业与科技结合的集中体现,必将引领未来农业生产方式的发展方向。当前无人农场的实践还处于成长阶段,依然存在着管理模式、架构和边界不清晰,信息组织、感知、传输、处理等技术不成熟,产业化程度较低等问题。虽然目前已经初步实现了农场的无人化作业,但还是离不开人来参与计划,需要人为下达指令和决策。这距离更高层次的无人农场,即所有的作业与管理都通过核心系统自主计划、自主决策和自主作业,还有一定的距离,也还需要从制度和实践上进行持续的试错和纠错。

（一）持续提升作业标准化程度

在数字化无人农场建设的过程中,嘉定区外冈镇取得了初步成效,切身感受到北斗、5G、物联网等新一代信息科技赋能农业所带来的颠覆性变革。比如无人农场能够在全气候条件下对土壤、气候、作物生产等参数进行实时监测,结合大数据分析决策系统,能够做到更为全面的信息捕捉、深度的定量分析以及精准的作业控制。与人工操作相比,无人机作业能够避免因人工劳动强度增加而带来的作业质量下降,其作业标准化程度更高,有利于标准化技术模式的形成,更有利于无人农场的可复制、可推广。

（二）促进无人农场的软硬结合

嘉定区将继续推进数字化无人农场建设,抓好无人农机"硬支撑"与无人农机操作手"软实力"两方面建设,向全程数字化、精准化、智能化及无人化继续探索。在"十四五"期间,嘉定区外冈镇计划围绕1.7万亩高水平粮田,进一步推进数字化无人农场产业片区建设,计划通过3～5年的创建,使整个产业片区成为"技术装备先进、生产绿色循环、品牌优势突出"的都市现代绿色农业样板区。此外,无人农场本质上是机器对人的替代,随着信息技术的发展,一旦各方面条件更为成熟,无人农场也可从基础的水稻生产,逐步拓展应用到无人果园、无人牧场、无人渔场等其他农业产业领域。

（三）不断突破智慧农业的技术限制

智慧农业、无人农场是未来农业发展的必然趋势。未来,还需要从多个方面推动智慧农业取得进一步突破:一是要突破智慧农业建设过程中"卡脖子"的关键核心技术,尽快解决智慧农业基础研究和应用模式创新不足、核心农业传感器和高端农业智能装备缺乏、智能算法模型和系统产品不足等问题；二是要突破支撑智慧农业的数字化基础设施短板，改变养殖场、加工厂、大棚设施数字化融合不够等问题，加强农村信息基础设施建设，推动传统基础设施数字化升级，满足智慧农业发展需要；三是要突破智慧农业产业链协同发展困境，发挥智慧农业全链条贯通中技术关联、信息共享和全要素匹配的优势，在建设与发展上充分体现融合化和一体化特点，高质量推动智慧农业发展，助力乡村振兴。

五大载体：乡悦华亭农民集中居住区管理模式

一、背景·缘起

农村地区历来采用村民自治的方式进行管理，但是这种管理方式对于集中居住而言，最大的问题在于没有统一的标准，无法进行统一管理。然而，归并集中居住管理的关键问题在于如何规范村民的行为。如要采用城市地区封闭小区的管理模式，存在以下难点：一是农村居民的生活习惯与现代物业管理的碰撞。一方面，一些村民受原来农村长期散居的影响，参与物管意识淡薄，我行我素，随心所欲；另一方面，存在毁绿种菜、绿化内乱牵挂、垃圾随手扔、宅前屋后乱堆放、违章搭建等现象。二是熟人社会与居住形态的碰撞。社区居民都是原来村里熟悉的人，但生产队已经打乱，需重新划分区域网格，居住的环境也由边界基本开放状态转为有围墙阻隔的半封闭半开放状态。熟人之间原有的交际状态会因新的居住环境和生活方式产生新的问题。三是缴费享受服务与村委包办托底的碰撞。专业的物业管理需要每户村民定期缴纳物业管理费，习惯了自治的村民往往不愿意缴纳这笔费用，如果由村委会托底，势必影响村民的经济利益，实施难度较大。

根据乡村振兴的相关部署，华亭镇是嘉定乃至上海乡村振兴的主战场之一。华亭镇在前期走访调研的基础上，充分尊重群众意愿，采取党建引领、政府指导、村民自治为主，社会参与为辅的管理模式。通过加强和改进乡村治理，加快构建党组织领导的乡村治理体系，深入推进平安乡村建设，创新乡村治理方式，提高乡村善治水平，探索"乡悦华亭"农民集中居住区管理模式及实施路径。目前"乡悦华亭"项目一期187户已经交付，老百姓陆续住进了"高颜值"的江南庭院式房子。

二、举措·机制

联一村宅基地集中归并平移涉及18个村民小组,共681户农户。联一村以一期的187户农户为试点,探索集中居住管理的有效方式,力求在保留村民原有居住习惯的基础上,建立一套与特大城市郊区特点相匹配的新农村集中居住管理模式,既能体现出农村的新风貌,又具备社区管理的高性能;既能体现党建引领的作用,又能充分发挥村民自治的成效。华亭镇将社区健康化作为管理的重点,继而助力推广有机农业,发展优质产业,做强"一村一品",传承传统文化,共同打造集美丽乡村、现代农业、主题农旅、乡居颐养"四位一体"的新田园农村小镇。

(一)组建专业队伍提供服务

参照小区物业管理的运行模式,联一村建立由村党组织领导、村委会主导、物业团队牵头、物管红专员负责的物业管理模式,拟组建领导小组、工作专班、自治团队三支队伍。首先,领导小组的组长由村委会主要领导担任,组员由村两委班子成员组成。日常办公室设在村委会,办公室配置两名工作人员,负责日常工作。其次,工作专班则是充分利用村内资源,挑选合适的村民、志愿者组成工作小组,主要从事水工、电工、卫生保洁等日常维护管理工作,充分借助现有的特保巡逻力量,增强集中居住区的安保力量。最后,组建一支由村民为主、镇级部门志愿者为辅的自治团队,作为工作小组的补充。联一村一方面利用了解住户需求这一优势,提出更多可操作性强的建议与管理措施;另一方面充分利用志愿者来自各部门条线的优势,从专业的角度为村民提供更多优质的服务。

(二)建章立制促进自治共治

根据三个工作队伍分别制定相应的工作制度,联一村明确每支队伍的工作职责,将工作责任落实到人,做到既分工明确,又协同合作。结合区域的实际情况,针对以往村民自治存在的一些顽疾,如违章搭建、随意种菜、散养家禽等,由村委会制定住户公约,汇编成册后在交房时一并交予住户。同时,结合区域实际发布村民文明行为守则,主要针对公共配套、停车场、绿化养护等公共事务,倡导每家每户遵照执行。针对私自搭建、改造等问题制定装修导则,采取严格的管控措施,按照既定的公约进行处置;加强事前监管,对所有进入集中居住区的装修施工队伍进行登记审批,要求其缴纳一定数额的押金,牢牢控制违建源头。

(三) 有序规范处置各类问题

对整个小区按照新编门牌号码进行编组,初步划分成四个网格,形成横向到边、纵向到底的网格管理模式。每个网格配备一个物管红专员,每人领衔一个网格,作为这个网格的物业管理专员。网格内分若干组,以党员、村干部为小组成员,以区域包干的方式,在组长的带领下,共同管理好小组的公共环境,管好自家责任田;尽快建设好村级城运中心,使其与镇城运中心进行对接,利用高清探头、大数据等设施和技术,清除管理中的盲点;有效利用“一网统管”“一屏观全村”新村级管理平台,及时处置各类问题与事件;做好相关应急预案,以应对突发事件。

(四) 通过积分管理实现奖惩结合

为进一步提升小区物业管理水平,增强村民自治共治的意识,华亭镇设立了社区红黑榜:红榜是对遵守公约或提出有效建议、对社区治理有贡献的住户给予表扬;黑榜是对违反公约或者不配合管理工作的住户进行公示,起到警示和激励的作用。同时,采取试点积分制度,定期在组与组之间开展交叉检查,相互打分,根据分数实现积分制管理,每组的积分与户籍管理者的年终奖补直接挂钩,通过一定的奖励措施进一步引导村民自治。结合“美丽系列”开展评比活动,评选模范户,弘扬先进,表彰典型,不断激励引导村民规范自己的一言一行,增强村民的社区意识,提升小区的文明指数。

三、创新·成效

华亭镇充分利用“一网统管”“一屏观全村”新村级管理平台,着力通过大数据解决管理中的痛点、难点问题,创设“亭·院治理联盟”“物管·红专员”“乡悦·会客厅”“民情·议事会”“百姓·秀舞台”五大自治共治载体,对"乡悦华亭"农民集中居住区进行有效管理。

(一) 亭·院治理联盟打造治理新模式

亭·院治理联盟解决了"参与主体"的问题。

第一,发挥平台作用。以乡村振兴战略为指引,以打造生态宜居、乡风文明的美丽乡村为目标,以问题为导向,建立起村民提出问题、村委发现问题、相关部门检查问题的多方位、多角度发现机制。通过联盟统筹协调自治共治,联合政府职能部门与村委会的力量,共同对发现的问题加以整治,达到政府指导、村委引领、村民紧跟的工作步调,有效解决管理问题,最终实现小区的有效治理和整体环境质量的显著提升。

第二,建立组织架构。亭·院治理联盟由联一村、社区党群服务中心、文体服务中心、综治办、城市运行管理中心、社区办、社发办、房管所等部门组成,可随时根据实际管理需求,对组成单位进行调整。

第三,确定工作机制。自治联盟内设理事会,采用主席轮值的方式,每年召开两次自治联盟会议,确定全年工作目标和任务,研究治理方案,解决小区存在的各类问题。理事会下设工作办公室,设在联一村村委会,办公室负责协助轮值主席对联盟的日常运作与相关事务进行管理。

第四,明确工作职责。成员单位按照各自的工作职责负责日常巡查与问题的发现,根据发现的问题制定相应的解决措施,报理事会办公室;理事会办公室负责汇总各成员单位上报的问题,并根据解决措施做好后续追踪,定期向全体村民公示问题的处置情况;相关职能部门与村委会按既定的工作制度定期开展形式多样的宣传、评比活动,形成良好的工作氛围;其他成员单位按照各自职责,协助指导小区相关日常管理及各类问题的治理。

(二) 物管·红专员当好百姓"店小二"

物管·红专员解决了"谁来管理"的问题。华亭镇基于"熟人社会"和"居住形态"的现实考量,对这一区域物业管理方式进行探索和尝试,建立"村党组织领导—村委会主导—物业团队牵头—物管红专员负责"的物业管理模式,全面负责网格内的各类事务,当好服务老百姓的"店小二"。

由一位村委会成员驻点负责,将区域划分为若干个网格,每一个网格由"物管·红专员"包干联系,负责协调村委会与各工作队伍的联系。

(三) 乡悦·会客厅成为协商新空间

乡悦·会客厅解决了"协商空间"的问题。

首先,会客厅通过打造"实体空间",在村委会综合配套用房中设置一间功能房,主要以协商会、座谈会等形式,组织村民不定期开展社区共营活动。在轻松融洽的氛围中,让村民畅所欲言,更为有效、全面地收集社情民意,提出问题、发现问题。同时,通过建立"虚拟社群",利用线上各种App,加强黏性、增加流量,让老百姓合理的诉求能够得到有序反馈,且在线下得到解决。

其次,会客厅通过建立三大平台,解决老百姓的现实诉求。一是建立协商议事的公共平台。秉承"众人的事情由众人商量"的理念,以村委会、村民代表作为议事成员,广泛召集群众参与,让百姓充分发表意见。以真参与、真协商、真受益为导向,传播"好声音"、形成"金点子"、画出"同心圆",形成有事好商量,众人的事情由众人商量的村民自治平台。二是打造上下交流的沟通平台。通过组织镇、村等相关部门定期与村民面对面沟通,以问题为导向,及时了解村民的困难并加以解决,形成政府与村民的良性交流沟通平台。三是实现工作推进的助力平台。会客厅定期组织村民参与,宣传党和政府的相关政策法规,听取村民的意见和建议,实现政府、村委的实事提前传达,推进的工作事先让村民知晓,夯实政府工作推进的群众基础。乡悦·会客厅作为有效的宣传平台,可以由亭·院治理联盟的成员宣传政府的方针政策,在村民中传递各类信息,起到村民与政府间的桥梁纽带作用,整合各方力量。

乡悦·会客厅通过推行五步工作法,更好地实现村民自治。第一步,月月访"现场指导面对面",通过每月邀请相关部门、专家,现场指导讲解垃圾分类、疫情防控等相关知识及村民行为规范。第二步,双月谈"头脑风暴点对点",每两个月组织一次村民议事会,以问题为导向,针对小区内产生的问题和矛盾,共同出谋划策,提出合理建议,讨论解决方案。第三步，季度会"区域联动手牵手"，每季度由村委会召集村民、志愿者与物管人员共同参与小区安防、垃圾分类、保洁等志愿服务活动，在活动中提升村民自我教育、自我服务的自治意识。第四步，半年评"民主评议背靠背"，每半年由村民对本村各项实事项目及村干部工作进行评议，实时反映村委工作及村干部在村民心中的认同度。第五步，年终总结"互动交流心连心"，每年年终村委会邀请村民前来会客厅，向村民通报本村一年的村务工作情况，与村民进行面对面交流，让村民及时了解本村村民自治情况。

（四）民情·议事会成为有序参与新渠道

民情·议事会主要解决了"有序参与"的问题。民情·议事会以解决乡悦会客厅搜集社情民意、社区问题为目标，建立"听证会、评议会、协调会"三会制度。

"听证会"是政府或村委会在小区实施项目前和涉及群众性的重大工作做出决策前，由村委会组织发起，经村委会商议成立听证小组，提出会议方案，并召开会议进行情况通报，经与会人员充分讨论，由相关部门代表回答相关问题，通过与会人员进行表决，形成决议，将会议结果反馈给相关部门。"评议会"是村委会提出评议需求，成立评议小组，由评议小组进行考察形成会议方案，并召开评议会，根据被评议对象的情况汇报，通过村委会组织小区成员代表对评议的机构和对象的工作进行考核评议，形成书面评定意见并公示，同时反馈给相关部门，推动整改。"协调会"是由村委会组织召开，与各方协商确定需要调解的事宜，并制订会议方案，由参会人员进行陈述，通过各方交流协商，直到达成一致意见，形成调解文书，签字或盖章后交予村委会。

不同于会客厅，议事会完全由村民自发推进，在村委与亭·院治理联盟的指导下，通过"三让一做主"的形式开展，做到"让村民参与、让村民知晓、让村民评价，由村民做主"。议事会以社区共营、村民自治为途径，组织发动以村民为主体的自治团队，协助村委会共同参与物业管理、小区安保、卫生整治、垃圾分类、纠纷调解等社区治理工作，有效补充管理力量，使管理的覆盖面得到进一步延伸。民情议事会让村民直接参与管理，激发村民自治的热情,从而凝聚形成"有事要商量、有事好商量、有事多商量,决议公开、实施结果公开"的"三有两公开"共识,努力实现村民自主改善生活环境,加强对集中居住区的公共管理,有效提升自治的成效,真正让老百姓成为社区的"主人"。

（五）百姓·秀舞台实现百姓自我管理

百姓·秀舞台解决了"谁是主角"的问题。舞台一方面可以用来宣传理论政策,通过各种形式的活动,向村民宣传党和政府的政策,让村民知国事、守村规,引导村民爱国守家园。另一方面舞台可以用来开展文体活动。秀舞台的展示活动可由老百姓自主开展,也可以与镇级相关部门开展深入合作,举办形式多样的文化宣讲、文艺演出、表彰会议等主题活动。此外,舞台活动还培育了文化团队,以社区艺术创作展示、传统手工艺技能评比、社区故事创作及表演等村民喜闻乐见的形式,向村民宣传自治共治的方法和途径,展示自治成果,传承传统文化。

不仅如此,舞台的存在还成功挖掘了社区能人。以能人领衔,形成自己的团队和组织,带动社区百姓共同参与,丰富村民的精神文化生活。在活动过程中,村民一起动脑想、动手做,在寓教于乐中提升村民自我管理、自我教育、自我服务的积极性,培养村民的参与感与荣誉感,激发其对历史文化的认同感,树立乡村文明新风尚,涵养文明新风,助力社区建设。通过将秀舞台打造成为一个开展社区共营活动、探讨公共管理方式、展示治理成果的有效载体,让村民在享受精神文化生活的同时,帮助村委会共同推进社区治理。在提升村民入住社区的获得感和满意度的同时,唤醒他们对土地、对家乡的感情,拉近邻里之间的关系,从而使村民更乐意投入自治新家园的队伍中。

四、启示·展望

"乡悦华亭"农民集中居住区管理模式及治理路径属于新型管理模式,后期将进一步探索农民集中居住管理的有效途径,建立一套既能体现党建引领的作用,又能充分发挥村民自治的成效,并与特大城市郊区特点相匹配的新农村集中居住管理模式,完善乡村治理方式,提高乡村善治水平。华亭镇的农民集中居住区管理模式及治理路径,可以从以下三个方面提供参考。

(一) 借助第三方力量成立专业物业公司

通过物业公司来加强对集中居住区的管理,包括保水、保电、保绿、保修等工作。在物业人员聘用中,除特殊岗位需要专业人员外,其余普通岗位可吸纳本村周边的富余劳动力,一方面解决就业压力,另一方面节约资金成本,同时形成社区共同管理、共同参与的氛围。在实际操作中,可采用灵活多样的用工方式,既做到开源节流、一岗多用,也可采用短期外包的形式进行保绿管理。

(二) 发展村级经济让物业管理可持续

农村历来采取村民自治、村委托底的管理方式,村民无须缴纳管理费,在归并到集中居住点后,仍采用村民不缴纳物业管理费的方式,但物业管理成本费用高,对村级经济影响大。为了使物业管理可持续,必须要确保村级经济的稳定发展,要按照乡村振兴中产业兴旺的要求,创新思路,采用多种形式进行探索,发展集体经济。通过集体投入,农民参股,与大型企业集团联营,培育新的经济增长点,紧紧抓住乡村振兴这一大好机遇,利用村庄归并这一契机,大力推广乡悦民宿,发展周边农旅。

(三) 建立综合专业服务队伍提供优质服务

以五大员——物业管理员、保洁员、卫生清洁员、人口协管员、联勤特保员为基础,建立综合专业服务队伍,从事集中居住后的公共服务以及设施维护等管理工作,实现资源整合、岗位互补、管理到位;依托镇级部门及村级平台,利用集中居住后相对集中的优势,建立各类志愿服务队伍,发挥各自优势,积极开展创建平安志愿者、文艺志愿者等活动,为村民提供专业服务及志愿服务。

"四责"协同:实施"四小微" 提升"智治力"

一、背景·缘起

嘉定区南翔镇永乐村位于嘉定区南翔镇西侧,毗邻大虹桥商务区,辖区面积3.24平方公里,户籍人口3 131人,实有人口7 998人,其中本村村民945人,外来人员7 053人。村域内有各类企业440余家,其中规模以上企业15家,企业与村组犬牙交错,属于典型的"厂中村"。目前,永乐村呈现外来人口严重倒挂、留村老人居多、中小企业密集等特点,给农村社会治理带来了诸多难题与挑战。

为进一步贯彻落实中央关于加强和改进乡村治理决策部署的重要工作,永乐村坚持以习近平新时代中国特色社会主义思想为指导,立足村情实际,对标问题抓整改,紧紧围绕乡村振兴战略的二十字方针深耕党建"责任田",把提高乡村治理体系和治理能力现代化作为主攻方向,通过实施"四小微"、提升"智治力",努力探索出一条实用、管用、好用的农村社会治理新路径。近年来,永乐村先后获得全国乡村治理示范村、全国文明村、上海市先进基层党组织、上海市农村社区建设试点示范村、嘉定区学习型党组织、嘉定区民主法治示范村和无违建先进居村等多项荣誉。

二、举措·机制

随着乡村振兴战略的实施,如何提升乡村治理能力是摆在永乐村面前的一道开放式命题,当务之急是要走出一条符合超大城市农村特点的治理之路。永乐村始终坚持新发展理念,边探索边实践,以"四小微"为抓手,不断拉长板、补短板,夯实乡村治理的基础。

（一）管住"微权力"把好高质量发展"方向盘"

作为嘉定区全面从严治党"四责协同"（"四责"是指村党支书记"第一责任"、班子成员"一岗双责"、村级纪检小组"监督责任"。）机制建设首家村级试点单位，永乐村以规范村干部手中"小微权力"为切入点，于2017年研究制定了《永乐村"小微权力"规范运行方案》，以问题为导向，对村级事项进行全面梳理、分类，并制定了《"小微权力"清单》，既有纵向梳理的流程图，让村民对所办事项一目了然，也有横向深挖的各环节廉政风险点，配以"三定"（定主体责任、定追责问责方式、定风险防控措施）编制成册，时刻提醒村干部"不能办和可以办"之间的界限，防止出现"微腐败"。2018年上海市纪委、2020年中央纪委国家监委研究室来永乐村调研时，都对此项工作予以肯定，"小微权力"的相关做法也在全区被广泛推广。2021年，永乐村党总支以"切实增强基层党员干部作风建设，做实做细'小微权力'，加强廉政风险防范，助推美丽乡村的建设"为"四责协同"机制综合项目，班子成员结合各自分工制定工作举措，定责、履责环环相扣，内容涵盖党员教育、作风建设、村组管理、换届纪律、农房翻修以及综合治理等方面。年内分步实施，统筹推进，各项举措均落到实处，党员干事创业精气神进一步提振。

（二）开办"微课堂"注入村民自治"原动力"

依托"永乐学堂""百姓小舞台""我们的节日"等平台，定期举办各类主题讲座，普及法律常识，传播红色文化，定期开展邻里节、民俗体验日等群众文化系列活动，使永乐充满"爱"的关怀。同时，修订《村规民约》，明确相应的奖惩措施，让村民依照看得见的标准不断提升自身素质、培育乡风文明，激发出村民参与自治的内生动力。2021年，永乐村规范设置新时代文明实践站，增设公益广告宣传内容，并组织开展迎新健身跑、南翔镇羊拉乡结对文化演出活动、颈椎康复与保健讲座、读唐诗学沟通的艺术讲课、建党故事的影像叙事讲座及"我们的节日"之"中秋送月饼·共叙邻里情"等各类活动68场，参与村民超1 600人次，村民群众综合素质显著提升。

（三）实施"微更新"挂好环境美化"加速挡"

在"五违四必"及"无违创建"等工作中,永乐村攻坚克难,共计拆除各类违建30多万平方米,涉及120余家企业、近500户农户,村容村貌得到显著改善。由于永乐村被规划为撤并村,且撤并的具体时间尚不明确,现阶段"大拆大建"显然行不通,因此永乐村结合村情实际开展了一系列"微更新"。在村组内开展修补道路、修复花坛、翻新公厕等基建改造,将拆违腾出的闲置空地打造成停车场、健身点,为村民的小菜地装上竹篱笆,并引导村民打造符合南翔风格的"小美农院"和"小美菜园",营造整洁舒适、文明有序的人居环境,形成村绿、水净、岸清、宅美的乡村生态,使永乐洋溢"美"的氛围。

（四）满足"微心愿"按下幸福生活"快进键"

近年来,永乐村通过盘整现有土地、厂房资源、"腾笼换鸟"等措施不断增强集体经济发展后劲。目前,村级年可支配收入达1 800万元,为全村各项事业的开展奠定了坚实的经济基础。为了增强村民群众的获得感、幸福感和安全感,永乐村党总支以群众的急难愁盼问题为导向,努力达成村民的"微心愿"。

一是引入资金完成槎山农贸市场的升级改造,打造成集标准化菜场、惠民超市、餐饮于一体的小型商业综合体惠民永乐邻里中心,解决了因拆违造成的商业配套设施短缺的问题。2019年,永乐村与国资委旗下新嘉集团洽谈,最终达成由嘉定惠民超市市场经营管理有限公司整体租赁,进行标准化菜场的改造。改造完成后,一层区域引进中小型餐饮、便民早餐、便民服务等配套商业项目;二层区域一半设置为菜场,一半设置为惠民超市,通过明码标价、价格控制、食品安全控制等规范管理,为周边的村民和企业职工提供一个便捷的综合性购物场所。

二是投资150万元建成永乐村老年人日间照护中心,让留村老人在"家门口"就能享受到全方位的日间照护。2019年,在镇领导的协调和相关部门的支持下拨款158万元,开始对永乐村老人日间照护中心进行改造。将原先3处共计200平方米左右的村集体房屋改造为综合活动区、休息区和便民服务区。其中，综合活动区是老人活动的主要场所，老人可以在这里看电视、学习、用餐以及开展一些手工活动等；休息区配备了24个躺椅，可供老人饭后午休使用；便民服务区主要有扦脚、淋浴和洗衣设施。2020年9月16日，中心交由第三方专业机构运营。老人每月只需花费100元，即可享受全方位的日间照护服务，让农村的老人也可以实现老有所养、老有所乐，在消除子女后顾之忧的同时，也缓解了养老机构的压力。而老人每月支付的100元，则会在年终作为老年村民的福利，全额返还给老人。

三是不断拓展"5分钟便民服务圈"功能，永乐村先后对配有5名医护人员的村卫生服务站、能容纳700多人同时用餐的永乐会所、具有180个座位的观影小礼堂和面积达1 500平方米的文体活动广场进行了升级改造，使永乐村成为"乐"的天地。2021年，村党总支结合党史学习教育，开展"我为群众办实事"活动，推出"金色晚年"助老服务项目，构建起"日托＋老年活动室"的养老服务新格局，让老年人享受到实实在在的便利与实惠。2021年内合计开展便民服务活动5场、老人生日会4场、眼科检查1次、金婚活动1场，惠及老人1 000余人次。为进一步拓展基层养老服务的"神经末梢"，在持续优化村级养老院和日间照护中心服务功能的同时，永乐村启动多个睦邻点改造项目，将助老服务和便民举措送到老年群众"家门口"，村有院、片有所、组有点的"三级养老体系"在永乐村初见雏形。

三、创新·成效

"四小微"发展态势持续向好。为进一步推进乡村治理能力向精细化、高效化、智能化迈进，永乐村以"平安社区智慧村庄"试点建设为抓手，充分发挥"一网统管"作为城市运行"大脑"、街镇"小脑"、村居"微脑"的积极作用，深度应用现代科技，通过安装智能设备，着力实现全天候、全时段的"感知"覆盖，乡村治理由此更加"耳聪目明"。永乐村因地制宜地用好"一网统管"，以"智慧平台＋物联设备＋联勤联动"的形式多管齐下，不断提升农村社会管理与服务。依托美丽家园管理平台实现"一屏观全域、一网管全村"，以多样化的物联设备连接"智慧微脑"，针对各类治理难点对症下药,切实打通服务群众的"最后一公里"。

(一)利用"科技力"赋能绘就"智治蓝图"

第一,通过硬件升级,强基固本添智能。在上级各部门的支持下,村级综治联勤监控大厅完成功能升级。原6块43寸的监控屏升级为9块55寸高清显示屏,增配操控电脑、专业机房设备,并由专人负责。原模拟摄像头全部更新换代,数量增加至276个,其中193个高清摄像头涵盖"人脸识别"和"智慧公安"两大功能,剩余83个摄像头补充安装在村民组的各个角落,这些监控实时掌握全村主要出入口、内部道路的动态,监控范围进一步扩大。

第二,功能拓展,多元一体提势能。永乐村紧密对接区镇"一网统管"工作,拒绝盲目追求"高大全",以实用、管用为导向,通过征询村民意见,因地制宜地选择符合乡村运行综合管理需求的场景,搭建了集视频监控、智能井盖、地磁点位、智能手环、水位监测和无线烟感等六大功能于一体的永乐村美丽家园管理平台,将视频监控和物联网相融合,借助高科技手段实现了技术上的封闭式管理,形成"一张图、两张网"的治理新格局。

第三,群勤联动,凝心聚力促效能。依照全域覆盖、配置到位、管理有序、体现实效的要求,配置、用好村民组长、小联勤、平安志愿者、垃圾分类守箱志愿者等6支工作队伍,为管理平台的运行提供线下支撑和补充。通过"24小时网络监控+网格化人防巡逻"的联动模式,形成"即发现、即反馈、即处置"的应急工作机制,保障村民的安居乐业。

(二)通过"组合拳"深化共建"智美之乡"

第一,"智治"使村容更加"清新"。首先,在违停整治方面,永乐村在村内消防通道、易发交通堵塞的狭小地带安装地磁点位,对违停现象进行"智慧"整治,在持续改善村容村貌的同时,有效减少不规范停车造成的安全隐患。例如,对于老年人日间照护中心门口频繁出现的乱停车情况,一方面着手搭建智能停车场弥补停车位的不足,另一方面在该处安装地磁点位。一旦车辆违停,地磁就会发送警报至管理平台,指挥员随即调动就近的联勤队员进行处置,联勤队员再将处理结果第一时间上传至平台进行反馈，形成快速响应的闭环机制，高效、精准的处置使村内道路更通畅。其次，在垃圾分类方面，永乐村对全村12个垃圾箱房点位进行实时监控，实现垃圾分类信息化管理，解决了过去由于志愿者人数、时间相对有限，难以全天候、无死角地确保垃圾分类工作有序开展的问题。一旦有村民、租客乱投放垃圾，联勤队员可以快速在管理平台上通过监控视频追溯到个人。通过监控视频追溯，2021年共计处置垃圾偷倒10余次，垃圾乱投放的现象明显减少，农村生活环境更干净、更清新。

第二，"智治"使养老更加"安心"。永乐养老院先前投入了大量人力，加强对院内300多位老人，尤其是十几位失智老人的管理和服务。自美丽家园管理平台"智慧手环"功能上线后，如有失智老人走出养老院预警范围，监控室将立即传出警报，指挥员接报后立即与养老院负责人联系确认并开展搜寻工作，保障老人安全。目前，在养老院老人佩戴"智慧手环"的基础上，永乐村试点将加装了GPS系统和呼救功能的智慧手环发放给居家养老的失智老人。通过实时监测老人的心率数据、位置信息，掌握老人的动态，一旦发现异常，平台便会自动发出警报，并通知其家人，让老人更安全、家人更安心。

第三，"智治"使应急更加"迅行"。一是在水位监测方面，永乐村在平台上设置安装了水位智能监测设备。由于地势较低，又有多条河道流经辖区，每当夏天汛期来临时，河水漫涨、倒灌等情况让永乐村的防汛压力倍增，村干部时常半夜爬起来巡查河道，既劳心又劳力。而监测系统在河水上涨到一定水位时，会自动发出预警，帮助村干部在雨季、汛期时提前做好防范工作，既高效又精准，该系统在2021年两次防台工作中发挥了较大的作用。二是在火情监测方面，永乐村在部分农户家中、企业内安装了无线烟感器，进一步扩大监测范围。由于村内出租房较多、企业密集、村级道路狭窄，如发生火情后处理不及时，后果难以想象。管理平台将在火情发生的第一时间自动报警，并通过数据终端发送火警信息，联勤指挥员可第一时间启动微型消防站，确保火情及时得到控制。三是在井盖监测方面，永乐村通过在井盖上安装智能系统，有效避免了过去经常发生的井盖丢失、损坏等"老大难"问题,加强对村民日常生活和出行的安全保障。一旦发生井盖被盗或损坏等情况,监测平台将及时发出警报,提醒联勤队员及时到现场处置。

四、启示·展望

作为国家治理的基石,乡村治理有效是乡村振兴的基础。永乐村紧紧围绕完善社会治理体系的目标,健全党组织领导的自治、法治、德治相结合的城乡基层治理体系,牢牢抓住上海城市数字化转型过程中的战略机遇,不断助推乡村治理体系和治理能力现代化,努力为村民群众打造一个"留得住乡愁、融得进时代、跟得上发展"的幸福家园。未来,永乐村可以在以下四方面继续发力。

一是建管并举,以管为主,促进环境整治常态化。未来,永乐村将对田堵、汤家村民组进行环境改造提升,通过修复破损道路、实施污水纳管、改造积水点、补种绿化、美化菜园、增设宣传阵地等措施,进一步完善村组基础设施,全面提升农村环境面貌。同时,通过进一步完善《村规民约》、健全村组卫生环境考核制度,树立底线思维,提升治理效能。

二是村民自治,因地制宜,赋予乡村治理新动能。永乐村将继续加强党组织引领下的村民自治工作,改造投入量力而行,因地制宜。村委会逐步"放权于民",将村民组宅前屋后堆物、小菜园播种规划等交给村民自主安排、自我管理,在其中一个村民组开展"美丽小院"评比试点,并尝试纳入年底村民组分配考核标准之中,以评促改、以改促优。

三是科技赋能,提质增效,筑牢农村治安防控网。一方面,永乐村将进一步扩大智慧场景的应用面。通过"线上管理平台+线下人防巡逻"的联动模式,提高各类问题预防、发现、处置能力,实现闭环管理,提升社会治理工作效能。另一方面,也要进一步加强风险防范和应对能力。居安思危、常怀远虑,做好各类应急预案及应急物资储备管理工作,做好日常消防安全宣传、检查工作,牢牢兜住村民的安全底线。

四是党建引领,凝心聚力,打造农村便捷新生活。永乐村将加速推进邻里中心项目建设，打造党建引领下基层服务管理新阵地。在现有"综治联勤服务站"和"监控指挥大厅"的基础上，升级"综合文化活动中心"，优化为民服务设施的结构布局与功能设置，进一步丰富"15分钟便民服务圈"的内涵，使村民充分享受"三网融合"带来的高效、便捷生活。同时，以新的邻里中心为载体，辐射全村，持续优化"村有院、片有所、组有点"的灵活养老模式，加快促进养老服务全覆盖。

"四个百管"：打造"四治一体"新格局

一、背景·缘起

《上海市乡村振兴"十四五"规划》为进一步构建党建引领下和谐有序的乡村治理格局指明了方向。北管村位于嘉定区马陆镇东南部，村域面积达2.67平方公里，现有自然村民组10个，总户数745户，户籍人口2 436人，外来人口7 000余人，产业结构以二、三产为主，一产为辅。村域内工业繁荣，现有企业130余家，其中规模以上企业有25家，已吸引爱茉莉、百事食品等优质企业落地，呈现典型的亦城亦村格局。北管村党总支下设20个党支部，其中"两新"党支部5个，有党员197名。从北管村的人口学特征来看，北管村人口倒挂严重，加上村域面积大，新时代背景下的北管村存在着村级治理覆盖面大、责任难以落实、人心难以凝聚、村域文化建设落后等问题。

二、举措·机制

北管村以"北管"的谐音，探索创建了以"百管"（百姓管、百家管、管百事、管百年）为主要内容的"四治一体"工作法，以自治为根本、法治为保障、德治为基础、共治为创新，着力推动全面从严治党与乡村振兴共促共进。正是党风民风的持续向好、党心民心的同频共振，北管村先后获得"全国先进基层党组织""全国文明村""全国民主法治示范村"，以及国家造林绿化千佳村，上海市美丽乡村、文明村等荣誉，通过了上海市乡村振兴示范村验收。

（一）技术赋能实现村民自治

智慧自治"百姓管"。北管村通过"人防＋技防"的智能联动，强化了全面多点覆盖的村民自治的根本。北管村以党建引领，将支部细化到村组上,通过设置党员议事点、睦邻服务点、网格联络点,夯实"走组不漏户,户户见党员"的民情联系制度和"党员联系户""代办不跑腿"等零距离服务制度,打通管理服务"最后一百米",使村干部、党员、志愿者、外来新村民、商铺业主广泛参与村务治理,让治安、卫生等隐患得到治理,让乡村精细化管理得到落实。

通过推行网格治理,北管村各村民组选举产生专职村组长,负责定期联防巡逻、收取卫生费用、掌握人口动态、做好邻里调解等工作;各小组均配备7～8名打扫卫生、垃圾分拣、车辆管理、联防巡逻等专员,分管本组封闭或半封闭的村宅区域;网格成员梯队化,每个小组成立党支部,依托以村总支书记为总网格长、"两委"班子成员为点位长、党员志愿者为网格员的责任体系,创建村、组和个人三级梯队及相衔接的三级响应模式,划定"3分钟响应圈"。

通过信息化赋能,北管村建立起"一屏式"一网统管智慧中心,融合党建矩阵与治理网格,打造一网统管村级平台,提高"发现—处置"效率。全村240余个摄像头与2个高空瞭望摄像头实现24小时多点位监控,实时掌握村组、公寓、企业情况。智慧中心还设置党建引领、产业兴旺、生态宜居、乡风文明、治理有效、生活富裕六大模块,导入人口管理、消防监测、全勤网格、社会治安、企业排污等数据监测,全面提高自治网络末梢的治理能力。未来,北管村将接入上海市"一网统管"平台,进一步提升全村综治联勤信息化、智能化水平,创新农村社会治理模式。

(二) 创新联动打造村域共治

村域共治"百家管"。北管村通过"文化引领＋联合治理",形成治理主体与地域划分的联动共治机制。抓村级治理,关键在于党建引领"百家"共管。针对外来人口较多导致的管理困境,北管村党总支积极探索将"村规民约"延伸到企业和商家,签订"村规企约""村规店约",采取服务与约束并重的方式,实现诉求互补、治理互动、共赢互惠。

一是立足当好"店小二",按约定提供优质服务,做到"有事必到、好事想到、难事帮到、说到做到"。一方面尽力解决村里力所能及的问题。

比如,为解决企业职工住宿难问题,村里专门建造360多套职工宿舍。另一方面借力解决村里难以解决的困难。比如,就126家店铺的营业证照问题,约请区有关部门办理了备案纳管。

二是立足当好"引导员",鼓励企业和商户"履约"参与村级治理。比如,全村80多家企业积极配合开展"五防"联治,即防火、防盗、防企业违建、防乱倒垃圾、防工业污染。5年来,村里安全和环保方面的负面事件大幅下降。又如,"村规店约"将商户"门前三包"与店铺租金优惠、备案纳管等挂钩,实现激励和约束相结合。

通过聚焦村域共治,北管村创新地缘党建,联合周边5个建制村成立"C+C"区域化党建联盟,创建"四联"工作法,相互借鉴各自的经验,陆续推进村民组封闭式管理、农村生活污水截污纳管、消防基础设施完善等工作,实现村组环境整体提升。在生态方面,先后建成14个生态绿地,绿化面积超过1 000亩,森林覆盖率达52%。这些生态绿地中包含党建主题公园、法治公园等,为村民提供党建教育、法制宣传等服务。以公园绿地为依托,北管村为村民日常休闲、志愿服务等提供了文化阵地,可行可望可游可居的北管新风貌初步呈现。在此基础上,将党建共建联建优势向产业互联延伸,成立村村产业联盟,全面排摸在地企业诉求,为解决企业职工住宿难问题,村里专门建造了360多套住房作为职工宿舍,统一托管村宅5 800多间,帮助企业解决后顾之忧。

(三) 制度强化促进法治保障

法治保障"管百事"。北管村通过"普法建设+制度建设"实现基层繁杂事务依法处理。北管村以党建大力推进普法工作,形成普法常态化氛围。线下建立了集信访、调解、综治、人口服务等功能于一体的村级司法站,建好用好法治文化主题公园、平安建设宣传长廊等载体;线上利用多元载体,通过建立以村民组为单位的微信群,定期为村民讲解法律知识,将普法讲法融入村民日常生活,人人学法、懂法、知法、守法氛围日益浓厚。

北管村通过完善制度建设,坚持党员干部包组联户、村民的事情村民做主,赋予村民重大事项决策权,凡是村里的重大事项决策、重要项目安排、大额资金使用，都得经过村民代表大会讨论表决后实施。通过共商共议，稳步推进了村组道路硬化、雨污管网改造、公共厕所翻修、小厨房整治、垃圾分类等实事工程；加快推动了姚家村民组56户房屋翻建工程先试先行、综合为老服务中心分中心升级、医疗急救中心建设等重点实事项目。

为实现村民安居宜居心愿，北管村党总支秉持美丽乡村为村民的理念，在做好村庄规划编制的基础上，以"政府建配套、村里给奖励、村民自愿建"为原则，于2020年9月正式启动"百姓宜居家园"建设。村党总支积极整合资源、积聚力量，党员干部包组联户做好政策解读、意见征询，共建单位推出低息"家园贷"，缓解村民资金短缺，房型挑选、施工队选择、控价公示等全流程公开，最终于2021年9月顺利完成姚家村民组房屋翻建工程，村民已陆续迁入新居。

此外，北管村着眼于"新型农业社区"建设，智能人脸识别门禁系统、村组"15分钟生活圈"、小区管理公约等软硬件配套正逐步推进中。"十四五"期间，北管村将完成剩余9个村民组580套旧房的翻建，助力每个村民实现"花园别墅梦"；完善制度建设，依法办事，让村民深度参与，力争实现"管百事"。

（四）文化灌溉保证德治育民

德治育民"管百年"。北管村通过"文化引领+精神垂范"，实现道德文明的提升与服务精神的长效传承。北管村坚持党建引领文化阵地建设，集中建成集文化活动中心、党群服务站点、新时代文明实践站点于一体的活动阵地，整合小剧场、图书室、活动室等多元功能。其中，以"乡情"为主题的我"嘉"书房荣获"全国示范农家书屋"称号。2021年，依托百亩公益林景观，北管村全新打造了党建主题公园，园内设置初心之路主题展板"红色文化"，旨在将公园建设成为党员群众定期开展户外拓展、志愿服务、文化活动的红色打卡地，通过红色文化补齐乡村文化短板。

北管村鼓励各类村民文化活动的举办，通过培育村级戏曲、舞蹈等文化队伍，承接全国曲艺名城示范基地和全国民族宗教示范点建设。牵头成立"马上乐"相声工作室，聘请上海曲艺家协会会员张文泽担任培训指导老师,在村内招募老、中、青"三代同堂"的曲艺爱好者,挖掘和培养曲艺"特长生",让传统文化在民间生根开花。同时,北管村通过创新活动载体,以宅舍文化建设为载体,开设国粹文化大课堂,围绕春节、端午等传统节日民俗,积极培育好家风、好宅风,进一步夯实乡土文化底蕴,形成"一村一宅一文化,左邻右舍育文明"的浓厚氛围,全面提升农村人文环境,促进乡民文化认同。

在党员干部队伍培育上,北管村创新发扬"三怕三不怕"精神。面对工作让村干部怕听不到骂声、怕思想能力跟不上发展、怕发展跟不上村民对美好生活的需求,面对事务不怕难、不怕烦、不怕累,磨炼适应村级治理的服务精神;发挥"沈彪书记工作室"的传帮带作用,为新同志在实际工作中授业解惑,在思想作风上实现引领锤炼。在宅舍文化培育上,以"两委"班子强力推进、村民群众积极配合、志愿者团队大力支持、青年党员主动融入为机制,建立健全党员示范岗、党员先锋岗建设,使村域各个角落都有红色正能量。北管村以新思想、新作为作为抓手,促使北管精神传百年、传百代。

三、创新·成效

北管村坚持思想建党、组织建党和制度建党紧密结合,村"两委"班子每年签订全面从严治党"四责协同"机制目标责任书,扎实推进"我为群众办实事"项目;村党支部建在村民组上、建在新村民中,设置党员议事点、睦邻服务点、网格联络点,在健全组织体系中强化"北管人"的主体意识;依托北管村党建主题公园、书记工作室等阵地,全村党员和村民积极参与党内集中教育、党员先锋行动等。

(一) 通过技术赋能突破能力限制

围绕服务村民这一核心,北管村不断解锁运用新技术、新手段,通过技术赋能村级治理,使得党建引领与治理手段能够深入碎片化、细节化的村级事务末端。北管村当前建立起"小联勤"(20个高清摄像头)、"城管通"(联勤和村民组长以及村干部使用的对讲设备。联勤中心的工作人员接收到平台报警后,可以使用城管通及时联系负责人,及时进行情况处置。)、"智慧公安"等体系,"河长制"App(30多位老党员担任民间河长)、"村民手机短信"、微信公众号等多样化的治理平台,通过联合使用以上设备和平台,实现了情况深度把握、事务深度管理、村民深度参与,既使服务供给更加高效,也进一步推动了服务获取更加便捷,使党建引领能够深入作用于村级治理的末端。

(二) 通过联动创新突破地域限制

地缘关系往往从地域上限制着村级治理的效能边界。北管村创新思维,着力突破村域行政壁垒,联合5个建制村通过"四联"工作法推进村域环境联合治理、消防设施联合完善等工作。在需要协同的领域,从空间布局、基础设施、产业发展、公共配套、生态环保等方面通盘考虑,实现"1+1>2"的放大效应。同时,突破了企业生产行为的地域限制,跨村统筹解决企业生产难题。由老旧厂房改建的小微企业"孵化基地"——北管科技园,东西两区共计有办公区14 692平方米,有厂房5 069平方米,对在村企业的转型升级起到了引领作用,推动产业发展由"星星点点"向"星罗棋布"转变,让乡村振兴成为又发光(有业绩)又发热(有税收)的领域。2021年,北管村全村经营收入达到4 497.61万元,村可支配收入达到2 863.41万元。

(三) 通过机制构建突破职能限制

北管村始终坚持以满足群众需求、解决群众问题为核心,坚持在小事上多琢磨、下功夫。通过构建专门的工作小组与工作机制,突破原有职能设定的限制,有针对性地解决具体问题。如确立村小组,通过选举产生村组长,每组配备7～8名打扫卫生、垃圾分拣、车辆管理、联防巡逻等专员,成立党支部,配备点位长、网格员等岗位,实现了村、组和个人三级梯队相衔接的三级响应模式,划定"3分钟响应圈"。如建立集信访、调解、综治、人口服务等功能于一体的村级司法站,配备了1名站长和2名工作人员,推进普法工作与法律援助工作。北管村党总支下设20个党支部,其中"两新"党支部5个,有党员197名。在党支部工作人员有限的条件下,北管村实事求是,积极号召和组织各个党支部,特别是组织企业党支部的党员参与志愿服务活动,充分发挥党支部的带头作用。

四、启示·展望

村级治理的大事,就是管好小事;只有管牢小事,才不会出现大事。只有坚持天天管、年年管,几十年如一日地管,才能真正实现"管百年"。北管村党总支以"四个百管"为抓手,积极推动乡村治理创新,实现乡村全面振兴,为建设农村小康社会提供了"北管样板"和"北管经验"。

(一) 提升基层社会治理的可持续性

基层社会治理要行之有效,就必须探索出一条党建引领下能够切实解决问题、具有可持续性的路径。在北管村,户籍人口与外来人口严重倒挂,产业经济较为发达,要实现可持续性的治理,关键在于人心要凝聚。乡村文化治理不是一种简单的活动,更不是一项机械的运动。它是一种持续的互动,通过科学方法、机制保障和集中力量来解决现有问题,满足社会需求。北管村通过红色文化宣传,线下与线上阵地齐建设,大力丰富群众的精神文化生活;通过补齐文化短板,凝心聚力,将村民牢牢地团结在党的周围。

这种治理模式这不仅使得群众的心更齐,基层社会治理的基础更加牢固,更使得群众能够理解治理工作的开展,支持治理工作的开展,更好地参与治理的规划与落实中去。合理的治理手段能够得到群众的支持与帮助,存在缺陷的治理方式能够及时得到反馈并纠正,形成治理效能提高的良性循环,从而形成党建引领基层社会治理的可持续性模式。通过党建引领干部队伍对服务精神的传承,引导村干部将"北管精神"传承下去,让干部们始终具备忧患意识、赶超意识、群众意识,不断在传承的基础上积累服务经验,提高服务意识与服务能力,实现治理模式的可持续发展。

(二) 动员居民与企业共同参与自治共治

经济相对发达、工业繁荣、亦城亦村的北管村,村民的需求紧跟城市潮流,日益多元化、个性化,在传统的治理模式下难以得到及时充分的满足。

在乡村振兴的背景下，这一需求将更加突出。北管村始终围绕群众需求开展工作，将在村居民、企业，以至于相邻村的需求都统筹到工作之中。居民与企业充分参与治理机制的提出、方式的制定、具体实行、结果反馈的每一个环节之中，使得治理的目标与治理的结果紧密相依，避免了治理的偏差，缩短了治理的反馈流程。

党组织成为整合各项事务的有效纽带。北管村"四治一体"模式正是依托党建"穿针引线"，统筹各方资源、汇聚内外合力，调动了村民参与的积极性，实现了自治与共治的有机融合。党建引领基层社会治理的模式充分发挥了基层的优势，与治理的需求者紧密相连，高效而准确地解决村民难题，提高治理水平，是基层民主的生动写照。

（三）探索社会治理的覆盖兜底模式

村级治理要面对的是碎片化的事务，并且因为最接近基层，所以面临着不少规定情形、既有流程之外的急事、难事，而这些事务往往与基层民众的切身需求息息相关。要以基层治理大格局回应民生关切，就是要实行好党建引领基层社会治理的覆盖兜底模式，以覆盖兜底的治理理念与方式，为小事兜底，提升群众的幸福感与满意度。北管村通过技术治理的方式突破时间、空间限制，例如通过"城管通"再呼叫小联勤中心，群众的安全问题可以在5分钟内得到响应；党建工作"走组不漏户，户户见党员"民情联系制度和"党员联系户""代办不跑腿"等零距离服务制度，打通管理服务"最后一百米"，做到"有事必到、好事想到、难事帮到、说到做到"。

北管村充分发挥基层社会治理特性，实现群众需求与治理直接对接的覆盖兜底，着力解决好基层治理的各种"疑难杂症"。北管村坚持在党建引领基层治理、党员干部联系服务群众、党建品牌提升影响力等方面下功夫，不断创新农村社会治理，夯实新时代乡村振兴建设的基础。北管村让"硬实力"数字化渗透、赋能"软服务"精细化，为健全现代乡村社会治理体系打通"微循环"，将党建引领与乡村治理现代化、精细化相融合，绘就了产业兴、农村富、治理优、环境美的乡村治理新画卷。

连心桥梁：徐行镇"客堂汇"
协商意识机制

一、背景·缘起

嘉定区徐行镇伏虎村位于嘉定区西北部，南与钱桥村毗邻，西与大石皮村接壤，东、北与华亭镇相邻，2002年由联民、伏虎2个村委会合并而成，村域面积达3.34平方公里，共有20个村民组，总户数733户，总人口2 135人，外来人口1 600多人，党员125人，划分为6个党小组。与镇域范围的同级乡村相比，伏虎村的人口和党员数量不算多，在全区范围内算是一个"小村"。在此背景下，如何高效发挥小乡村的发展潜力，推进"小村庄"实现"产业兴旺、生态宜居、乡风文明、治理有效、生活富裕"的乡村振兴"大目标"，一直是伏虎村探索的主题。

2012年，徐行镇在全镇范围内推广"客堂汇"，发动有经验的退休老干部、有想法的村民群众，利用村民日常聚集的客堂间，通过村民茶余饭后的闲谈，积极参与讨论乡村建设、乡风文明等事关乡村的各类话题，激发了村民参与自治共治的热情。2014年，习近平总书记在庆祝中国人民政治协商会议成立65周年大会上指出，众人的事情就是要由众人商量，有事多商量、遇事多商量、做事多商量，商量得越多越深入越好。在多次国家层面的重大会议和重要文件中，社会主义协商民主作为中国社会主义民主政治的特有形式和独特优势，是中国共产党的群众路线在政治领域的重要体现。而基层协商民主成为推进社会主义协商民主的重要一环。近年来，随着乡村振兴战略的深入推进，伏虎村在农民集中平移居住、农村人居环境提升、乡村产业发展等方面面临诸多压力。面对村民各种利益诉求和各类矛盾分歧，如何在政策落实过程中既满足百姓诉求，又不造成矛盾纠纷，是破解乡村治理的一大"难事"。

二、举措·机制

伏虎村积极探索村民议事协商自治模式，完善自治共治机制，充分发动村民参与乡村治理、乡村发展、乡风文明等村级建设，提升村民主动参与乡村振兴的积极性。为进一步落实"民主、协商、自治"等相关要求，伏虎村一直积极探索规范化、便民化、高效化的民主议事协商机制。

（一）搭建党群议事协商平台

2018年，伏虎村全面开展拆违工作，在推进过程中村域范围内2家"客堂汇"成为党员和群众议事协商的主要阵地，由召集人带头，村民齐聚"客堂汇"剖析想法和问题，在一定程度上促进了相关工作的推进。但因"客堂汇"多在村民家中，经常性活动会影响村民的正常生活；其次村委工作人员参与"客堂汇"活动有限，议事协商的效果不尽如人意；更重要的是，召集人在传达问题时有一定主观倾向性，真正的民情民愿难以传达，导致很多实际问题难以解决。为了真正让村干部深入群众，真正了解民情民愿，发挥民事民提、民事民议、民事民办的优势，切实解决民之所需、民之所急，村干部和退休老干部一起集思广益，构思了党群议事会作为"客堂汇"的进阶版，吸收村干部共同参与议事。

2019年，在伏虎村赵家组首站完成了党群议事堂的建设，为党员、群众议事协商提供了专门的场所。党群议事堂的建立，不仅能让村民在"家门口"就能开展议事协商，而且能减少因为村民聚集家中给召集人带来的生活不便。为进一步解决党群议事协商流于形式、自治效果不佳等问题，伏虎村制定了《议事协商创新的实验方案》，明确以伏虎村党总支领导、村委会负责、各类协商主体共同参与的议事协商模式，将村党总支的领导贯穿于议事协商的全过程，包括议事成员的组成、协商议题的提出、协商规则与程序的建立和完善、协商成果的运用等。村民委员会负责具体组织实施本村的议事协商，提供议事协商场地，对于议事协商的结果要及时公布和落实。各类协商主体根据伏虎村的发展需要和自身需求，提出议题并提交村党总支审批，实现在村党总支的领导下，村民组中各类大小事宜均在村民议事会中商议,进一步增强村级议事协商的可操作性和规范性,完善村党组织领导的自治、法治、德治相结合的乡村治理体系。

(二) 以点带面辐射引领做试点

自赵家组搭建党群议事会以来,村干部利用议事协商平台多次召集村民共同参与乡村建设工作。成立之初,这个党群议事堂并不被看好,村民整体参与自治的积极性不高。为了切实展现党群议事协商的作用,村委决定以"美丽村落"项目建设为抓手开展议事,通过背景介绍、设计图纸的展示、未来规划解读,村民畅所欲言地表达自己的想法。专业设计团队根据会议记录及时修改效果图。多次召开议事会后,最终展示出了村民心里的家园建设,原本空落落的拆违空地变成了大家饭后闲聊的公共场所、无规划的弄堂铺设了水泥、白白的墙面上增加了彩绘……现在的赵家组"水车彩绘白黛墙,篱笆乡贤廉兴岛",实实在在地展示出了议事协商的成效,在大家的议事中一个普通小村组摇身大变样,一步步成了样板示范村组,党群议事会成了村民们表达意愿的地方,村民们也变得敢说想说。得益于村民的主动参与,伏虎村被评为"2020年度上海市美丽乡村示范村"。有了赵家村民组的成功经验,伏虎村将议事协商延伸拓展,在全村范围开始推行,在群众议事中了解问题、在群众商议中找到办法、在群众协商中聚集资源。

(三) 广搭平台广收议题

为全方位助力乡村建设,伏虎村通过多方式、多途径、多平台广泛征集议事协商议题。一是设立"民情议事箱",在人流量大的公共区域放置"议事箱",做到"一组一箱、一箱一钥",由召集人管理维护,并落实日常舆情和群众议事信息收集工作。二是开展村组走访调研,村"两委"班子成员及条线干部在工作中加强与村民的交流沟通,走访调研,深入了解村事民情,整理归纳后纳入议题研究事项。三是网络征集民意民愿,推进信息化建设,利用社区云等平台逐步开辟社情民意网络征集渠道。聚焦年度计划和工作目标、产业发展和财务收支、土地经营和承包租赁、公共设施和实事项目、环境整治和安全维稳、热点疑点和矛盾困难、村组公约和自治章程、评先评优和奖惩考核等八大方面协商议题,将涉及伏虎村村民切身利益的公共事务、公益事业,村民反映强烈、迫切要求解决的实际困难和矛盾纠纷,法律法规和政策明确要求协商的事项等纳入议事协商范围,强化"以人民为中心"的理念,聚焦群众关心的民生实事和重要事项,定期开展议事协商。

(四)集聚英才广纳贤才

伏虎村以建设美丽和谐村组为出发点,采取村组"党群议事会"的形式,积极招募各村组党群议事会成员,吸收村干部、村民组长、党小组长、党员代表、村民代表、妇女代表、乡贤代表等人员"入组进会",通过党群议事会成员产生程序进行推荐和选拔,产生"1+N"名党群议事会成员。其中,召集人1名,议事会成员N人(根据村组户数规模确定,不少于2人)。为促进上下部门联动,农村企业合作,一、二、三产业协作,伏虎村吸收镇联村党员3名、本区域内驻村单位1家、果蔬基地2家、家庭农场4户、企业负责人2名和20名群众代表加入,明确党群议事会的工作职责,围绕议事协商开展各项工作,整理村民的各项诉求,并积极配合村组和村委会协调处理;组织商议本村组内社会性、公益性、群众性事务;按照村委会工作部署,商议贯彻落实的具体措施。

(五)规范协商议事见民主

坚持有诉求、有商议、有解决,实行议事协商"动议—审议—商议—决议"四步法,一般每月召开一次。动议由村民或村委会提出,经纸质填写后交由议事协商召集人。审议是议事协商召集人召集议事会成员对动议人员提出的事项进行事实性、必要性、可行性等方面讨论,决定是否需要召开议事会进行再次商议。商议是经审议后确实有必要进行的事项,由议事会成员邀请村干部参加,并经充分讨论提出合理建议和解决办法,进一步研究具体的操作。决议是村委会召集人将动议、审议、商议的情况报村委会后,经村"两委"进行决议,经确认需开展的项目后由村委会组织落实。议事协商实行全过程记录,落实会议时间、地点、议题、成员观点、表决情况等台账资料,以此作为推动议事协商"下半篇文章"落地见效的依据,做到言必行、行必果、果必信,确保件件有着落、事事有回音,不断提升议事协商的公信力和执行力。

三、创新·成效

为进一步增强村级议事协商的可操作性和规范性,完善村党组织领导的自治、法治、德治相结合的乡村治理体系,伏虎村基于赵家组党群议事会试点的议事协商经验,进一步完善村民议事协商制度,实现在村党总支的引领下,村民组中各类大小事宜均在村民议事会中商议。通过党群议事会的实践和推广,伏虎村实现党群议事会村民组全覆盖,村域内各议事堂充分发挥议事作用,有效扩大了村民参与民主协商的覆盖面。

(一) 党群议事协商机制不断完善

伏虎村坚持党建引领,制定以党总支领导、村委会负责、各类协商主体共同参与的议事协商机制,并围绕协商议题和主体、协商形式和流程、协商结果落地和践行等方面,规范村民议事协商程序,注重将议事协商成果运用到切实解决村民对美好生活的需求及乡村发展存在的问题中,在乡村振兴、基层治理等方面持续发挥村级议事协商的制度优势。在党群议事会召集人的带领下,如今党群议事会成为基层群众有话愿说、有话想说、有话敢说的倾诉之地,更成为群众事群众提、群众事群众议、群众事群众办的群众"小政府"。

(二) 村民自治共治能力不断增强

自村级协商民主制度实施以来,伏虎村广听民意、广聚民智、广纳民言,积极组织开展村组内议事协商,从村组内停车问题到道路减速带安装问题,从村组环境美化到人居环境星级评定,村组议事会根据村民所需、所急、所忧之事,发动组内议事协商共同讨论、共同商议、共同落实,切实提升村民参与民主自治和自我服务的热情及能力。伏虎村议事协商的议题也从村民切身相关的公共事务、公益事业出发,解决村民反映强烈、迫切要求解决的实际困难和矛盾纠纷,并覆盖法律法规和政策明确要求协商的事项等。目前,拟定的协商议题覆盖八个方面:年度计划、工作目标;产业发展、财务收支；土地经营、承包租赁；公共设施、实事项目；环境整治、安全维稳；热点疑点、矛盾困难；村组公约、自治章程；评先评优、奖惩考核。

（三）基层组织治理效能不断提高

伏虎村基层干部多以80后、90后为主，80后占比为30%，90后占比为54%。各项工作的创新成果颇多，但年轻团队在农村治理、建设发展等方面普遍存在经验不足、知识盲区等问题。议事协商的开展，有效地规避了这类问题的发生，通过在议事会和老党员、老干部沟通学调解经验，和村民沟通学思维方式，和成员代表学乡风习俗，掌握村域发展动态、了解每户的特征、知晓户与户的邻里关系。村干部通过党群议事会深入群众、通过议事协商发动群众、通过推进落实服务群众，使议事会成为解决民生问题的落脚点、凝心聚智的切入点、服务群众的着眼点。在一次次的议事协商中，办好了群众事，解决了群众忧，减少了信访量，推动了乡村发展，切实减轻了基层组织的负担，提升了治理效能。

（四）乡村振兴发展动力不断壮大

目前，伏虎村正在创建市级乡村振兴示范村，村民议事协商机制也得到了广泛的应用。比如在村民集中居住中，全村广泛发动村民开展议事协商，充分听取村民对宅基地集中平移的意见，充分尊重村民对新房的想法；比如在产业项目引进中，针对产业类型和项目位置，发起村民讨论，汇总、采纳村民对项目的意见和建议等；比如就天然气管道预埋施工单位租赁房屋发起议事协商，确定了租赁的具体位置、价格以及时间。随着村民参与议事协商的积极性的提高，目前村民已经进一步参与乡村振兴的各建设项目中来，敢于主动提出发展需求，善于发挥自身优势投身项目建设，更是乐于当好主人用好监督利剑，促进伏虎村向"生态美、产业富、文化强"更快发展。

四、启示·展望

伏虎村一直坚持引导村民成为乡村治理的主体，持续发挥好领路人的作用，始终将贯彻人民中心之本、党建引领之向、民主协商之路作为落实议事协商的指挥棒,不断将村民参与的积极性转化为村民受益的原动力。通过议事协商,民事民提、民事民议、民事民办,实现了从村民想向村民办的转变,村域内各党群议事会充分发挥议事作用,全面提升村民参与家乡治理的主动性与积极性,为乡村振兴注入了村民自治的强大内生动力,让村民变成乡村治理的主力军,助力乡村振兴的发展,全面实现村民自治共治。

一是要贯彻人民中心之本。习近平总书记在2019年考察上海时提出"人民城市人民建,人民城市为人民"。在城乡建设发展过程中,一定要坚持"以人民为中心",既要尽力满足人民对美好生活的需求,也要着力解决人民的实际问题,才能激发人民在城市建设和发展充当推动者、落实者的热情和动力。

二是要坚持党建引领之向。党历经百年风雨,唯一不变的就是党的初心和使命。要发挥好党组织把方向、管大局的统揽作用,同时发挥好党员在议事协商中的带动作用,团结各类协商主体,鼓励群众表达自身诉求,切实推动各类主体各尽其能,齐心协力书写为人民谋幸福的生动篇章。

三是要走好民主协商之路。社会主义民主协商是我国的基本政治制度,是以保障人民当家作主为根本,发起最广泛的动员,达成最广泛的共识,汇聚最磅礴的力量,解决民之所急、民之所忧、民之所难的问题。伏虎村人居环境整治星级评定工作就是民主协商的生动体现,不仅发动了村民参与村域事务,更是美化了村域环境。

案例评析

　　以上5个案例，分别从5个角度探索了嘉定的乡村振兴实践。这些实践体现了为应对乡村振兴战略的要求，嘉定如何提升了农业的数字化水平、实践了集中居住的管理模式、探索了农村治理的新路径、打造了群众自我管理的新路径、实现了人民的自治共治。嘉定区各个街镇和委办局的工作落地开花，为乡村人民提供了和谐温暖的环境。本章对嘉定区在乡村振兴方面的治理经验进行介绍，从宏观到微观，从技术到人治，力图为上海其他区域乃至其他大都市的乡村地区实现经济发展与人民幸福的双重目标提供借鉴，探索有中国特色的乡村振兴模式。

　　《无人农场：数字化农场助推农业高质量发展》案例，描绘了外冈镇如何以促进粮食生产转型升级和农民持续增收为目标，加快推进无人农场的建设，引领都市农业的高质量发展。外冈镇通过实践经验与智能技术的双向赋能，建立无人农场智慧管理云平台，对传统设备进行智能化改造，循序渐进地推动试点建设和发展，提高了土地的利用效率，降低了农业生产成本，实现了农机设备作业时间更加灵活、农业管理和运营方式跨越式升级，推动了无人农场建设项目从示范研究到产业化推广应用，形成了智慧农业模式示范引领效应。

　　《五大载体：乡悦华亭农民集中居住区管理模式》案例，体现了华亭镇如何在党建引领和政府指导的前提下，实现村民自治为主、社会参与为辅的管理模式，探索"乡悦华亭"农民集中居住区管理模式及实施路径。联一村宅基地集中归并通过组建队伍提供服务、建章立制自治共治、有序规范清除盲点、积分管理奖惩结合，创设"亭·院治理联盟""物管·红专员""乡悦·会客厅""民情·议事会""百姓·秀舞台"五大自治共治载体，对"乡悦华亭"农民集中居住区进行有效管理。

　　《"四责"协同：实施"四小微"提升"智治力"》案例，呈现了永乐村如何破解"厂中村"现状、解决农村社会治理难题。永乐村通过管住"微权力"把好高质量发展"方向盘"，开办"微课堂"注入村民自治"原动力"，实施"微更新"挂好环境美化"加速挡"，满足"微心愿"按下幸福生活"快进键"，推进乡村治理能力向精细化、高效化、智能化迈进。永乐村以"平安社区智慧村庄"试点建设为抓手，深度应用现代科技，因地制宜地用好"一网统管"，提升了农村社会管理与服务水平。

《"四个百管"：打造"四治一体"新格局》案例，体现了马陆镇面对责任难以落实、人心难以凝聚、村域文化建设落后等现实问题，如何以"百管"为主要内容的"四治一体"工作法，着力推动乡村振兴。北关村通过技术赋能村民自治，以"网格管理＋智能平台"实现"百姓管"；创新联动村域共治，以"村规公约＋联合治理"实现"百家管"；制度强化法治保障，以"普法建设＋制度建设"实现"管百事"；文化灌溉德治育民，以"文化引领＋精神垂范"实现"管百年"。

《连心桥梁：徐行镇"客堂汇"协商意识机制》案例，展现了徐行镇伏虎村为了高效发挥小乡村的发展潜力，推进"小村庄"实现"大目标"的探索。通过推广"客堂汇"，制定规范化、便民化、高效化的民主议事协商机制。伏虎村依托"客堂汇"阵地优势搭建了党群议事协商平台，以点带面辐射引领做试点，广泛搭建平台、征集议题，集民之智、解民之忧，集聚英才、广纳贤才，建好村级协商议事队伍，实现了规范协商议事的民主化。通过党群议事会的实践和推广，伏虎村充分发挥议事作用，有效扩大了村民参与民主协商的覆盖面。

乡村与城市的关系是相辅相成的。在乡村振兴战略的引导下，嘉定区不仅提高了乡村的管理水平，更是通过将人民纳入治理的过程中，满足了人民日益增长的文化需求，提升了人民的满意度和获得感。乡村振兴不仅要振兴乡村的经济和产业，更要将协调乡村发展与人民生活，为人民提供宜居的生活环境。以上每个案例都以人民的需求为出发点，了解人民的痛点，关注人民的感受，既有宏观上的战略思考，又有微观上的精雕细琢，坚持了党建引领与居民自治相协调，形成了富有嘉定区特色的乡村发展模式。

PART 7

智慧城市篇

引　言

　　习近平总书记2019年在考察上海时提出"人民城市人民建,人民城市为人民"重要理念,强调城市治理要抓一些"牛鼻子"工作。嘉定区坚持以数字化转型为抓手,加大力度创新治理,提升城市管理科学化、精细化和智能化水平,制定了《嘉定区城市数字化转型行动方案(2021—2023年)》,推进了"3+X"治理领域重点应用场景建设,制定并发布了智慧交通"嘉定标准"1.0版,实施了城市新基建三年行动计划,推动了"一网统管""一网通办""一网优服"等"三张网"建设创新融合,形成了"65+N+X"城市体检指标体系,建成了14个"我嘉·邻里中心"。

　　嘉定区初步打造了超大城市郊区数字化转型的样本,本篇主要选取了4个典型案例展示嘉定智慧城市建设的成果和经验。南翔镇东社区以"一网统管""高效处置一件事",以"一网通办""高效办成一件事",以"一网优服""高效建成一张网",实现了"就近指挥、协调处置、一线督办"。北管村将自然村落状态下的粗放型管理向精细化、网格化、现代化的数字化治理转变,为上海近郊平台型乡村数字治理提供了参考。嘉定区交发集团积极应用数字技术,实现了基础数据采集自动化、营运调度管理智能化、行业监管决策科学化和便民服务手段多样化。嘉定区融媒体中心则精心打造了"上海嘉定"App,建成了"指尖上的服务中心"。

三网融合：南翔镇东社区打造
社区服务综合体

一、背景·缘起

习近平总书记2019年在考察上海时提出"人民城市人民建,人民城市为人民"重要理念,强调城市治理要抓一些"牛鼻子"工作。上海市委市政府把治理数字化作为推进城市治理现代化的关键路径,以完善和用好城市运行数字体征体系为重点,全面提高治理的数字化水平,努力打造更具活力、更有竞争力的数字生态系统,实现高效能治理、彰显善治效能,谱写新时代"城市,让生活更美好"的新篇章。

从2021年初开始,嘉定区按照上海市的要求,区城运中心充分发挥治理领域场景建设的总体统筹规划作用,立足全区,以推动数据共享和治理功能融合为目标,为各部门、各层级提供协同联动、数字底图、城区体征、智能感知和预警预测等智能支持,从而成为各类治理要素有机衔接、集成交互的技术性枢纽平台。目前,嘉定区城市运行中心已经通过边调研、边建设、边完善的方式,不断统筹推进"3+X"场景建设,持续推动部门、街镇"自建、自管、自用"。其中,"3"指的是防汛下立交、生活垃圾分类、智慧工地等3个主要治理场景,"X"指的是嘉定镇"老城新治"、南翔镇东社区"三网融合"和危化品监管等"X"个特色标杆场景建设。

嘉定区南翔镇东社区的基本管理单元主要集中在沪嘉高速以东(北)、浏翔公路以西、蕰藻浜以南区域,覆盖9个居民区,辐射4.6平方公里,常住人口约5.5万人。2020年9月底,南翔镇正式启动东社区邻里中心改造提升项目,在街镇与村居之间的片区层面,以"我嘉·邻里中心"为载体,整合党群服务、助餐助老助残、文化娱乐、教育卫生等服务功能,以及社会保障、劳动就业、法律咨询、惠企政策等办事功能,积极打造"一网统管""一网通办""一网优服"等"三网融合"的社区服务综合体,初步形成了具有嘉定特色的社会治理名片。

二、举措·机制

与基础设施健全的中心城区相比,嘉定社区综合服务基础比较薄弱,存在"街镇服务半径过大、村居服务半径过小,缺少中间层"的问题。为此,嘉定区积极探索打造"15分钟社区综合服务圈",以步行15分钟为标尺,划定一个新的城市治理层级片区,构建了区、街镇、片区、村居、楼组"五级联动"的管理体系,并以南翔镇东社区为试点,以"三网融合"("一网统管""一网通办""一网优服")为着力点,通过线上与线下共治共建互动,推动城市治理模式创新、治理方式重塑、治理体系重构,不断提升居民群众的获得感和满意度,在建设人民城市的道路上大步迈进。

针对南翔镇东社区的治理现状,2021年5月,嘉定区南翔镇东社区成立了全区首个片区分中心,建设目标是:"就近指挥、协调处置、一线督办",即在片区网格范围内,更及时发现、更高效处置问题,有效解决跨层级、跨网格、跨领域的城市治理问题,弥补"街镇有点远、村居有点小"的不足,达到片区内高效协调处置一件事的目的,更高效地推进城市运行"一网统管",以及更好地融入南翔镇东社区"15分钟社区综合服务圈"。具体而言,南翔镇东社区"三网融合"包括三个方面:以"一网统管""高效处置一件事"、以"一网通办""高效办成一件事"和以"一网优服""高效建成一张网"。

(一) 以"一网统管""高效处置一件事"

街镇服务半径过大、村居服务半径过小,一直是城郊治理的难点所在。2019年,嘉定城市运行综合管理中心正式启用,承担了全区城市综合运行管理工作的统筹规划、运行机制建设和统一指挥等重要工作。自此,嘉定区开始编制一张看不见的城市管理无形之"网",借助管理网格及"一网统管"平台,推动社会治理流程优化,让线上、线下形成有机联动,让城郊地区运行变得更加"聪明"。通过现代化信息技术和社区治理的衔接,嘉定区试图将城郊管理的各个要素都纳入统一的空间，与警务责任区统一起来，形成了街镇片区城运分中心的"我嘉·邻里中心"，从而构建了区、街镇、片区、村居和楼组"五级联动"的管理体系，实现了问题发现在第一时间、化解在萌芽状态和解决在一线网格。

"我嘉·邻里中心"结合东社区群众反映的"急、难、愁、盼"问题，综合运用云计算、物联网、大数据等信息技术手段，坚持"以人为本、以数为核"的标准，开发了10个智能应用场景，包含高空瞭望、智慧交通、违法建筑、消防通道、下雨积水、跨门经营、社区出入口监控、党群服务、物业公司、电梯梯控等。以技术赋能片区治理，推动了片区问题的自动预警推送和智能闭环管控，提升了东社区片区网格扁平化、精细化、智能化治理水平。

为助推片区内疑难问题的有效解决，南翔镇东社区城运分中心建立了疑难协调机制。东社区城运分中心日常管理内容由南翔镇城运中心直接派发。当网格内遇到疑难事项、执法力量需区域性调配等方面问题时，主要由村居网格长、职能部门派驻人员向分中心提请，然后由分中心整合片区内的资源，包括技术资源、执法资源、派驻资源予以支撑，从而切实做到街镇指挥、片区协调、村居发现、分级处置，为村居减负，实现片区网格"高效处置一件事"，消除监管盲区，破解久拖难题。

另外，对于片区内的安全隐患，城运中心也建立了先行介入托底处置机制，不断提升片区网格的精细化管理水平。南翔镇东社区城运分中心针对片区网格内存在安全隐患和权属不明的各类事部件，均建立了全面的网格排查及系统梳理机制，然后以大数据录入、大数据研判和大数据处置的智能化防治，力图做到"早发现、早处理"。片区还通过网格队员日常巡查和市民热线核实，精准发现片区网格内的城市管理问题，及时进行处置，不断提升片区的精细化管理水平。

（二）以"一网通办""高效办成一件事"

东社区将"一网通办"下沉到街镇以下、村居以上的做法，是嘉定"三网融合"的重要实践创新，目前主要着眼于"高效办成一件事"，让广大郊区居民在"家门口"就能办事、办好事、办成事。与嘉定区"一网通办"总体目标相似,南翔镇东社区的"一网通办"总体内容主要包括四个方面:一是在业务流程上实现革命性再造;二是不断提升用户的便利性,拓展服务事项、畅通服务渠道、转变服务方式;三是推动线下与线上相融合,实现线下"一门式"到"一窗式"的转变,实现综合服务窗口的全覆盖;四是探索超大城市郊区治理的数据整合,进一步加大数据归集整合力度,形成覆盖全镇、全片区的政府服务数据集。

在具体内容上,南翔镇东社区"我嘉·邻里中心"的"一网通办"平台通过自助终端机、延伸社区事务受理窗口服务等,基本实现"一网通办"在东社区完全落地,做到了与群众生活、企业生产密切相关的服务事项的全部接入,提高了在线办理率和全程网办率。在布局上,南翔镇东社区"我嘉·邻里中心"的"一网通办"平台是按照上海市《政务服务"一网通办"政务服务中心建设和运行规范》进行设计的,线上主要设置了综合受理区和自助服务区。

目前,南翔镇东社区"我嘉·邻里中心"的"一网通办"平台的综合受理窗口已经可以办理涉及12个委办局的190多个事项,自助服务区24小时自助终端机器提供个人服务事项102项、企业服务事项292项,主要涵盖了4个模块:热门办事模块包括了近期的热门事项,如公租房申请、卫生许可证申请;自助办理模块包括了企业高频事项和个人高频事项;便捷服务模块包括了电子证照调取和自助复印功能;特色功能模块包括了办事指南、个人信用报告查询。办事人可通过刷身份证、扫描随申码或读取社保卡登录后进行自助办理,真正实现了"24小时不打烊办理"。

(三) 以"一网优服""高效建成一张网"

除了"一网统管""一网通办"等广为人知的"两网"外,南翔镇东社区"我嘉·邻里中心"的另一大特色功能是"一网优服",即把"我嘉·邻里中心"打造成为大型生活休闲娱乐服务中心,在周边居民生活维度"高效建成一张网"。

"一网优服"这张"网"主要是以政府为主导,撬动周边社会资源,从而把"我嘉·邻里中心"打造成为群众办实事、各方参与其中的共享空间,具体包括以下四个方面：一是引入满宜购生鲜超市，解决了郊区市民买菜难、路程远和价格贵等老大难问题。二是打造覆盖周边居民的智慧社区餐厅，通过人脸识别、自动结算和定向补贴，为周边老年人及社区居民提供便利的就餐服务。三是打造市民文化娱乐休闲场所，委托本土成熟社会组织为运作主体，采用"菜单式管理、预约制服务"的运行模式，初步形成了我嘉书房、乒乓房、排练厅、艺术空间、VR体验室、亲子活动等活动室。四是开通各类服务站点，通过党群服务中心、老年人日照中心、退役军人服务站、社会组织实践园、科技助残分中心等，进一步提供党群服务、便民服务。

南翔镇东社区"我嘉·邻里中心"以党建为引领，不断强化系统整合和数据汇集，打造集城市治理、经济生活和企业服务于一体的综合信息管理平台，打造了涵盖党群服务、生活服务、养老服务、医疗服务、文体服务等8类16项服务事项的综合体，实现了党群服务与社区服务项目双向开放和资源共享，充分发挥了各项设施服务社区、服务企业、服务党员、服务群众的综合社会效益，最终形成了集"管、办、服"于一体的"一网优服"体系示范样板。

三、创新·成效

2021年，南翔镇东社区城运分中心共通过分中心指挥平台处置了10 760件案件。其中，网格类案件9 371件，主要是公共设施、垃圾分类、河道污染和园林绿化等方面的问题；热线案件1 389件，主要是道路破损、噪声扰民、违章搭建和物业管理等方面问题。对于上述案件存在的监管盲区、职能交叉等情况，分中心通过三级会商机制，及时进行提级协调或托底处置。通过提级协调处置的案件有13件（网格事部件11件，热线2件），涉及内容有暴露垃圾、路面破损和集中投诉，以及久拖未决和权属不明等。

（一）实现了跨门经营问题的精准处置

南翔镇东社区第三大街是金地地产开发的开放式商业步行街，里面有菜场、小饭店、小超市、美容美发和蔬果店等大大小小共计130余家商户。物业公司作为商业街内街管理责任主体，存在管理责任缺位的问题，大街内长期存在流动摊贩占道、售卖活家禽、晾晒衣物和跨门经营等经营乱象。2020年全年共接到涉及第三大街区域内问题的"12345"市民服务热线53件。而且,步行街内硬件设施破损严重,仅通过网格上报的待处置问题就有百余件。

为固守百日攻坚成果,东社区城运分中心在原来百日攻坚工作的成效上,持续发力。通过系统平台问题事项清单加强对生态环境类事部件的受理处置及热线流转结案的监督。同时,优化定期会商机制,对于久而未决的案件,由城运分中心协调解决。对于疑难杂症或跨部门跨网格需协调的案件,由相关领导牵头召开协调会议,共同协商解决。对于处置不及时或者未妥善处理的案件,分中心将情况汇总及时通报相关领导,以提高问题的处置效率。

东社区分中心在第三大街生态环境区域运用跨门经营智能应用系统,一旦感知到区域内有跨门经营现象,系统在会网格化系统平台上自动生成案件工单,分中心指挥平台的工作人员将案件发送给相关部门。自2021年5月17日至今,智能应用系统上报跨门经营类的案件共71件,基本做到了当天处置结案,早发现、早处置,也实现了无缝衔接、闭环管理。

(二) 实现了生态环境问题的智能整治

自第三大街开展生态环境专项整治以来,南翔镇城运分中心通过"人防+技防"的模式,抓实抓细第三大街环境卫生整治工作,巩固整治实效,进一步提高生态环境质量,不断营造宜居环境和洁美家园,不断提升城市文明水平。2021年全年第三大街的投诉量锐减,"12345"热线关于第三大街经营类的投诉量至今为零。南翔镇陈勤路桥位处蕴藻浜上,是连接嘉绣东路和新丰村的农村便桥。此地进出人群多而杂,每天都会有人将生活垃圾随意扔在防汛岸两侧。由于该防汛路段不属于街镇道路管辖范围,一直存在暴露垃圾无人清运的情况。即便社区已清理过多次,还是治标不治本,难以清理干净,很多问题久拖不决,被反复投诉。

为及时有效地解决问题,加强对该路段的管理,提升生态环境质量,东社区城运分中心召开了联合协调事项工作会议。会上研究决定,镇城运中心将在此地安装监控摄像头，嘉绣社区负责安装期间的垃圾清运工作及社区宣传工作。待视频监控安装好后，分中心指挥平台负责利用平台监控设备进行每日视频巡查，抓拍偷倒垃圾者，一旦发现有三次以上偷倒垃圾者，就转交城管部门进行视频执法取证查处。

对于第三大街内垃圾偷倒、污水倾倒高发区域，片区安装了5个高清监控探头，一并纳入城运分中心监控平台。通过网格巡防队员发现和智能场景的应用相结合，36路高清摄像头视频重点轮巡，基本做到了区域网格全覆盖、监控无死角。南翔镇东社区通过数字赋能，形成了源头预防、过程监管和末梢治理的全过程治理闭环，进一步提升了综合发现处置的能力，达到了片区网格"高效处置一件事"。目前，该区域内已无暴露垃圾，路面整洁干净，环境卫生得到了极大的改善。

四、启示·展望

人民城市人民建，人民群众的小事就是政府的大事，城市治理的难点、堵点就是政府需要攻克的难题。在全面推进城市治理数字化转型的大背景下，南翔镇东社区将继续深入探索"三网融合"的数字治理模式，充分整合各类数据、信息、管理资源，推进线上、线下人机协同，创新开发实战管用的应用场景，从问题源头出发，加快应用智能感知技术，实现城市问题自动发现和预警预测，做好线上、线下承接闭环。同时，南翔镇东社区还将充分考虑数据安全、共享和长期运维等因素，完善跨部门、跨领域协同处置机制，切实解决片区管理堵点和群众痛点问题。

南翔镇东社区"我嘉·邻里中心"还将在以下三个方面下足功夫，从而不断提升"三网融合"的运行效能。

一是在网格层面。全勤网格建设是城运工作的底板。南翔镇东社区"我嘉·邻里中心"将持续推进人机结合、条块融合、自治共治耦合，从智能应用、运作机制、工作站位方面出发，充分发挥下沉的"格格员"的联勤联动效能，将基层网格打造成为独立的战斗单元。

二是在热线方面。热线是城运工作的内核，是政府行政效能的直接体现,是老百姓对政府满意程度的晴雨表。下一步,南翔镇东社区"我嘉·邻里中心"将加速推动"12345"热线工作转型升级,通过高效多元培训、机制流程优化和整体融合推动,构建直观的政府服务智能评价体系。

三是在赋能方面。南翔镇东社区"我嘉·邻里中心"也将以城运平台为基础,紧密依托城运中心"一网统管"平台的底板,以场景建设加速驱动条块双向赋能,通过充分赋能共享各类资源,带动整个东社区的治理效能在数字化转型大背景下的加速迭变,逐步形成泛在感知的社区运行态势。

未来,嘉定区还将依托区级"一网统管"平台,紧紧围绕"智慧、智能、智敏"等三个"智"下足功夫,大力推广建设"三网融合"社区服务综合体,推动超大城市郊区治理方式重构、治理体系优化、治理模式创新,从而让城市运行更有效、让城市管理更精准、让城市服务更高效。"十四五"期间,嘉定区规划建设66个"我嘉·邻里中心",形成一批可复制、可借鉴和可推广的"我嘉·邻里中心"街镇示范点,从而不断提高社会管理和服务效能,提升广大人民群众的获得感和满意度,打造超大城市郊区治理的"嘉定模式"。

数字孪生：北管村用数字技术推动村域治理现代化

一、背景·缘起

作为我国的经济中心和超大型城市，精细化、标准化和数字化是上海推进城市治理的主旋律。在2020年全球智慧城市大会上，上海市从全球350个城市中脱颖而出，获得"世界智慧城市"大奖，在全球范围内逐步跻身智慧城市的第一阵营。"一网统管""一网通办""智慧社区""非现场执法""数字孪生"，一个个全新名词的背后蕴含着上海推动城市治理数字化转型的探索，包含着上海迈向卓越全球城市的努力。其中，随着智能感知和交互技术的应用，5G、F5G、Wi-Fi6和IoT等技术让数据即刻汇集，使城市生命体征得以实时感知。一间房、一栋楼、一条街、一座桥、一个区、一座城都将实现实时读取和计算，从而实现"感知一栋楼、连接一条街、智能一个区、温暖一座城"的数字孪生治理。

上海不仅有繁华的中心城区，也有相对边缘的城郊地区，如何探索超大城市的城郊数字孪生治理，一直是上海市城郊地区的努力方向。其中，嘉定区充分抓住城运中心及其"一网统管"平台建设的契机，打造超大城市数字孪生治理的嘉定模式，探索形成了很多值得推广的实践创新。截至2021年12月，嘉定城运中心已经完成了区级系统平台基座的迭代升级，接入全区58个业务系统，汇聚15家委办局的197项城市生命体征相关数据（36项为实时数据），实现5大类专题指标实时预警监测。依托嘉定区新型城域物联专网服务成果，集成31类73 834个物联终端，依托8类算法模型，开展物联感知端实时应用，为数字孪生治理场景建设打下系统连接的坚实基础。

近年来，嘉定区已初步搭建了区、街镇和片区的三级应用平台，在平台建设上持续强化"观、管、防、联、处"实战应用功能。而村居作为各类城市治理事务的末梢，在数字化平台应用方面急缺指导和赋能。在地理区位上，嘉定处于上海面向长三角的重要枢纽位置，城市化发展逐步改变了区域人口结构，带来了更多的经济发展和社会治理挑战。在嘉定的城市治理中，乡村治理占据着重要位置，是解决问题的"最后一公里"。从2020年底起，嘉定区开始探索美丽乡村"一网统管"平台的试点工作，由区领导牵头研究，嘉定区城运中心负责落实，经过一年多的发展，运用数字孪生、物联感知、结构化分析等新理念、新技术，为乡村治理拓宽"人机交互"的全新视野。其中，嘉定区乡村数字孪生最典型的案例是北管村的数字孪生乡愁。

北管村是上海近郊较为典型的城乡接合的复合型村庄，地处马陆镇东南部，位于嘉定新城核心区域内，东接宝山，南邻南翔镇，S6沪翔高速在村内通过，有上下匝道；人口结构上，北管村拥有户籍人口2 470人，来沪人员7 400余人；产业上，北管村拥有优质企业80余家，其中规模以上企业15家。北管村外来人口众多，又处于省级边界，是最难治理的区域。近年来，随着外来入驻企业的不断增多，村组的环境、治安、民生方面面临严峻的挑战，迫切需要引入数字技术平台，推动乡村治理转型。

二、举措·机制

北管，就是要"百管"。马陆镇北管村的治理法宝是村里的事情百家管、百姓管、管百事和管百年"四个百管"。目前，北管村已建成村级"一网统管"平台，实现更有效、更精准的治理。在这里，既带一点数字转型的洋气，又带一点游子情怀的乡愁，北管村以感知"乡愁"为品牌，用"安、居、乐、业"数字治理理念，将自然村落状态下的粗放型管理向精细化、网格化、现代化的数字化治理转变，为上海近郊"平台型"乡村数字治理提供参考。

（一）搭建"数字孪生"数据底座

在总体治理架构上，目前嘉定全区已经基本建成"1（区）+12（街镇）+53（片区）+355（村居）"的四级城运体系。为了进一步提高治理的精度，嘉定区还创新片区网格模式，出台了《关于创新做实街镇片区网格进一步提升"一网统管"基层发现处置效能的工作方案》和《嘉定区全勤网格评价工作方案》，不断规范片区网格建设要求，明确片区无感考评标准，并且投入约2 300万元奖补资金，激发基层推进数字治理的活力，也为进一步设计闭环治理场景提供数据、工作机制和资金支持。

马陆镇北管村在"数字孪生"的打造上，主要是解决打通数据壁垒，解决条块数据不通、不畅的问题。嘉定区城运中心通过区街一体化平台的技术路径，将公安、卫健、水务、绿容等部门的动态数据资源进行延伸赋能，综合运用了数字孪生、物联感知和结构化分析等新技术、新理念，在数字底图上不断叠加本地的人口、视频、重点点位等图层数据，从而实现了村域内各类重要体征指标的集成，为乡村治理绘制数字画像。

面对"城中有村、村中有城"的现实情况，北管村将村域治理理念与前沿技术相结合，通过建设三维数字孪生底座，联通物联感知设备，为这个2.67平方公里的乡村带来了人机交互的全新视野，自动生成包括农民新建房、沿街商铺、文化设施、生态公园等区域在内的精模底图，从而打造虚实共生的村级最小治理单元。北管村在1∶1真实还原的实景三维孪生底座上，既有宏观视野的把握，也有虚实融合的精细化治理，从而实现了村域的无死角治理，做到了"一屏观全村"。在数字孪生技术应用以前，北管村发现问题、处置问题全靠人的眼睛去看，需要反复手动切换视频画面；现在分布在村内各个点位的公共视频设备和传感器，24小时自动关注区域内的一举一动，实时将各种动态体征传送到指挥中心。

（二）强化"数字孪生"组织保障

在嘉定区的综合安排上，"搭基座、抓示范、出标准、创特色"是嘉定区推进"数字孪生"工作的主要思路，以推动区级视频、物联、地图、业务等资源高效赋能街镇和村居，为各街镇和村居开发场景提供技术和资源支持。截至2021年12月，嘉定区已完成12个街镇平台的上线启用，极大地促进了区镇两级数据共享、多屏互动和实战联动。针对涉及面广、治理难度大、民众感知度高的一些治理难点，嘉定还鼓励街镇开发特色小程序和治理场景，创新应用数字技术解决实际问题。

在组织机制上,北管村致力于形成上下协同、全网响应的智慧乡村治理新格局。北管村以村党总支为领导核心,整合各条线职能,抓好党员队伍和群众志愿团队等核心主体,在社会治理等各方面发挥示范带头作用。北管村用好党员议事点、网上议事厅、党代表工作室、走组入户、"两代表"进社区、"5+2"联勤零距离等工作载体,定期征求党员、群众对实事项目、村域治理、资金使用等方面的意见和建议,畅通"事前沟通、事中监督、事后评价"机制,让党员、群众参与议事、办事、督事的实践,组建网格末梢"村民小组工作站"。

北管村还大力推行"四化":一是小组机构实体化,在成立村民党支部的基础上,设置党员议事点、睦邻服务点和网格联络点,以打通村民小组管理"最后一百米";二是压实责任制度化,村党总支和所有组员签订聘任合同,并实施严格的考勤考核制度,如每天通过"城管通"点名4次,促使组员履责尽责;三是网格成员梯队化,即将所有组员纳入以村总支书记为总网格长、"两委"班子成员为点位长、党员志愿者为网格员的责任体系,形成村、组、个人三级管理梯队,建立与之相衔接的三级响应模式,为基层智慧治理提供人员和制度保障。

(三) 打造"数字孪生"精准治理

北管村"数字孪生"的目标不是为了展示数字化成果,也不是仅仅用于绘制高清电子画像,而是要通过数字技术的深度应用,打造精准服务、互通互联、多元参与和共治共享的智慧乡村治理新模式。

在社会共治模式上,北管村建立了村民手机短信定点推动和微信公众号发布制度,定期将党务村务动态、办事指南、管理要求和群众活动等内容通过平台推送出去,让村民第一时间掌握各类村务信息,让村务工作者第一时间为寻求帮助的村民及时办理业务、解答政策和反馈办事进度,着力打造指尖上的互通管理。北管村还运用人机交互打造"5分钟响应圈",建立了村级全勤网格的人机互动闭环式管理体系,升级改造了村级"一网统管"指挥中心,组建专职城运联勤队伍。另外,北管村还利用"城管通"和"河长制"等App,鼓励村民参与社会治理,随时上报本村在"五违四必"、非法行医、乱贴小广告、乱设摊、群租和水环境等问题上的疏漏。

在多元参与方面，北管村"一网统管"平台已经开发了党建文化、乡风文明、产业兴旺、治理有效、生态宜居和生活富裕等六大管理模块。其中，在治理有效模块下面开发了全勤网格、应急管理、警情分析、人口管理、垃圾分类等智能监测和闭环管理场景，将商户"门前三包"与店铺租金优惠、备案纳管等挂钩，鼓励村民和企业通过平台参与乡村治理和建设。北管村还依托市级资源和区域化共建单位及社会组织等平台，开展送戏下乡等活动，借力丰富村域文化，使村民足不出户就可享受海派文化，实现"家门口"的文化服务。通过"数字孪生"的乡村智慧治理，北管村在产业强、乡村美和农民富等方面做出了大文章。

三、创新·成效

北管村以乡村治理中的痛点问题为导向，积极开发了生活垃圾分类管理、党建文化、车辆违停、消防报警和疫情管控等数据监测分析等板块，让村民的工作生活安心、顺心、放心，实现村民"安、居、乐、业"的数治闭环。通过数字孪生平台的建设，实现了村级问题线上智能辅助发现、线下有效应对，不仅提高了应对效率，还充分释放了人力，实现了由被动处置向主动发现的转变，推动了超大城市郊区乡村治理的数字化转型。北管村"数字孪生"乡村建设是以人为中心的，具体效果也是与人的"安、居、乐、业"密切相关的。

（一）用智能发现打造平安乡村

就北管村的情况而言，企业众多，位置靠近区界，人员构成复杂，人口流动频繁，在给本地经济社会发展带来巨大活力的同时，也给本地的社会治理和社会治安提出了严峻的挑战。各种违规停车、偷窃和社会治安事件频繁发生，严重影响了本地居民的日常生产生活，也是阻碍北管村进一步发展的因素。"一网统管"平台的村域数字孪生平台，给北管村的村域平安建设提供了巨大的技术支持，贡献了重要的技术力量，形成了鲜明的治理特色，打造了独特的技术赋能乡村安全治理的模式。

从数字孪生平台的构成来看，北管村的数字孪生平台主要建有车辆违停、消防报警、疫情管控等数据监测分析板块，可以实时监控分析村域范围内发生的相关事件，并通过机器学习和深度学习等算法技术自我优化升级，形成防患于未然的治理机制。在新一轮疫情防控中，北管村在菜场出入口安排测温的基础上，同步架设2台AI监控探头辅助进行实时体温监测，一旦摄像机监测到人员体温异常后，就会立即触发警报，精准定位到体温异常人员，然后由工作人员根据警报提示第一时间联系菜场负责人，找到该名人员后将其带至菜场的临时留观点，进行再次测温核查，保障进入菜场的居民的安全。

（二）用智能巡防优化生活环境

相对于中心城区的社区，城郊农村地区的环境卫生状况相对较差，严重影响了居民的日常生活，也影响着外来人员的直观感受，进而影响其进入本地生活工作或投资经营的意愿。依托于"一网统管"平台，凭借着良好的技术基础和数据支撑，北管村对村域范围的主干道、出入口和沿街商铺等实行人机视频巡防，在村级"一网统管"界面建有专门的垃圾分类模块，用以专门治理本地出现的垃圾随意倾倒、垃圾泄漏、垃圾清运不及时和垃圾运输过程中的跑冒滴漏等问题，实现了以数字技术开展智能巡防，从而不断监管和优化本村域内主要公共场所的生活环境。

具体而言，在视频巡防方面，北管村的"一网统管"指挥中心配有专职巡防人员，对主干道、沿街商铺进行24小时后台视频监看轮巡，实时发现、派单和处置。根据北管村"一网统管"平台的负责人介绍，在没有实行视频巡防以前，半夜随意倾倒垃圾的情况时有出现。随着视频巡防系统的建立，垃圾倾倒问题基本被取缔。在垃圾分类场景中，北管村"一网统管"平台通过AI监控探头自动感知监测垃圾乱投行为，一旦发现将会触发警报，并形成了呼叫告知、清理垃圾、处置反馈、上门劝导教育和屡教不改执法等线上与线下有效结合的管理闭环，为村民提供了良好的人居环境。

（三）用智能监管整治乡村环境

绿水青山就是金山银山。北管村在生态环境的数字化治理上花了大力气，其中重点关注的是河道绿化和垃圾暴露问题。据统计，北管村全域范围内共安装了260余个AI监控设备，并将相关画面、数据上传到北管村的"一网统管"平台，从而以人机交互的方式实现了河道污染问题的联防联治，初步构建了全村覆盖、全天巡逻、全程监管和全方位联动的"5分钟响应圈"，确保了村域范围内河道污染或垃圾暴露问题能够得到根治，打通了河流环境治理的"最后一百米"。

由于北管村水系相对发达，河湖相对较多，违规垂钓和随意下河游泳等危害生命安全的行为也屡见不鲜。北管村AI智能监控探头在这类问题的监管上发挥着重要的作用。北管村在村域河道岸边同样安装了大量的AI监控探头，用来监测不文明行为，并通过数据的实时汇集与算法学习，不断识别新的违规或不文明行为，比如当摄像机监测到河道岸边有人垂钓时，将会自动触发警报，然后在后台形成处置工单和流程，最终形成处置反馈闭环。北管村"数字孪生"平台的作用之一就是应对生态环境问题。生态环境好了，北管村才有可能留住好的人才、留住好的产业，换来年轻白领的归属感。

随着北管村"数字孪生"平台的不断发展和完善，越来越多的新功能、新模块和新场景逐步形成，比如具有地方特色的党建文化板块，把设备齐全、特色凸显和彰显乡愁的一站式乡村文化乐园映射集成至大屏。未来，北管村还计划对该部分再进行深入挖掘，通过大数据分析描绘村民和白领等"千人千面"的生活习惯，为村民提供更优质、更精准的生活服务。下阶段，北管村数字孪生平台还将把新技术与乡村治理深度融合，使这张无形的网更智能、更敏锐，让村民生活更便捷、更有安全感。

四、启示·展望

在全面推动城市治理数字化转型的大背景下，推进城乡基层数字治理体系建设，充分利用大数据、云计算、深度学习和智能感应等现代信息技术，不断推动乡村治理体系与治理能力现代化，已经成为党和国家都非常关注的重要基层治理议题。北管村积极抓住全市"一网统管"平台建设的机遇，积极将"一网统管"这个全市的"牛鼻子"工程建到乡村，建成了村级"一网统管"平台，并积极应用现代信息技术和智能感应技术，打造出具有现代美感的数字孪生乡村治理形态，实现更有效、更精准的乡村数字化治理，为超大城市近郊乡村治理的数字化转型提供了参考和借鉴。

2022年，北管村数字孪生平台还将在智能驾驶领域进一步探索。北管村通过自动驾驶车辆的感知发现算力，由巡检车辆进行定期立体扫描，智能识别各类问题事件，然后实时反馈交通、市政和村容等问题，从而与人工巡检形成互补，以不断提高发现问题的精准度。"十四五"期间，嘉定的无人驾驶道路也将逐步开放，更多的无人驾驶应用场景将会产生。

除了马陆镇北管村之外，嘉定区还在南翔镇永乐村、安亭镇向阳村、华亭镇联一村开展"一网统管"平台试点工作，内容分别聚焦在智能感知、智慧安防和数字农业等角度，已经取得了初步的成效。未来，嘉定区还将探索村居"一网统管"平台示范创建工作，计划发布多个实用的特色数字孪生场景，从而为城市数字治理提供更多的参考方案。

数字赋能：城市智慧公交建设的嘉定实践

一、背景·缘起

城市公共交通与人民群众的生产生活息息相关，与城市运行和经济发展密不可分，是满足人民群众基本出行的社会公益性事业，是城市基本公共服务的重要组成部分，是一项重大的民生工程。随着城市交通的供需矛盾日益突出，大力发展智能化公共交通是现代智慧城市的发展方向，也是推动城市公共交通数字化转型的有效措施，更是加快建设人民城市的重要内容。据统计，在2010—2020年，我国公共汽车、电车运营数量从37.5万辆增长到58.99万辆，极大地方便了城市和乡村居民的日常出行。

在很多大中城市，公共交通四通八达，基本已经延伸到城区的每个角落，很多城市的公交站点分布网络非常密集，基本可以覆盖到城市多数居民，保障多数居民在1公里范围内有公交可乘坐，给居民的工作和生活带来了较大的便利。作为常住人口超过2400万人的超大城市，上海市的常住人口密集，人员流动较频繁，公共交通也是多数人出行的首选交通工具。一旦某辆公交或某条地铁线路，甚至某个站点出现问题，就可能影响成千上万人的出行，影响城市的正常运行，因而上海的公共交通承载了巨大的压力。《上海市交通行业数字化转型实施意见（2021—2023年）》也提出了要"提升实时客流采集水平，加强线网、运行、客流分析决策"。

尽管位于城郊，各个方面的建设都与中心城区有一定的差距，但在长期的探索实践中，上海嘉定发展集团有限公司（以下简称嘉定交发集团）形成了自己的特色与品牌。2016年底，嘉定交发集团开通嘉定9路特色服务示范线，从车身外观、配套设施等方面做了全新设计与优化，增设急救药箱、便民雨伞等8项特色服务；创建了"陈海燕工作室"，旨在培训优秀司乘人员，规范服务标准和流程。2018年11月，嘉定9路获得中国土木工程学会城市公共交通分会全国"公交特色服务示范线路"称号,打响了嘉定公交优质服务品牌。截至2022年2月初,嘉定9路所有车载服务点评器共收到15万余人次的点评,服务满意度高达99.12%。在嘉定区创建全国文明城市的过程中,嘉定9路也作为嘉定文明城市建设的重要标志,成为考评过程中的特色项目和重点内容。

截至2022年2月初,嘉定交发集团的营运线路总计有85条,线路总长度达1 287.84公里;营运车辆799辆,其中新能源车为642辆(纯电动车392辆,油电混合动力车245辆,氢能源车5辆),占比近80.4%;员工总数为2 076人,其中一线驾驶员1 421人。在全面推进城市治理数字化转型的新时期,嘉定交发集团也在积极找准时机、抓住机遇,将传统特色与数字技术紧密结合,打造以数据为底座、以平台为支撑的智能化公交运行体系。

早在2015年,嘉定交发集团就以上海市公交都市创建和智慧城市建设(2014—2017)规划为契机,按照市、区智慧城市建设的工作目标,围绕公交优先的城市交通发展战略,以信息技术为手段,以智能集群调度为关键,以提高公司服务能力为目标,以不断转变公司营运管理方式为抓手,全面推动公交信息化建设,初步实现了基础数据采集的自动化、营运调度管理的智能化、行业监管决策的科学化和便民服务手段的多样化,为嘉定公交可持续发展提供了强有力的保障。这对于升级公交服务质量、提升乘客出行的满意度具有重要的作用,也推动了嘉定公交的数字化转型。

二、举措·机制

按照上海市公交行业信息化建设实施意见,2015年,嘉定交发集团通过系统设计,以构建"两个平台、三类终端、四个系统"框架为建设目标,启动了第一轮信息化建设。2018年,第一轮信息化建设基本完成,建成了两个中心、三类终端和四类应用:两个中心即数据资源中心和集群调度中心;三类终端即车载终端、电子站牌和电子从业资格证;四类应用即基础系统管理、公交营运管理、场站管理和公众信息服务。其中,电子站牌是用于发布车辆到站信息的。具体而言,嘉定公交第一轮信息建设的主要成果包括：第一，建成了公交集群调度中心，实现了人工调度向智能调度模式的转变，显著地提升了公交日常运营管理的效率；第二，建立了应急指挥管理机制，通过车站、车厢视频等技术，实现了监控指挥管理的全覆盖；第三，开发嘉定公交App、途经站（106个）到站预报等便民措施，初步实现了公交服务的信息化，进一步方便了居民的日常出行。

随着居民公共交通出行需求的进一步增大，第一轮信息化成果已经无法满足嘉定公交内部精细化管理需求，也无法完全满足居民的日常出行需求，需进一步提升：第一，目前各业务系统功能相对比较简单，系统之间无法实现数据互通，存在数据不对称的情况；第二，系统主要是围绕基础功能建设，并没有对产生的各项数据进行深入的分析和应用，各类数据标准不统一，数据分析需要人工操作，对数据进行梳理、汇总、分析，存在工作量大、效率低和时效性差等问题；第三，由于市民出行需求的多样化、行业监管的全面化、公司内部管理的精细化要求，目前的基础设施已接近满负荷。

为进一步健全管理体系，优化服务品质，打造具有嘉定特色的超大城市城郊公共交通体系，嘉定公交于2020年启动了公交信息化升级项目，并于2021年11月完成，具体内容包括以下三个方面。

（一）完善公交平台各业务系统功能

根据新一轮信息化建设总体目标，嘉定交发集团将系统梳理各子系统的内部的管理需求，制订升级方案，完善各个管理系统。例如，对于调度系统，主要是在原有的日常调度功能的基础上，完善系统内各项行业考核指标，以提升营运过程中的监管能力。原票务系统只能进行简单的数据录入，本轮升级实现了刷卡二维码数据的对接，结合日常数据自动生成各类图表。对于人力资源系统，嘉定交发集团将完善公司员工的各项奖惩、培训、合同等相关数据，并在数据清洗完毕后直接对接集团的人力资源系统，成为人力资源管理的数据基础。

具体而言，新一轮嘉定公交业务系统升级的内容包括以下七个方面。

第一，在人力资源管理系统上，嘉定公交新一轮信息化建设初步构建并落地实施了现代人力资源管理体系，搭建了相应的组织架构、岗位体系和人员信息的基础信息平台,强化了员工合同、培训、绩效管理,建立了员工档案数据库,极大地提升了人员管理效率。

第二,在安全管理系统上,嘉定公交新一轮信息化建设建立了公交车辆事故安全预警和处置机制,实现了对车辆事故的调查、分析、处理和统计汇总等一系列流程的全过程处理,从而实时监控并掌握安全管理信息。

第三,在服务管理系统上,嘉定交发集团致力于对日常的投诉和建议进行平台化处置,建立了专门的投诉和建议服务热线的系统管理模块。普通乘客可以直接通过在线方式对嘉定公交进行投诉并提出建议。通过信息化应用,嘉定交发集团还做到了对投诉和建议处置的全流程监控,确保投诉和建议渠道的畅达性、处置的及时性、反馈的有效性。

第四,在后勤管理系统上,嘉定公交的新一轮信息化建设实现了公司对后勤物资的采购和进出库管理。对于后勤相关的服务、报修、水电费等情况,均在系统中建立了相应的模块和端口,可以在系统中实时记录,便于公司的日常管理。

第五,在机务管理系统上,嘉定公交的新一轮信息化建设针对运营中的车辆的技术参数、状态、保养和运维计划、充电系统和机械故障或事故的预防等,都建立了实时监控分析管理机制,不仅提供了嘉定公交日常机务管理需要的基础数据规范,还可以对数据进行智能化分析研判,不断提高嘉定公交机务管理的工作效率和管理水平。

第六,在票务管理系统上,嘉定公交新一轮信息化建设将票库、票箱以及钱袋的回收、运输、清点和结算进行了无缝衔接,并关联POS机和二维码等线上支付数据,初步解决了票款的管理、清点效率不高的问题,也大大减少人工干预产生的人力和复核成本,从而提高了数据的可靠性及管理效率,基本做到了流程高效、票款安全和数据准确。

第七,在调度管理系统上,嘉定公交新一轮信息化建设实现了智能化调度深度管理,在实现车辆的排班调度、安全生产管理、车辆技术管理以及实时的动态监控智能化显示等方面,建立了专门的算法分析系统,可以对当前线路以及车辆信息进行智能管理,根据调度信息实时调整人员和车辆安排，对计划班次做出智能化调度。在这个过程中，嘉定交发集团可以生成报表数据信息，对当前的营运数据进行实时分析，及时纠正营运过程中出现的问题。

（二）打造智慧公交数据底座

为了全面推动公交管理的数字化转型，嘉定交发集团在数据底座的打造上下足了功夫，具体包括三个方面。

一是引入数据中台管理。首先，对各个接入数据源制定统一的标准，明确数据的来源，确保数据内容的唯一性。其次，对各个业务系统的使用数据的功能和权限进行严格细分，从而做到数据维护管理责任明确，确保数据的集成运营，保证数据接入、转换、写入或缓存来源数据的唯一性。

二是汇集海量数据。针对前期数据格式混乱、数据标准不统一和数据内容与实际考核内容脱节等问题，嘉定交发集团积极推动海量数据的汇集，具体数据包括69条线路的实时营运数据，运行公交车的日常维护保养数据，平台后台运行的台账数据，嘉定公交日常管理活动数据，车载GIS地理数据，车载视频监控数据，以及公交车运行轨迹数据等。

三是建立数据监管平台。数据底座建设的目标是应用。嘉定公交新一轮信息化建设通过各个业务系统数据的汇集与整合，建立了一个统一、有序、高效的监管平台，可以实时清洗各类数据，全方位监管公交日常运行的各项指标。维修保养、能源能耗、票务营收、违纪违操、安全事故、保险理赔、表扬投诉和人力资源管理等相关情况，可以在一个高清电子大屏上实时显示，初步实现了"一屏观公交"的数字化转型。

（三）推进掌上业务场景建设

公交系统的模块建设、技术应用、数据汇集、智能分析和算法学习的目的不是展示给管理人员看，也不是用海量数据来进行酷炫的展演，而是要切切实实地方便广大居民出行，也要便于后台人员实时管理。一旦出现问题，可以立即排查并修复漏洞。在数据底座和业务场景的基础上，嘉定交发集团还专门面向公司内部管理人员，开发了公交管理App，目前已经可以实现营运调度、机务和安全等重要公交运营指标的集中展示，人员、车辆、线路等信息查询,以及机务巡检、驾驶员例保、修理厂复检、车辆维修评价、安全稽查和员工工资的查询,极大地提高了嘉定交发集团的移动办公效率。

掌上业务场景建设更关键的问题是,通过重新梳理各部门业务数据,引入数据中台概念,对各个接入数据制定统一标准,明确数据唯一性,并对各业务系统的功能、权限进行严格细分,做到责权明晰。然后根据权限共享业务数据,实现公交运行的协同工作、高效管理。截至2021年10月底,嘉定交发集团的调度管理系统、数据中台已完成各系统数据接入,票务管理系统、安全管理系统、人力资源管理系统、机务管理系统、后勤管理系统、服务管理系统都已经开始试运行。

三、创新·成效

2020年,在已有的框架下,嘉定公交围绕运营服务、管理再提升,启动了包括调度管理、机务管理、票务管理、安全管理、人力资源管理等在内的8项子系统的升级开发。本次信息化升级共投入资金106万元,减少站点安保18人,每年可减少第三方服务费用107万元。嘉定交发集团基于公交卡和GPS数据,就客流特征积极与专业科研院所合作,对道路拥堵点进行了精细化分析,从而进一步优化线路行车作业计划。总而言之,嘉定公交新一轮信息化建设进一步优化了公交运营管理指标体系,建立了统一的数据标准,打通了子系统之间的数据壁垒,从而为下阶段运营数据模型的建立和深度应用提供了基础性条件。具体而言,嘉定公交的数字化转型成效主要包括以下四个方面。

第一,实现了所有公交线路的集群化调度。嘉定公交于2017年末就实现了所有线路的集群化调度。集群调度模式使调度人员及时了解到实时的天气、客流等情况,便于进行远程调度,加强了公司内部对车辆运行的监管能力,改变了沿用了近百年的传统公交调度模式。上海市运管处监管平台统计数据显示,2017年嘉定公交车辆在线率达到100%,2018年至2020年8月,出车率达到97.06%,班次执行率达到95.24%,在全市7家区域公交中名列前茅。

第二，实现了所有公交线路的精准化调整。嘉定公交通过对基本信息进行统计和数据挖掘，生成汇总统计报表和数据分析报表，从而为宏观管理决策和运营质量监测等提供基础性数据支持。例如，嘉定公交通过对近年来的数据分析，将线路运营时刻表分为高峰时段和低谷时段，并结合工作日和节假日的具体情况动态调整高峰、低谷，从而根据实际情况调整公交车的排班和运行速度，极大地提高了车辆的营运效率和班次准点率，也大大提升了公交运行的服务质量，在广大居民中间积累了一定的口碑。据统计，嘉定交发集团2018年全年共计调整线路91条次；2019年全年共计调整线路99条次；2020年1—8月共计调整线路45条次。

第三，实现了所有公交线路的精细化排班。嘉定交发集团着力推进公交数字化转型和信息化成果运用，与同济大学交通运输学院开展产学研用合作，推进数字化赋能课题研究，解决线路精细化营运、运能精准投放等问题。目前，《嘉定公交精细化运营分析与试点线路排班优化》报告从精准化客流分析、立体化考核评价和智能化排班编制等方面出发，通过公交卡和GPS数据对客流特征、道路拥堵点分析，进一步优化线路行车作业计划，提升嘉定公交的运营效率、服务质量与管理水平，实现了"控本、增效、优服务"的目标。其中，嘉定9路和嘉定104路已经完成了诊断分析与优化排班。

第四，实现了到站预报便民服务。2021年，嘉定公交根据市政府实事项目的要求，启动了《公交站点实时到站信息预报服务》项目建设，完成了嘉定5路、嘉定11路、嘉定13路、嘉定62路沿线所有站点电子站牌改造，从而更好地为市民提供公交实时到站信息预报服务，大大增强了公交出行对居民的吸引力，增强了居民乘坐公交的主观意愿。截至2021年10月，嘉定公交电子站牌建设数量为199个，在原项目的基础上进行了功能的升级拓展，已经初步实现了公交运行分时报站。该类型电子站牌能显示车辆位置信息及预报到站时间信息，到达时间首次刷新准确率达90%以上，预测2分钟内的准确率为85%以上，赢得了广大居民的一致好评。

嘉定公交的智能场站对驾驶员、车辆进出场进行管控,通过智能场站和集群调度两者相结合,形成公交运营场内、场外闭环管理,为公交安全行车提供了保障。2018年有责事故25起,2019年有责事故24起,2020年有责事故18起,2021年有责事故20起,2022年1—8月有责事故4起,总体呈现平稳可控趋势。

四、启示·展望

随着上海市及嘉定区数字化转型工作的持续推进,嘉定交发集团也将继续深入学习贯彻《上海市数据条例》,以及上海市交通委下发的《上海市交通行业数字化转型实施意见(2021—2023年)》等文件的精神,并结合嘉定新城在"十四五"规划中确立的"智慧交通高地"定位,持续推动信息化运用,抢抓数字化转型机遇,打造依"数"而行的智慧公交系统,不断满足市民出行需求,探索区域交通出行服务的数字化新模式,具体主要包括以下四个方面。

一是进一步发挥出数字化转型在城市公交系统安全、服务、营运、机务管理中的效能,持续推进公交运行观念转变,打造依"数"而行的城市公交指挥调度体系,实现公交运行的换挡提速。

二是进一步提升公交运营服务的显示度,构建嘉定智慧公交数据应用服务体系。根据新城智慧城市建设工作要求,积极推进到站信息发布等工作,拓展嘉定行App分时到站等功能,提高公众出行信息服务水平。

三是充分发挥大数据的智能分析功能,结合前期获得的客流数据,采取灵活调度等方式,通过区间车、大站车,使公交运能更精准地匹配需求,投放更有效率,提升公交对客流的吸引力。

四是积极探索"智慧道路"建设,配合做好公交数据采集,推进公共数据归集共享,构建城市数据治理体系的区域公交样本,进而为全区乃至全市的数字化转型工作提供充足的公交系统数据支撑。

2021年10月,上海市人民政府办公厅正式发布《上海市全面推进城市数字化转型"十四五"规划》,提出了要建设数字基础设施、提高数字利用效率、充分发展数字经济、完善数字公共服务体系和推动数字赋能城市治理等目标。作为城市的"毛细血管"，公交是城市居民日常出行的交通工具，也是服务广大城市居民的民生工程，其日常运行本身就是大量珍贵城市运行数据的生产过程，对于优化公交服务、推动公交运行数字化转型具有重要的意义。因此，嘉定公交未来还将坚定不移地坚持推动数字化转型，服务于上海市和嘉定区数字化转型及新城建设等一系列战略目标，讲好超大城市城郊公交运行数字化转型的嘉定故事。

掌上服务：将"上海嘉定"App打造成"指尖上的服务中心"

一、背景·缘起

2020年9月26日，中共中央办公厅、国务院办公厅印发《关于加快推进媒体深度融合发展的意见》，提出要"推动传统媒体和新兴媒体在体制机制、政策措施、流程管理、人才技术等方面加快融合步伐，尽快建成一批具有强大影响力和竞争力的新型主流媒体，逐步构建网上网下一体、内宣外宣联动的主流舆论格局，建立以内容建设为根本、先进技术为支撑、创新管理为保障的全媒体传播体系"。2020年11月3日发布的《中共中央关于制定国民经济和社会发展第十四个五年规划和二〇三五年远景目标的建议》，也提出了要加快推进媒体深度融合发展，建好区（县）级融媒体中心等建设目标。

按照要求，各级融媒体中心要用好5G、大数据、云计算、物联网、区块链和人工智能等信息技术革命成果，加强新技术在新闻传播领域的前瞻性研究和应用，推动关键核心技术自主创新成为重要的使命。在这个基础上，优化融媒体中心的内容建设、内容质量、内容产能和内容表现形式，构建集约高效的内容生产体系和传播链条，探索"新闻+政务服务商务"的运行模式。可以很明显地看出，不断推动融媒体中心建设的数字化转型，用数字化技术赋能融媒体中心的内容创作和日常运营，做大做强网络平台，建设掌上App，占领新兴传播阵地，已成为推进各级融媒体中心建设的核心任务之一。

作为改革开放的前沿阵地，上海的区级融媒体中心建设走在全国前列。早在2019年9月，上海的16个区就完成了区级融媒体中心机构整合并推出新媒体产品。在具体内容上，上海市区级融媒体客户端以"新闻+

政务+服务"为定位，深度融合区级广播电视、报刊、新媒体等资源，提供区域内生活、教育、交通等便民服务，形成分众传播、分类覆盖的格局。嘉定区融媒体中心是上海市首批挂牌单位之一，于2019年6月28日挂牌成立。嘉定区融媒体中心自成立以来，按照习近平总书记提出的"要扎实抓好县级融媒体中心建设，更好引导群众、服务群众"总要求，强化"新闻+政务服务商务"功能，坚持正确方向、一体发展、移动优先、科学布局、改革创新，构建起"以移动互联网平台为主体"的全媒体传播体系，新闻舆论传播力、引导力、影响力和公信力不断提升。

二、举措·机制

"更好地引导群众、服务群众"是中央赋予县级融媒体中心的重要任务。伴随着嘉定区融媒体中心的揭牌，"上海嘉定"App也应时而生。该App作为本地新闻宣传和服务群众的重要载体，嘉定区融媒体中心坚持一手抓App的内容生产、一手抓App的宣传推广，取得了快速的发展。"上海嘉定"App的建设内容主要包括以下三个方面。

（一）强化区级媒体资源的深度融合发展

第一，聚焦融合目标，优化工作流程。嘉定区融媒体中心围绕融媒体中心的目标定位，加强顶层设计和操作落地，重塑工作流程，以主责主业担当推动实现从"物理融合"到"化学融合"。嘉定区融媒体中心设立了总编辑岗位，成立了编委会，形成"编委会议""采访晨会""编前会议""三审三校"等工作制度，构建了从"多媒体"向"融媒体"转变的分工联动工作模式，再造了"策、采、编、审、发、评"流程，也实现了"宣传任务统筹、重大选题策划、采访力量集中、发布平台融合"的统一指挥调度。

第二，树立用户思维，建设全媒矩阵。嘉定区融媒体中心不断探索和强化对各传播平台的顶层设计和规划建设，按照专人专事专责原则，明确各平台主编、主创及App各个频道的责任人，细化分类运营和对用户的分类维护管理，推动"中央厨房"由"闷头做菜"转变为让群众"点菜"，提高"菜品"质量，增强用户黏性，提升矩阵效能。

第三，坚持"移动优先"，深耕"上海嘉定"App客户端。中心主力军全面挺进主战场，集中优势力量，打造"上海嘉定"App。目前中心所有重要新闻资讯优先在"上海嘉定"App客户端发布。截至2022年11月底，"上海嘉定"App用户下载量达265万，总装机量达63.2万，总注册用户达37.5万。目前，"上海嘉定"App已经成为嘉定区融媒体中心的品牌形象，具体建设内容包括以下几个方面。

一是突出本土属性，强化共建共享。"上海嘉定"App在频道、栏目的设置上精心安排，既有体现媒体功能属性的"首页""要闻""视听""专题"频道，又与区内各街镇、委办局合作，开设了体现区域特色和产业特点的"汽车""学入嘉境""爱嘉学子"等频道。"上海嘉定"App以"我嘉"为主题，开设的"我嘉政事""动力嘉速""我嘉拍客""我爱我嘉""我嘉书房""'嘉'有妙招"等频道和栏目，拉近了与受众的距离，增强了用户的地域认同。

二是创新表现形式，丰富内容供给。"上海嘉定"App不仅把传统媒体如电视、报纸、广播搬到"小屏幕"上，而且综合运用全媒体传播方式，对传统节目实现了二次传播。针对电视新闻栏目，进行了切块处理、菜单式供应。在广播直播节目方面，《健康有道》推出视频直播，《法宝在线》则创作了系列短视频《律师，别走！》，加强原创短视频的制作和发布，探索打造了"嘉视频"短视频品牌。

三是凸显政务内涵，助力城市治理。"上海嘉定"App政务板块与政务服务"一网通办"和城市治理"一网统管"实现对接，网络问政能力得到提升。服务板块可实现在线查询、缴费、预约办理等事项。视听板块开通直播栏目，结合区域重大活动，策划相关专题选题，开展移动直播。

（二）打通传播与服务"最后一公里"

第一，强化服务供给，打造综合服务平台。"上海嘉定"App不断强化"媒体＋政务服务商务"理念，切实发挥媒体连接政府与群众的渠道功能，助力政府解决群众"办事难、难办事"的问题。在2020年新冠疫情期间，"上海嘉定"App第一时间推出了"口罩预约系统""疫情防控服务平台""市民意见建议征集平台"等有针对性的便民服务,助力企业复工生产和市民日常生活。结合清明扫墓和紫藤花观赏季等重要节点,嘉定区融媒体中心主动与区民政局、区绿化市容局合作,推出"扫墓预约"和"云赏花+网络预约"功能。为深化企业服务,与区人社局合作推出"上海市嘉定区公共招聘平台",开展"惠企政策云开讲"系列直播,为企业和求职者打造更加便利的网上服务平台。

第二,构建三级融媒体系,打造社区信息枢纽。嘉定区融媒体中心在全区12个街镇全覆盖建立融媒体中心服务站,首批在30个村、居、园区、企业设立融媒体中心服务点,初步构建了"区融媒体中心—街镇服务站—村居(园区、企业)服务点"的三级融媒体中心网络体系。"上海嘉定"App开通了街镇频道,强化各服务站点与区融媒体中心的合作共建,大大畅通了信息收集和传递通道,扩大了区域传播覆盖面和影响力,全区形成一体、多赢的发展格局。

第三,打造"我爱我嘉"民生服务节目品牌。自2020年7月起,嘉定区融媒体中心邀请区政府8个职能部门和12个街镇负责人走进融媒体中心直播厅,直面民生诉求,聚焦民生关切,通过融媒体传播方式,推出了"我爱我嘉"大型民生系列访谈特别节目。直播访谈首次通过"广播和网络音视频同步直播+线下和线上即时互动+场内和场外实况视频连线"的方式进行。同时,通过与新华社、上海人民广播电台等媒体平台的合作,扩大影响力。"上海嘉定"App开通了"问题意见建议征集"平台,广泛收集群众意见和建议,有针对性地进行解答和回应。"我爱我嘉"民生系列访谈已连续举办三季,成为嘉定区融媒体中心品牌栏目,赢得线上、线下广大用户的好评。

(三)探索"事业+产业"发展模式

嘉定区融媒体中心挂牌成立后,同步成立区属国企上海嘉定文化传媒有限公司,探索打造"事业化管理+企业化运营"相结合的管理模式,逐步增强中心的造血机能,提升队伍的活力,拓展服务功能。

第一,紧扣需求导向,增强造血功能。上海嘉定文化传媒有限公司围绕中心工作,精准对接区内各街镇、委办局和企事业单位,紧扣需求导向,加强宣传文化活动项目服务供给,不断提升文化资源的综合利用水平。创新打造我"嘉"系列主题活动,在"上海嘉定"客户端建立"我嘉生活馆"商城,策划"快来我嘉买买买"购物节系列直播带货,推出"我嘉四季"App主题线上活动等。2021年,公司经营收入累计达1 837万元,进一步提升了融媒体中心的"自我造血"功能,实现了社会效益与经济效益的"双丰收"。

第二,创新用人机制,激发工作热情。公司的成立,有效解决了原区级媒体单位非编人员、外聘企业员工编制身份、薪酬、激励标准不一的难点、痛点问题,解放了媒体人员的"生产力",激发了他们的干劲和热情,也破解了专业媒体人才和经营人才引进不畅的瓶颈,实现了用一把尺子量人才、评业绩,真正做到"同岗同责、同工同酬、优劳优酬"。

三、创新·成效

自上线以来,"上海嘉定"App的用户下载量一直稳步上升,为深度融合打下了扎实的基础。在上海全市的区级融媒体中心考核中,"上海嘉定"App始终名列前茅。具体而言,"上海嘉定"的成效主要包括以下五个方面。

(一)建成了区级信息"集散地"

如何更好地汇集区域内的各类信息资源,打通传播和服务全区群众的"最后一公里",让新媒体平台的服务更接地气,是"上海嘉定"App的工作重点。"上海嘉定"App开通了街镇频道,全区12个街镇同步入驻"上海嘉定"App。入驻的每个街镇可根据自身的特点和要求开设相应的二级栏目,由街镇自行采写、及时编发各类新闻和服务信息,努力做到传播的"零时差""零距离",大大增强了受众与平台的亲近感、贴近度。通过街镇频道的建设,街镇实质上成为"上海嘉定"App的运营主体之一,强化了街镇融媒体中心服务站与区融媒体中心的合作,有利于通过基层的宣传和推广,进一步发展用户,形成一体化、多方共赢的局面。

(二)打造了"指尖上的服务中心"

"上海嘉定"App是区级融媒体中心建设的重要内容,是加强嘉定区新闻宣传、服务本地居民的重要载体，也是融媒体中心自身可管可控的新媒体平台。客户端建设在一定程度上反映了融媒体中心建设的进展和成果。为此，嘉定区融媒体中心从建立之初就对"上海嘉定"App平台的建设非常重视，不断研究分析受众的需求，丰富和完善App的内容：在App频道、栏目的设置上精心安排，既有媒体的功能属性，又能体现本地的特色和亮点，比如以"我嘉"为主题，开设了"我嘉拍客""我爱我嘉""我嘉书房""'嘉'有妙招"等栏目，拉近了与受众的距离，增强用户的地域认同；结合嘉定的产业特点和文化特色，开设了"汽车""爱嘉学子"等栏目，并不断优化子栏目定位及内容，增强了互动性，彰显了区域特色。

（三）构筑了惠企惠民"云平台"

为助力嘉定企业复工复产，满足本地劳动者的就业需求，经过与区人社局多次协商沟通，2021年3月25日，"上海嘉定"App上线"上海市嘉定区公共招聘平台"，截至2022年7月，已有约300家企业入驻该平台，给广大市民提供了更安全、更可靠的线上求职服务。2021年6月16日至8月27日，嘉定区融媒体中心再次与区人社局携手，以"上海嘉定"App为载体，举办了5场、8个专题的"和谐嘉定·惠企政策云开讲"政策宣传和在线解答直播活动，将各类惠企政策精准投放给有需要的企业和市民，为各方提供了很多实实在在的"政策干货"。

（四）实现了足不出户"云旅游"

紫藤是嘉定重要的文化IP。紫色的花海，已然成为嘉定的特色名片。每年4月，紫藤进入盛花期，嘉定紫藤园迎来大批游客。在做好疫情防控工作的前提下，为进一步优化游客的游园体验，2020—2021年嘉定区融媒体中心与区绿容局合作，在"上海嘉定"App推出"嘉定紫藤公园游览网络预约系统"，两年时间有超过16万人次成功预约。此外，"上海嘉定"App还推出慢直播，采用"5G+4K"技术，利用360度全景相机和近景摄像头让市民可实时"云"赏紫藤。2022年4月受新冠疫情影响，上海按下"暂停键"，整个城市进入全域静态管理阶段，特殊时期，"上海嘉定"App继续上线紫藤直播间和相关短视频，让市民在家中也能一睹嘉定紫藤园的盛花美景。

（五）助力了本土消费"再升级"

嘉定区融媒体中心在成功举办"2020嘉定购物节"系列直播活动的基础上，2021年继续携手区商务委，用实际行动让"嘉定购物节"成为中心"新闻+商务"的品牌活动。嘉定区融媒体中心在"上海嘉定"App开设"嘉定购物节"专栏，提前搜集各大商家、平台的优惠活动并向受众进行发布，全力营造购物节氛围。同时，策划"你来晒，我买单"购物节线上活动，让市民只需在嘉定区消费并晒出消费凭证，即可参与抽奖并有机会获得报销小票金额的奖励，通过创新的传播形式进一步激发了居民的消费潜力。2021年嘉定购物节期间，活动参与人次总计达42.9万人次，有8.2万人次参与晒单活动。

此外，嘉定区融媒体中心还利用"上海嘉定"App开展了多类线上、线下活动，不断增强平台与用户的黏性，发挥App的服务与整合功能。比如结合嘉定争创全国双拥模范城九连冠验收、落实长护政策等内容，嘉定区融媒体中心先后与区退伍军人事务管理局、医保局等职能部门开展线上知识竞答；配合手机移动运营商的业务推广，与中国移动、中国联通等公司开展优惠返利活动。为宣传推广本地的民俗文化，营造良好的节日氛围，在2020年春节前夕，嘉定区融媒体中心联合区文明办、文旅局等部门开展了12个街镇民俗大比拼活动，吸引了数万市民的参与，使本地特有的民俗文化进一步深入人心。

四、启示·展望

习近平总书记在2019年在十九届中央政治局第十二次集体学习时的讲话中提道："媒体融合发展不仅仅是新闻单位的事，要把我们掌握的社会思想文化公共资源、社会治理大数据、政策制定权的制度优势转化为巩固壮大主流思想舆论的综合优势。"[①]嘉定区融媒体中心积极承担政治沟

---

① 习近平.加快推动媒体融合发展　构建全媒体传播格局［J］.奋斗,2019（6）: 1-5.

通、信息传达、公共服务和互动平台构建的任务，打造了具有公共服务和便民服务功能的综合性"上海嘉定"App移动平台，构建了"指尖上的服务中心"，对于信息传播、便民利民和区域社会力量的整合，具有非常重要的作用和意义。

建好"上海嘉定"App是嘉定区融媒体中心工作的重要内容，虽然通过3年多的努力，已取得了初步的成效。但是，距离打造"主流舆论阵地、综合服务平台和社区信息枢纽"的目标要求，还有较大的差距，还有较长的路要走。特别是在如何提高用户的日活率上还有许多工作要做。未来，嘉定区融媒体中心将继续坚持"新闻+"的思路，不断创新方法、寻找载体，促进"上海嘉定"App更好地发展，使之成为群众好用、爱用、能用的综合性便民利民服务集散中心，使"上海嘉定"App成为嘉定区融媒体建设的一张响亮名片，成为数字化转型的标志性成果。

案例评析

　　嘉定区聚焦推进治理数字化转型，以"应用为要、管用为王"为核心价值取向，不断强化治理数字化场景的开发和先进技术的迭代，推动了城市治理体系和治理能力的现代化，也在努力绘就数字孪生无处不在、生命体征无所不知、智能监管无时不有、精准服务无处不享的城市治理新蓝图。在嘉定区委区政府的高度重视下，嘉定区已打造了一批符合发展导向、顺应百姓需求，有显示度、有体验度的数字化转型应用场景，将加快推进社会治理数字化应用场景建设，不断提升"一网统管"能力和水平列入区级发展规划的核心目标，探索形成了一系列卓有成效的实践经验。

　　一是用数字孪生赋能乡村治理。嘉定是上海的郊区，拥有大量农村地区。在嘉定的城市治理中，乡村治理占据着重要位置，在急难愁盼问题上具有浓厚的乡村特色，也成为嘉定打造特色数字治理形态的机遇。嘉定区从2020年底起，由区领导牵头探索美丽乡村的"一网统管"平台的试点建设工作。经过两年多的"实践—认知—再实践"探索，嘉定区运用数字孪生、物联感知、结构化分析等新理念和新技术，在广大乡村地区布局了大量智能感知设备，建立了很多个性化、具有乡村治理特色的应用场景，为乡村治理带来了人机交互的全新体验。

　　二是用智慧技术突破区划限制。与城区不同的是，郊区普遍面临着地广人稀的现状，街镇和社区的面积通常较大，公共服务半径较长，各项管理措施存在覆盖面不足的问题。相比中心城区，嘉定社区综合服务基础较弱，存在街镇服务半径过大、村居服务半径过小的问题。为了解决这个问题，嘉定区以南翔镇东社区为试点，以步行15分钟为标尺，划定一个新的城市治理层级片区，构建了区、街镇、片区、村居、楼组"五级联动"体系，以"三网融合"为特色，通过线上与线下共治共建，推动治理模式创新、治理方式重塑和治理体系重构，提高居民群众的获得感和满意度，全面提升嘉定区的城市软实力。

三是用数字技术优化公交出行。随着城市交通的供需矛盾日益突出，加快建设城市智慧交通体系成为大势所趋。嘉定交发集团充分抓住城市治理数字化转型的重要契机，积极利用大数据、人工智能、智能算法和智能感应等数字化技术，完善了公交平台各业务系统功能，打造了智慧公交数据底座，推进了掌上公交业务场景建设，实现了所有公交线路的集群化调度、精准化调整、精细化排班和到站预报便民服务，初步实现了嘉定公交运行的数字化转型，形成了超大城市郊区公共交通数字化转型的嘉定样本。

四是用信息技术实现便民利民。现代社会是信息社会，信息无处不在、无所不及、无人不用，深刻影响了人们的衣食住行。如何有效整合区域信息，形成统一的信息集散中心，打造"不出门尽知天下事"的数字化平台，成为全国各地宣传口的一道难题。嘉定区积极响应党和国家整合组建区级融媒体中心的号召和要求，开发形成了具有嘉定特色的"上海嘉定"App，实现了区级信息的汇集，打造了"指尖上的服务中心"，成为便民惠企的"云平台"，对于区域内的信息传播和便民利民服务具有重要的意义。

与动辄投入大平台、硬技术和强场景的中心城区不同的是，嘉定区的智慧城市建设是着眼于具体问题，解决的是超大城市郊区面临的普遍性难题。没有酷炫的技术应用，也没有大手笔的资金投入，却实实在在地解决了诸如乡村治理、管理规模、日常出行和信息服务等具体难题和民生问题，形成了独树一帜的智慧城市建设的嘉定模式。未来，嘉定区还要在实实在在的治理场景上下足功夫，积极用数字化技术解决乡村治理、新城建设和产业发展中的难题，进一步形成具有嘉定特色的数字化转型实践，树立超大城市郊区数字化转型的嘉定样本。